KB139818

간호의 경제학

看護サービスの経済・政策論　第2版　　　看護師の働き方を経済学から読み解く
ISBN: 978-4-260-04679-4
著者：　角田　由佳
published by IGAKU-SHOIN LTD., TOKYO Copyright© 2020

간호의 경제학

엔데믹과 100세 시대,
지금 꼭 필요한 '간호서비스'의 세계를
경제학으로 해독하다

츠노다 유카 지음

이승영, 허동한 옮김

| 추천의 글 |

일본 저서 〈간호의 경제학〉을 번역하여 출간함을 축하드리며, 추천의 글을 쓰게 되어 매우 영광스럽게 생각합니다. 제가 추천의 글을 기쁘게 쓸 수 있는 것은 가천대학교 보건대학원에서 의료경제학을 강의하면서 학생들에게 잘 안 맞는 옷을 입히는 것 같은 느낌을 받아 왔는데, 이 저서는 간호서비스의 본질을 경제학적인 측면에서 접근함으로써 기존의 의료경제학에서는 접하기 어려웠던 간호서비스의 생산성 등에 관해 사례를 중심으로 쉽게 이해할 수 있도록 설명하고 있어 추천의 글을 쓰지 않을 수 없었습니다.

의료서비스에 대한 관련 저서들은 많지만, 의료서비스 중에서도 간호서비스의 기능과 사회적 역할을 경제학적으로 분석한 저서는 찾아보기 힘듭니다. 간호학의 영역은 기본적으로 임상 서비스 영역이지만 간호학을 임상 서비스라고 하는 테두리 안에 한정 짓는 것은 현대 의료서비스에서 차지하는 역할을 축소시키는 불필요한 접근입니다. 그러한 점에서 이 저서는 간호서비스의 역할이 사회구조 속에서 어떤 기능과 역할을 해야 하는지에 대해 경제학적으로 접근할 수 있도록 할 뿐 아니라 정책적으로도 고민하게 하고 있습니다.

이 저서는 간호와 간호서비스의 생산성을 높이기 어려운 사유 등을 명쾌하게 경제학 이론을 적용해 분석하고 있고, 특히 일본 수가제도에서 간호사 인력 구조가 어떻게 변화해 왔는지 근원을 탐색하고 있으며, 일본의 수가 체계를 경제학적인 관점에서 접근해 봄으로써 간호 인력 및 간호서비스 질 향상에 대한 문제의 해결 방안을 경제이론으로 설명하고 있다는 점이 특징이라고 할 수 있겠습니다.

이 책은 총 11장에 걸쳐서 간호서비스의 특성, 간호사의 생산성, 간호사의 기능과 메커니즘, 간호사 부족의 경제학적 의미, 간호 인력에 대한 인적자본론, 간호사 임금 격차에 대한 경제적 접근, 간호서비스의 생산성 향상 방안 등을 설명하고 있는데, 제1장과 제2장에서는 간호서비스의 경제학적 특성을 의료서비스의 특수성과 연계하여 설명하고 있고, 사회·경제·환경의 변화와 간호서비스의 필요성을 역설하고 있습니다. 제3장에서는 간호생산성과 간호사의 생산성에 대해 판단지표를 제시하고 설명하고 있고, 제4장에서는 간호사의 기능 평가를 방해하는 수가 구조, 간호사의 기능과 생산성을 이야기하고 있으며, 제5장에서는 간호사가 타 직종 업무를 담당하는 이유를 경제학적으로 설명하고 있습니다.

제6장~제7장에서는 간호사의 노동공급과 간호사의 노동시장 구조에 관해서 설명하고, 제8장~제10장에서는 간호사의 임금·노동 조건의 격차를 인적자본론과 임금 격차 발생 메커니즘을 통해 설명하면서, 간호사의 일·가정 양

립과 노동생산성을 함께 이야기하고 있습니다.

제11장에서는보다 나은 '간호를 소비자 곁으로'라는 주제를 가지고 건강보험제도 구조 속에서 간호서비스와 간호사의 서비스 생산성 향상을 위한 대안을 이야기하고 있습니다.

이 저서의 번역·출간은 간호서비스와 간호사의 서비스 정책을 다루는 연구자들이나 간호서비스 정책을 공부하는 학생들에게 큰 도움이 될 것으로 생각합니다.

끝으로 간호서비스와 간호사의 서비스 향상을 위하여 귀한 시간을 들여 번역·출간하는 역자들에게 축하의 인사를 드립니다.

2023년 07월

김 덕 호
가천대학교 간호학과 초빙교수
前 건강보험심사평가원 광주지원장
가천대학교 부교수

| 제2판 저자 서문 |

경제학은, 모두가 보다 나은 생활을 영위할 수 있도록 지향하는 학문이다.

돈 계산 하는 것만의 학문이 아니며, 이익을 늘리거나 비용을 절감한다 거나 하는 방안만을 생각하는 학문도 아니다.

하지만 오해를 무릅쓰고라도 감히 말하지만, 역시 돈은 필요한 것이다. 제2판을 집필하는 동안에 COVID-19 감염확산에 따른 기업의 도산이나 경영 곤란의 보도가 계속 나오고 있으며, 의료시설이나 개호시설도 예외는 아니다. 의료시설이나 개호시설의 경우는 일반 기업과 달리 휴업이라는 선택도 할 수 없기 때문에 사태는 보다 더 심각하다고 말할 수 있다.

일하는 사람의 입장에서는 자신의 일이나 기능 수준보다도 임금이 적고, 게다가 자신의 능력을 발휘할 수 있는 직장도 아니라면, 그 직장에서 계속 일 하기는 어려울 것이다. 기업의 입장에서는 이익을 올리지 못한다면 직원을 고 용하여 임금을 지불하면서 경영을 유지할 수가 없다. 이는 의료시설이나 개호 시설의 경우에도 마찬가지이다.

그리고 동시에 의료시설이나 개호시설에는 서비스 소비를 필요로 하는 환자나 이용자 그리고 그 가족이 있다. 따라서 의료나 간호서비스를 제공할 때는 각 시설의 경영뿐만이 아니라 소비자의 생활도 고려해야 한다. 특히 최 근 '지역포괄케어시스템' 구축이 강조되면서 타 의료·개호시설이나 사업소와 연계 및 조정해 가며 소비자의 거주지역에서 필요한 서비스를 제공하는 것이

중요시되고 있다. 그리고 의료의 일환으로서만이 아니라, 간호서비스 그 자체가 소비자 곁으로 보다 가까이 다가갈 수 있게 되었다.

일반적인 '제품·서비스'의 경우, 소비자 자신이 구매하고 싶은 제품이나 서비스를 스스로 선택한다. 무엇을 원하는지, 자신에게 필요한 제품·서비스가 무엇인지를 소비자가 알고 있기 때문이다. 그리고 기업 측은 소비자에게 선택받기 위한 제품·서비스를 생산하려고 노력한다. 그래야만 기업이 존속할 수 있기 때문이다.

하지만 의료나 간호서비스의 경우, 소비자 자신이 구매하고 싶은 서비스를 스스로 선택하는 것은 어렵다. 더구나 혼자서 재택 요양을 하거나 혹은 치매를 앓고 있는 사람들이 많아지고 있는 현실에서는 어떤 간호서비스를 소비하는 것이 건강상태나 생활의 질(QOL)을 유지 혹은 개선할 수 있을지에 대한 판단능력이 없는 소비자가 늘고 있다. 때문에 만약 시설 측이 이익을 올리기 위해서, 비용을 줄이고 소비자에게 적합하지 않은 질 낮은 서비스를 제공하더라도 소비자는 그것을 모르는 채 구입해 버리고 만다. 이와 같이 품질이 낮은 서비스라도 거래가 가능한 특수한 상황에서, 소비자를 구할 방법은 없을까? 유일한 답은, 소비자의 보다 나은 생활을 위해 적합한 서비스를 평가하고 그 정보를 제공하는 것이 가장 최선의 방법일 것이다. 그리고 그 역할은 간호사만이 할 수 있다고 생각한다.

이 책은 초판의 내용과 간호사의 일하는 방식을 풀어 해석하는 경제학 이론을 토대로 2019년 1월부터 10회에 걸쳐서 '간호관리(看護管理)' 잡지에 연재했던 '간호×경제학: 경제학으로 풀어 설명하는 간호서비스와 의료정책'을 추가하여 개정한 것이다. 또 이 책에서는 연재에서 다룬 '간호관리자가 경제학을 배운다는 것', '간호 생산성과 간호사의 생산성', 그리고 '간호사의 일·가정양립과 생산성'을 새로운 장으로 추가하였다.

간호서비스를 경제학 관점에서 접근할 때, 간호사의 일하는 방식을 명확하게 풀어 해석하지 않고서는 논의 그 자체가 불가능하다. 초판 때부터 간호사를 둘러싼 환경은 변화하고 있지만, 아쉽게도 간호사의 일이나 기능이 평가되기 어려운 구조는 변하지 않고 있다. 제2판에서는 이러한 근본적인 문제에 주안점을 두고 데이터를 쇄신하였으며, 정책의 동향과 변화를 평가함과 동시에 간호서비스 전체상을 파악하고자 노력하였다.

이 책의 흐름은 다음과 같다.

서장에서는 우선, 경제학이란 어떤 학문인지를 설명한 뒤에 그 목표로 하는 방향이 간호의 그것과 같다는 점을 설명한다.

제1장에서는 일반적인 제품이나 서비스와 같이 자유롭게 거래하는 것이 어려운 의료서비스의 특수성과, 그렇기 때문에 더욱 중요한 의료정책의 필요성에 대해서 설명한다. 그리고 어떤 서비스를 소비해야 하는지를 소비자 스스로 판단하기 어렵다고 하는 '정보 비대칭성'을 비롯하여 자유로운 거래가 어렵다고 하는 의료서비스의 특수성이 간호서비스 분야에도 존재하는지에 대해서, 간호의 정의와 방문간호의 실태에 관한 데이터를 중심으로 고찰한다.

제2장에서는 사회경제환경의 변화와 함께 간호서비스가 어느 정도 거래되고 있는지, 그 시장 규모를 분석한다. 그리고 간호서비스의 필요성이 소비자에게 충분히 전달되지 않고 있다는 사실에서 볼 때, 필요로 하는 수준보다도 적은 거래가 이루어질 수 있는 가능성을 지적한다.

제3장에서는 간호서비스를 생산함에 있어서 주목해야만 할 2가지의 생산성('간호생산성'과 '간호사의 생산성')과 그것을 판단하기 위한 지표에 대해서 설명한다. 그중 한 가지, '간호생산성'은 일반적인 제품이나 서비스에는 없는 간호서비스만의 독특한 개념이다. 간호사, 그중에서도 간호관리자는, 이러한 2가지의 생산성을 관리해야만 한다. 하지만 관리가 어려운 것은 (제4장과 제5장에서

설명하겠지만) 현재의 수가제도의 구조에 그 원인이 존재한다.

제4장에서는 간호 수가제도의 구조가 간호서비스의 생산과 고용에 미치는 영향을 설명한다. 그리고, 서비스의 고품질화와 이익 증가를 위해서 높은 수준의 기능을 가진 간호사의 노동력이 필요하다고 하더라도, 그 기능이 임금으로 평가되지 못하고 있는 현실을 분석한다. 제5장에서는 간호 수가제도의 구조를 바탕으로 간호사와 간호보조자, 약사 사이의 업무 분담이나 이양이 어떻게 이루어지는지를 설명한다. 그리고 독자적인 조사를 통해 그 실태를 분석하고, 업무 분담·이양이 진행되지 않는 배경으로써 생산성 관리의 어려움을 지적한다.

통상적인 노동자의 경우, 업무에 상응하는 임금이 지불되지 않거나 과중한 업무 부담으로 현재의 직장에 만족하지 못한다면, 조건이 좋은 직장으로 전직하는 것이 하나의 선택지가 될 것이다. 하지만, 간호사에게는 그것을 어렵게 하는 '노동방식'의 특징이 존재하고 있다. 제6장에서는 '여성 노동공급'의 관점에서 간호사의 노동공급행동을 설명한다. 그리고 간호사의 노동공급행동과 간호사 노동력을 필요로 하는 병원 측의 노동수요행동의 특징을 분석하여, 노동력이 싸게 구입되는 불완전한 노동시장 구조가 성립된다는 것을 제7장에서 설명한다. 또 제7장에서는 간호사 노동시장에서 발생하는 다양한 노동력 부족을 설명하고, 노동력 부족을 개선하기 위해 정부가 시행해 온 정책의 효과에 대해서도 검토한다.

간호사의 일과 기능에 상응하는 임금이 지불되기 어렵다고 하더라도, 비교적 높은 임금을 받는 사람이 있는가 하면 그렇지 못한 사람도 있다. 제8장과 제9장에서는 간호사 간의 임금 격차나 노동 조건의 차이가 생기는 이유를 다양한 관점에서 설명한다. 제8장에서는 의료시설이나 개호시설·사무소에 근무하는 간호사들의 임금을 비롯한 근로조건 등을 비교분석한다. 그리고 교육을 통해 양성되는 기능의 차이에 착안한 '인적자본론'에 입각하여 간호사 간 임금 격차에 대해서 설명한다. 제9장에서는 노동시장이 계층화함에 따라 기능이 높아도 고임금 계층으로의 이동이 어려운 '노동시장의 이중구조', 그리고 기능과 책임, 작업조건 등으로 평가되는 '직무 가치의 차이'라고 하는 2가지 관점에서 간호사 간 임금 격차를 분석한다.

제10장에서는 간호사에 대한 일·가정 양립(work and life balance) 시책에 대하여 그 실태를 명확히 하고, 시책의 도입이 생산성을 높인다고는 할 수 없다는 점을, 제8장에서 설명한 기능양성에 주목하여 설명한다. 그리고 마지막 제11장에서는 제10장까지의 논점을 되돌아보며, 보다 나은 간호서비스가 소비자 곁에 도달할 수 있는 그리고 간호사의 일과 기능이 평가될 수 있는 방법에 대해 고찰한다.

겨우 익숙해졌다고 생각했더니 또 바뀌어 버린 의료수가와 개호수가, 눈앞의 많은 데이터, 병상가동률이나 입소이용률, 방문 횟수 등 인상을 요구하는 다양한 지표들, 물론 입퇴원 지원을 하면서 환자의 입원일수나 재택복귀율, 중증도, 의료·간호필요도 등도 살펴봐야 한다. 이익을 확보하여 경영을 안정시키는 것이야말로 그곳에서 일하는 사람들과 그 가족의 생활을 지킬 수 있다. 동시에 그곳에는 양질의 의료나 간호서비스를 필요로 하는 소비자의 생활이 있다. 모두가 보다 나은 생활을 영위하기 위해서는 어떤 방법이 있을까. 그리고 그것을 위해 정부는 어떠한 정책을 시행하는 것이 좋은가. 이러한 문제들에 대하여 이 책이 하나의 실마리를 제공하는 계기가 된다면, 필자는 더할 나위 없는 행복이다.

2020년 8월 츠노다 유카

| 초판 저자 서문 |

간호사 부족 문제가 다시 발생하고 있다. 종래의 간호사 배치기준보다 늘어난 '7:1 입원 기본료'가 2006년도 수가개정에서 정해진 것이 그 계기가 되었다. 이 기준에 의해 증액되는 의료수가를 획득하고자 모든 의료기관이 간호사 증원에 나서면서 간호사 부족 문제가 수면위로 드러나게 된 것이다.

신규졸업자 쟁탈은 말할 것도 없고 이직자의 중도채용에서 스카우트까지 간호사를 확보하기 위한 경쟁이 뜨겁다. 이렇듯 의료기관마다 간호사를 확보하기 위해 힘을 쏟다 보니, 그 결과로써 간호사의 업무환경은 개선되었다고 한다. 하지만 한편으로는 간호사의 확보나 정착이 유지되지 않아 의료현장에 지장을 초래하는 경우도 증가하게 되자, 정부는 대책을 검토하고 있다.

돌이켜 생각해 보건대, 간호사의 임금을 비롯한 노동 조건은 간호사의 업무나 기능수준에 맞추어 공정하게 평가되고 있는 것일까? 타 직종의 업무까지 간호사에게 맡겨져, 바쁜 업무로 인하여 심신의 피로를 가중시키고 있는 것은 아닐까? 를 고민해야 한다.

일본에서는 지금까지 간호사 부족 문제가 발생할 때마다, 간호사의 양성을 늘리거나 '간호료' 인상 등을 통해 취업하는 간호사를 증가시켜 노동력 부족문제를 해결하고자 해왔다. 그 결과, 임금이 낮은 신규졸업 간호사가 노동시장에 유입되고, 또한 수가점수가 매겨지지 않는 타 직종의 업무까지 간호사가 담당하게 되었다. 그뿐만 아니라, 인원 수를 기준으로 간호의 수가가

결정되는 현행 제도하에서, 간호사의 기능을 평가하지 않는 구조가 계속되어
온 것이다.

그리고 지금, 간호사의 일 그리고 기능이 평가되는 체계를 구축할 기회
가 다시 도래하고 있다. 2006년도의 수가개정에서의 간호직원배치기준의 인
상을 계기로 각 의료시설과 정부는 간호사 확보와 관련된 전략·정책을 적극적
으로 검토하고 있다. 지금이야말로, 간호사가 진정으로 평가받을 수 있는 정
책을 제시하고 그 체계를 구축할 기회이다.

본서는 경제학이라는 하나의 분석도구를 이용하여 간호사가 처한 업무
환경이나 간호사의 일하는 방식에 대해서 설명한 것이다. 경제학의 관점을
도입하면, '왜 이렇게까지 일이 힘든가', '이것도 간호사가 해야만 하는 일인
가', '내 능력은 제대로 평가되고 있는 것인가' 등 업무 내용이나 근무조건·환
경에 대하여 가졌던 의문이나 불만들이, 그때그때의 개인적 기분에 의한 단
순한 느낌이 아니라 정당한 견해라는 것을 합리적 근거에 의해 제시할 수가
있다. 간호사의 일과 기능이 정당하게 평가되고, 보다 질 높은 간호를 환자
에게 안정적으로 제공하기 위해서라도, 많은 간호사 여러분들이 경제학적
관점을 이해하고 알아주었으면 한다.

이 책은 2002년 4월부터 2003년 3월까지 1년간 '간호관리(看護管理)' 잡지
에 12회에 걸쳐 연재되었던 '간호사의 일하는 방식을 경제학에서 풀어 설명한
다'(看護師の働き方を経済学から読み解く)의 내용을 대폭 수정하고 추가한 것이다.
연재 때 각종 통계를 분석한 내용에 대해서는 최신 통계자료로 재분석하였으
며, 수가개정 등 간호를 둘러싼 정책과 환경의 변화도 수정하였다. 하지만 아
쉽게도 조사가 실시되지 않았다든지 최신 통계가 공개되지 않은 경우에 대해
서는 연재 당시에 사용한 통계자료를 그대로 사용하였다. 그러한 부분에서는
현재 상태를 전하지 못한다는 아쉬움은 있지만, 그래도 그러한 현상을 낳은

구조 자체를 명확하게 해 준다는 측면에서는 매우 유용한 통계자료이기 때문에 분석결과를 제시하고자 하였다.

또, '보건사조산사간호사법'에서 2001년에 '간호부(看護婦)'와 '간호사(看護士)'의 호칭이 '간호사(看護師)'로 통일되었다. 이 책에서는 기본적으로 '간호사(看護師)'라는 호칭을 사용해서 설명할 것이다. 다만, 법률이나 제도의 변천에 관한 설명 부분에서는, 더 적절하다고 판단되는 경우에 한하여 이전의 호칭을 사용하는 부분도 있다.

연재에서는 경제학의 유용성을 알리는 것을 가장 중요시했기 때문에 경제학의 기초지식에 대해서는 간단하게 설명하는 데에 그치고 있다. 하지만, 이 책에서는 이러한 부분들에 대하여 좀 더 보충적으로 설명하고자 했다. 또한, 예를 들어 '환자를 간호'하는 것을 '소비자에게 간호서비스를 생산한다'는 등 경제학적 표현으로 바꾸어 설명함으로써 경제학을 조금이라도 가깝게 느낄 수 있도록 신경을 썼다.

이 책을 통해 간호 분야를 경제학적 관점에서 분석하고 평가하는 유용성이 조금이라도 전달될 수 있다면, 필자에게 있어서 이보다 더한 행복은 없을 것이다.

2007년 7월 츠노다 유카

[서장] 간호사가 경제학을 배운다는 것
- 지금 꼭 필요한 '간호서비스 경제학'

[제1장] 간호서비스의 경제학적 특성

[제2장] 사회·경제·환경의 변화와 간호·의료서비스

[제3장] 간호생산성과 간호사의 생산성

[제4장] 간호사의 기능 평가를 방해하는 메커니즘

[제5장] 간호사가 타 직종 업무까지 담당하는 메커니즘

[제6장] 무시할 수 없는 결혼과 출산·육아

[제8장] 임금·노동 조건의 격차와 인적자본론

[제9장] 간호사 간 임금 격차 발생 메커니즘

[제10장] 간호사의 일·가정 양립과 생산성

간호사가 경제학을
배운다는 것

지금 꼭 필요한 '간호서비스 경제학'

서장

|A| 경제학이란

경제학은 모두가 보다 나은 생활을 영위할 수 있도록 지향하는 학문이다.

양적으로 제한적이며 희소한 자원을 활용하여 제품·서비스를 생산하고 보다 많은 사람들이 만족하도록 배분하는 방법을 모색하는 학문이 바로 경제학이다. 학자에 따라 자원을 구분하는 기준에는 차이가 있지만 가장 일반적으로는 3가지로 나누어 구분하고 있다. 즉, 인적 자원과 물적 자원, 그리고 금전적 자원이 그것이다[1].

제한적인 자금(금전적 자원)을 사용 가능한 한도 내에서 투입하여 양적으로 제한적인 노동(인적 자원)과 자원(물적 자원)을 이용해 제품·서비스를 생산하고, 그것을 어디에 어떻게 배분하면 보다 나은 생활을 실현할 수 있을까? 이를 위해서 경제학에서는 생계를 함께하는 가족을 의미하는 '가계(家計)' 그리고 '기업'과 '정부'를 경제주체로 구분하고 각각의 활동(미시경제학)이나 전체적인 활동의 연계(거시경제학)를 관찰하고 분석한다. (그림 서-1, 표 서-1)

경영학이 기업에 초점을 맞추어 지속적인 발전을 목표로 하는 자원의 조달과 배분을 연구하는 분야라고 한다면, 경제학은 기업뿐 아니라 가계나 정부의 활동에도 초점을 둔다. 특히 의료나 간호의 경우 많은 공비(公費: 공적비용 즉 정부/공공단체의 자금)를 투입해 노동과 자원을 배분하고 다양한 정책들을 시행해

---

1   역자주 경제학에서는 생산에 필요한 요소(자원)로서 두 가지를 들고 있다. '노동(L)'과 '자본(K)'이 그것이다. Y=L+K. 즉 노동(L)과 자본(K)이 투입되어 생산이 이루어진다. 여기서 자본은 물적 자원까지 포함한 개념으로 노동투입 외에는 전부 자본투입으로 간주하고 있다. 그리고 자본이라는 요소가 '물적 자원'과 '금전적 자원'으로 양분되어 본서에서 설명하는 3가지 요소로 자리매김하게 된다. 한편 물적 자원은 다시 '천연 자원'과 '가공 자원'으로 나누기도 한다. 그리고 국가 간 교역이 확대되며 생산성의 국제비교가 진전됨에 따라 국제경제의 영역에서는 한 국가의 생산성에는 '노동'과 '자본'이외에도 'TFP(전요소생산성)'가 중요하게 다뤄지고 있다. 이는 제1장의 각주3에서 설명하는 '정보'나 '지식', '교육' 등 복합적인 요소가 여기에 해당한다.

가며 서비스를 생산·소비하고 있기 때문에 정부의 활동을 관찰하고 분석하는 것은 필수불가결하다.

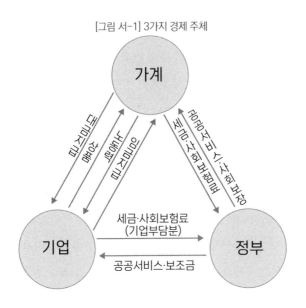

[그림 서-1] 3가지 경제 주체

가계	기업에 노동력을 판매하는 '공급(생산자)'측이 되거나 제품·서비스를 구입하는 '수요(소비자)'측이 되기도 한다.
기업	가계로부터 노동력을 구입하는 '수요(소비자)'측이 되거나 제품·서비스를 판매하는 '공급(생산자)'측이 되기도 한다. 기업 간에도 상품의 '거래(수요와 공급)'가 성립한다.
정부	가계나 기업으로부터 징수한 사회보험료나 세금을 바탕으로 사회보장이나 공공서비스 등을 제공한다.

*1: '정부'에는 중앙정부뿐만 아니라 지방자치체(지방정부)도 포함된다.

*2: 그림에 화살표로 표시되어 있지않지만 그 외에도 가계와 정부 간의 노동력과 임금의 교환(공무원 등) 기업과 정부 사이에는 상품과 대금의 교환이 존재한다.

[표 서-1] 거시경제학과 미시경제학(의) 관점 차이의 예시

	거시적 관점	미시적 관점
지역포괄 케어 시스템	의료수가·개호수가 개정을 비롯해 어떠한 정책을 실행하면 지역포괄 케어시스템을 구축할 수 있을까? 국민의료비나 개호비용은 어떻게 변화할 것인가?	고도급성기, 급성기, 회복기 등에 따라 어떠한 병원에서 어느 병상 기능을 선택해야 하는가? 다른 의료시설이나 개호보험시설 재택서비스 사업소와 어떻게 연계해 나갈 것인가?
노동력 (인적자원)	간호나 개호를 필요로 하는 고령자가 증가하는 상황에서 '간호인력 수급전망'을 앞으로 어떻게 책정하면 좋을까?	의료시설이나 개호보험시설 재택서비스사업소는 각각 간호사나 개호직 등을 어떻게 채용하면 좋을까? 노동자(가계)는 어떻게 일·가정을 양립해 갈 것인가?
의료나 개호 비용	의료보험 개호보험의 재원을 확보하기 위해서 자기부담률을 높이면 보험수입은 얼마만큼 증가하는가? 혹은 비용의 증가를 억제하기 위해서 의료수가·개호수가를 낮추는 것이 나을까?	소비자(가계)는 자기부담률의 상승에 따라 의료시설에서의 진료를 줄인다거나 개호서비스의 이용을 줄일 것인가? 의료시설 등은 정책 변화에 대응해 어떻게 서비스를 제공해야(하면?) 소비자를 확보할 수 있을 것인가?

|B| 경제학 관점 및 경영학 관점

1. 어느 간호관리자의 경험(담)

어느 간호관리자에게 걸려 온 한통의 전화내용을 소개하고자 한다. 그것은 간호관리자가 운영하는 방문간호스테이션을 과거에 이용한 적이 있는 고령의 여성 A씨로부터의 전화였다. A씨는 이곳 방문간호스테이션의 서비스와 함께 다른 재택서비스도 이용한 적이 있는 독거노인이다. 하지만 앞으로 혼자서 지내게 될 생활에 대한 불안감으로 시설 입소를 결심하게 된다. 그리고 그 지역에서 다양한 사업을 전개하고 있는 간호대응형 유료노인실버타

운에 입소했다. A씨의 전화는 '새로 입소한 곳의 간호의 질이 낮아 힘들다'는 내용이었다.

경영의 관점에서 본다면 그 시설의 생산활동 방식으로 파악해 볼 수 있다. 즉 이익을 얻기 위해서는 보다 많은 입소자를 확보하는 것이다. 그리고 그 이익으로 새로운 사업 전개를 위한 자금을 비축하거나 설비투자를 할 수도 있으며 또한 직원의 근무 환경을 정비하는 것도 가능하다.

하지만 고객인 A씨 입장에서는 그 시설의 생산활동 방식으로 인해 충분한 서비스를 받고 있지 못하고 있다. 다른 간호서비스 예를 들어 본인이 원하는 이전의 방문간호스테이션의 서비스를 구입하고 싶어도 유료노인실버타운에 입소 중인 상태에서는 현실적으로 쉽지 않다. 결국 입소 중인 법인이 제공하는 방문간호서비스를 구입할 수밖에 없을 것이다[2].

2. 경제학과 경영학의 관점 차이

과연 그것으로 괜찮은 것인가?

A씨가 이전의 방문간호스테이션에서 제공하는 서비스를 구입할 수 있도록 해야 하지 않을까. 그것이 불가능하다면 적어도 이전과 동일한 수준의 충분한 서비스를, 현재 입소하고 있는 시설이 제공하도록 해야하지 않을까.

현재 입소 중인 법인 측 경영의 입장에서는, 다른 시설을 소개한다는 것은 고객을 놓치는 일이 되어버린다. 다른 한편으로 보다 질 좋은 서비스를 생산한다는 것은 추가적인 자원투입과 그에 따른 비용 증가로 인해 이익이 감소하게 된다. 경영학의 관점에서는, 이익의 극대화를 위해 생산관리나 인사·

2 　하지만 정당한 이유 없이 케어플랜 중의 재택서비스에 대해서 특정의 재택서비스 사업소에 80%를 넘게 집중하는 경우에는 '특정사업소 집중 감액계산(감산:減算)'에 해당해 재택개호지원비가 감액 계산된다. 따라서 A씨가 원하는 방문간호서비스를 구입할 수 있는 가능성은 있다.

	경제학 관점	경영학 관점
경제성장 (호경기의 경우)	기업의 이익이나 노동자(가계)의 소득은 얼마나 증가할까? 세수(세금수입)는 얼마나 늘어나고, 사회보장 분야나 공공사업 등에 얼마만큼 배분이 가능할까?	고품질·고가격의 상품을 좀 더 개발·생산해야 할 것인가? 경기회복과 함께 상승하는 인건비 일부를 상품가격에 전가하면, 수요는 어느 정도 줄어들게 될까?
노동력 (인적자원)	경기회복기의 노동력부족에 어떻게 대응하면 좋을 것인가? 여성이나 고령자의 노동력 공급을 높이기 위해서 어떤 정책을 시행하면 좋을까?	노동력부족의 상황에서, 어떠한 내용의 고용계약이나 조건이면 채용이 가능할까? 충분한 노동력 확보가 어려울 경우, 생산공정의 변화, 아니면 사업 규모의 축소는 피할 수 없는 것일까?
로봇·AI 등 기술진보·보급	기술개발·보급에 따라 노동생산성이 얼마만큼 상승하고, 경제성장에 어느 정도 기여할까? 가계의 소비행동이나 노동력의 공급(일하는 방식)은 어떻게 변화해 갈까?	로봇이나 AI를 생산공정의 어느 부분에 도입할 수 있을까? 기술도입의 비용은 어느 정도 들며, 또한 인건비는 얼마만큼 절감할 수 있을까?

노무관리, 마케팅 등 다양한 분야에서 이론들이 전개되고 있다. 따라서 A씨가 입소 중의 시설에서는, 현 상태에서 가장 이익을 많이 남기는 방법을 택하고 있음에 틀림이 없다.

그렇다면, 경제학 관점에서 보면 A씨가 보다 나은 생활을 영위하기 위해서 어떻게 하면 좋을까? 현재 이용 중의 시설이 질 좋은 서비스를 제공하도록 하기 위해서 어떻게 하면 좋을까?

그에 대한 방안을 고민해 보기로 하자. (표 서-2)

3. 자원의 희소성: 누구라도 '선택'이 필요하다

만약 자원(인적 자원, 물적 자원, 금전적 자원)을 무한하게 얻을 수만 있다면 각각의 경제 주체는 어떠한 행동을 취할 수 있을까?

앞에서 예를 들었던 그 법인은 정보통신기술(ICT)을 비롯해 각종 설비투자를 하거나 고용조건이나 교육·연수 환경에 만전을 기해 직원을 충분히 확보할 수 있다. 그리고 기능(技能: skill)[3]을 갖춘 직원의 노동력을 계속해서 투입해 직종 간의 연계를 취하면서 A씨에게 최선의 서비스를 제공할 수 있다. 한편 A씨는 자신의 자금을 사용해서 법인과의 계약을 해지하고 새로운 거주지로 옮기는 것도 가능하다. 그곳에서 방문 간호서비스나 다른 서비스를 만족할 때까지 구입하는 것도 가능하다. 정부도 이러한 서비스를 각 시설이 생산하거나 소비자가 원하는 만큼 구입할 수 있도록 공비(公費 금전적 자원)를 적절히 투입할 수 있을 것이다.

하지만 자원은 제한적이다. 설비투자를 하기 위한 자금을 법인은 어떻게 조달하면 좋을까? 예를 들어 직원의 교육·연수비를 줄이거나 혹은 보너스(상여금)를 줄여서 조달하는 방법이 있다. 하지만 만약 그렇게 한다면 직원의 기능이 감소될 뿐만 아니라 사기도 감소되어 제공하는 서비스의 질이 떨어지고 말 것이다.

A씨의 경우 새로운 거주지로 옮기기 위한 자금을 위해서 평생 동안 모아두었던 적금을 해지해야 할지도 모른다. 그렇게까지 해서 이사하게 되면 앞으로의 노후 생활은 연금에만 의존할 수밖에 없을 것이다. 연금만으로 간호나 의료서비스를 비롯하여 생활에 필요한 상품을 구입할 수 있을까? 현실적으로 쉽지 않다.

3 　역자주 여기서 기능(技能)이란 주로 노동경제학 분야에서 사용하는 전문용어로서 영어로는 'skill'로 표현되고 있다. 흔히 일상생활에서 사용하는 '기능(機能)'과 혼동하기 쉽지만 전혀 의미가 다르기 때문에 구별해 둘 필요가 있다. 일상적으로 사용하는 '기능(機能)'이란 영어의 'function'으로 표현될 수 있으며 "이 기계에는 이러한 좋은 기능도 있어" 등 주로 제품이나 기계에 쓰이는 용어. 경제학에서 사용하는 그리고 본서에서 사용하고 있는 '기능(技能)'은 사람(더 구체적으로는 노동자)에게 쓰이는 용어로 전문영역에서의 능력(ability)을 뜻한다. 전문영역에서의 '기술(技術)'을 습득하고 그 기술을 잘 활용할 수 있는 '능력(能力)'의 정도를 뜻하는 용어다.

정부 또한 고령자의 생활을 안정시키고 모두가 안심하고 살아갈 수 있는 정책을 시행하고 싶겠지만 다른 많은 정책 과제들이 산적해 있다. 예를 들어 인구감소에 제동을 걸기 위해서는 보육서비스 공급확충이나 무상교육도 한층 더 강화해 나가지 않으면 안 된다. 그리고 대규모 재해에 대비해 공공사업도 필요하다. 어떠한 정책과제에 얼마만큼의 공비(公費)를 투입하는 것이 가장 효과적일까? 그리고 재원(자금)을 어디서 구할 것이며 어떤 방식으로 조달할 것인가의 문제도 있다.

자원이 무한정 존재한다면 기업은 원하는 만큼 제품 및 서비스를 생산할 수 있고 소비자는 원하는 만큼 소비할 수도 있다. 하지만 자원이 한정되어 있기 때문에 어떻게 자원을 배분하여 제품과 서비스를 생산하고 소비해야 보다 나은 생활 혹은 활동이 가능할 것인지 각 경제주체는 '선택'해야만 한다.

4. 간호사 역할의 중요성

앞서 소개한 A씨의 경우 이전 방문간호스테이션의 서비스가 더 나았다고 생각한 것과 같이 자신이 어떤 서비스를 이용하면 만족(효용)을 얻을 수 있는지를 알고 있다. 이때 예를 들어 다른 기관의 서비스를 희망하는 소비자의 요구에 응한 경우에는 수가가산점을 부여하는 등의 '인센티브'를 정부가 제도화 한다면 소비자가 원하는 서비스를 받을 수 있는 쪽으로 생산자 측의 행동을 촉진시킬 가능성이 있다[4].

하지만 소비자가 자신에게 필요한 서비스를 구체적으로 모르는 경우에는 어떻게 하는 것이 좋을까? 특히 의료서비스의 경우 어떤 서비스를 구입할

---

4   2018년도부터 재택개호지원사업자는 이용자와의 계약 시 복수의 재택서비스사업소의 소개를 요구할 수 있다는 설명이 의무화되었으며 만약 설명하지 않은 경우는 '운영기준감액계산'에 해당되어 재택개호지원비가 감액 계산된다.

때 증세가 개선되어 치료되는지, 소비자에게 있어서 필요한 서비스가 무엇인지에 대해서 생산자 측이 더 잘 알고 있다고 하는 '정보 비대칭성'이라는 특수성이 존재한다[5]. 소비자 스스로 원하는 것을 선택하는 일반적인 서비스와는 다른 의료서비스만이 가지는 특징 중 하나이다. 이때 소비자는 가령 부적절하거나 과도한 서비스가 제공되어도 모르는 채 소비해 버리기 때문에 예를 들어 행위별 수가제도하에서는 생산자 측의 과잉진료가 이익을 증가시켜 경영상으로 적확(的確)한 생산활동이 될 가능성도 배재할 수 없게 된다.

따라서 어떠한 서비스를 받아야 심신이 개선·회복되고 악화를 예방할 수 있는지 모르는 소비자에게 가까이에서 필요한 서비스를 선택하고 제공할 수 있는 간호사의 역할은 매우 중요하다.

|C| 간호와 경제학이 지향하는 것: 보다 나은 생활을 위한 '간호서비스 경제학'

간호와 경제학이 실제로는 닮은 부분이 많다.

일본간호협회에서는 '간호의 목적'을 다음과 같이 정의하고 있다.

간호는 모든 연령대의 개인, 가족, 집단, 지역사회를 대상으로 하며 그 대상이 본래 가지고 있는 자연치유력을 발휘하기 쉬운 환경을 조성하고 건강유지 및 증진, 질병의 예방, 건강의 회복, 고통을 완화함으로써 생애를 통해 사람다운 삶을 영위할 수 있도록 신체적·정신적·사회적으로 지원하는 것을

---

5   '정보 비대칭성'을 비롯해서 의료나 간호서비스가 가지는 특수성에 대해서는 제1장에서 자세히 설명할 것이다.

목적으로 한다[6].

　모두의 보다 나은 생활을 실현할 수 있도록 희소한 자원의 조달·분배를 생각하는 경제학과 사람다운 삶을 영위하기 위해 신체적, 정신적, 사회적으로 지원하는 간호는 지향하는 목적이 같다고 해도 과언이 아닐 것이다.

　'사회보장과 세제의 일체개혁(社会保障と税の一体改革)'의 흐름 속에서 '의료개호종합확보추진법(원문)'[7] 이 2014년에 제정되어 병상의 기능분화·연계강화를 도모한 재택의료를 추진함에 따라 '효율적이고 질 높은 의료제공 체제'를 확보함과 동시에 '지역포괄케어시스템'의 구축을 지향하게 되었다. 종래의 '병원완결형' 의료제공 체제에서 벗어나 거주지역에서 의료와 개호 예방 및 생활 자립까지 단절없이 지원받을 수 있는 '지역완결형' 서비스제공체제로의 전환이 도모되고 있는 때에 일본 최대 간호직능단체인 일본간호협회는 2015년 '간호 장래비전'을 발표했다. 그 내용에는 지역포괄케어시스템의 대상으로써 요양중인 고령자뿐 아니라 어린이와 양육자, 장애인 등 모든 사람들의 생활을 고려하고 있다. 그리고 의사를 비롯한 다양한 직종과 연계해 의료를 제공함과 동시에 일상생활을 영위하면서 자립할 수 있도록 건강 상태에 적합한 보건·의료·복지를 연계하는 것과 간호에 관하여 언급하고 있다[8].

　고령으로 인해 질환을 앓고 있어도, 장애가 있어도, 어떤 사람이라도 살면서 정든 거주지역에서 보다 나은 생활을 보낼 수 있도록 의료나 간호 개호

6　일본간호협회(2007년) p.10에서 인용.

7　정식명칭은 '지역에서의 의료 혹은 개호의 종합적인 확보를 추진하기 위한 관계법률의 정비 등에 관한 법률'이며 의료법이나 개호보험법, 보건사조산사간호사법 등 19개의 법안을 정리한 것이다.

8　지역포괄케어시스템의 대상자 또는 2025년을 대비한 간호비전의 내용은 일본간호협회(2015) p.9를 참고했다.

서비스 등 필요한 서비스를 판단하고 코디네이터 해서 제공하는 가장 중요한 역할의 한 부분을 간호사가 담당하고 있다. 자신이 속한 시설의 서비스만이 아니라 타 병원이나 진료소 혹은 개호보험시설이나 방문간호스테이션 등 다른 시설이나 다양한 직종과 연계·조정하고 관리해 가면서 지금의 소비자의 생활과 생애를 고려해 서비스를 제공한다.

하지만 소비자의 심신 상태나 삶의 질(quality of life 이하 QOL)을 고려해서 타 시설과의 연계나 조정에 집중한 나머지 예를 들어 병상가동률이 감소되는 등 서비스 생산활동에 지장을 초래해서는 안 된다. 왜냐하면 그곳에 소속된 직원들의 일상생활도 존중받아야 하기 때문이다. 간호사가 심신이 건강하고 가정생활과 양립해 가며 양질의 노동력을 제공하고 정당한 대가로 임금을 받기 위해서는 자신이 일하는 시설의 경영안정·유지는 필수불가결하고 이러한 환경을 관리하는 간호관리자의 역할은 중대하다.

시설과 지자체는 지원이 필요한 사람들이 잘 지내기 위해서 자원을 어떻게 조달하고 배분해 서비스를 생산할 것인가? 정부는 서비스 소비자뿐만 아니라 생산자들도 보다 나은 생활을 영위할 수 있는 사회를 구축하기 위해 어떠한 의료보장·복지정책을 실행하고 또 개선해 나갈 필요성이 있는가? 모두의 보다 나은 삶(생활)의 실현을 지향하는 지금이야말로 '간호서비스 경제학'이 필요한 때다.

참고문헌

1) 日本看護協会(2007). 看護にかかわる主要な用語の解説 - 概念的定義・歴史的変遷・社会的文脈. p.10, 日本看護協会.

2) 日本看護協会(2015). 2025年に向けた看護の挑戦　看護の将来ビジョン - いのち・暮らし・尊厳をまもり支える看護. p.9, 日本看護協会.

3) 日本看護協会編(2019). 看護に活かす基準・指針・ガイドライン集2019. 日本看護協会出版会.

간호서비스의
경제학적 특성

1장

"간단하게 조리할 수 있는 가전제품 사고 싶은데, 유행하는 전기 압력솥이 좋을까 아니면 고기능의 전자레인지가 좋을까? 너무 가격이 비싸면 살 수 없고..."

일반적인 제품이나 서비스의 경우 소비자는 정해진 예산 내에서 자신이 사고 싶은 물건을 선택해서 구입하는 것이 가능하다. 돈이 부족하다면 조금 더 모은 뒤에 살 수도 있어 구매 시기도 스스로 선택할 수 있다. 판매 측도 타 점포의 동향을 주시하며 보다 많은 소비자로부터 선택받을 수 있도록 가격을 책정해서 판매한다. 이것이 바로 자유로운 거래의 성립이다.

하지만 의료서비스의 경우는 공적의료보험이나 수가제도, 기본병상수 제도 등 다양한 정책개입이 있는 상태에서 거래되고 있다. 소비자는 언제 질병에 걸려 의료서비스 구입이 필요할지 예측할 수 없고 어떤 질병인지도 알 수 없을뿐더러 어떠한 치료를 받아야 회복할 수 있는지도 모른다. 이와 같이 스스로 언제, 무엇을, 얼마만큼 필요한지를 모른다는 특수성이 있기 때문에 의료분야에서는 소비자가 적절한 서비스를 구입할 수 있도록 하기 위한 정책이 필요하다.

그렇다면 간호서비스 분야에도 자유로운 거래를 어렵게 하는 특수성이 존재할까?

제1장에서는 일반서비스와 의료서비스의 특성을 설명한 뒤에 '간호'라는 서비스의 특수성에 대해서 설명한다. 그리고 그 특수성으로 인해 간호사와 환자 간의 원활한 서비스가 이루어지기 어려워 결국 정부의 정책적 개입이 필요하다는 점을 설명하고자 한다.

|A| 서비스 및 간호서비스의 특성

1. 서비스란 무엇인가

'서비스'란 원래는 무엇일까?

경제학 분야에서 서비스를 파악하는 방법에 대해 하나의 통일된 견해는 없으나 두 가지의 유력한 가설이 존재하고 있다.

그중 하나는 유형의 '제품'이나 '생산물'과 구별해 서비스를 '무형의 생산물'로 파악하는 것이며 또 다른 하나는 생산물을 산출하지 않는 '노동' 그 자체를 서비스로 파악하는 것이다. 결국 서비스를 어떠한 관점에서 파악하더라도 서비스가 '생산물'과는 다른 성질을 가진다는 점에서는 일치한다[1]. 즉 서비스의 특성이란 다음과 같이 정리해 볼 수 있다.

① 재고의 불가능성

의료기기나 의약품이라는 제품(생산품)은 창고 등에 보관해 두는 것이 가능하다. 백신도 냉장 및 냉동보존이 가능하다. 그러나 서비스의 경우는 저장할 수가 없다.

예를 들어, 외래환자가 적은 시간대에 서비스를 많이 생산해서 저장해 두고, 환자가 많은 시간대에 저장해 둔 서비스를 제공한다는 것은 불가능하다. 입원의 경우에도, 환자가 병동에 입원하고 나서 서비스 제공(생산)이 이루어지기 때문에, 입원환자가 없을 때 비어있는 병상은 서비스 생산의 미가동 부분이 된다. 이와 같이 환자가 많이 입원해서 병상이 부족한 시기를 대비해

---

1   서비스를 파악하는 방법에 대해서는 쿠시다(櫛田)(2001)를 참고했다. 그 외에도 노무라(野村)(2008)에서는 본론 중의 파악법 이외에 마케팅론의 관점을 도입해서 '활동과 편익', '재화의 소유권 이전 이외의 시장거래 대상'을 들며 독자적으로 정의 내리고 있다(pp.26-41). 서비스를 파악하는 방법이 통일되지 않은 이유 등 서비스에 관한 구체적인 설명에 대해서는 이상의 2개의 문헌을 참고하길 바란다.

서 비어있는 병상을 미리 저장해 두는 것은, 물론 불가능하다.

서비스는 저장할 수 없기 때문에 계획생산이나 예측생산은 할 수 없으며 운송도 불가능하다. 다른 지역으로 거주지를 옮긴 뒤 이전의 간호사로부터 방문간호를 받고 싶다고 해서 그 간호서비스를 트럭에 실어 새 거주지로 운송하여 소비하는 것은 불가능하다[2].

② 무형성(고정적인 형태가 없다)

앞에서 설명했듯이 서비스는 무형의 생산물이며 인간의 노동 그 자체로 인식되고 있고 눈으로 확인할 수 없다. 물론 의사가 환자를 치료하거나 간호사가 간호하는 행위는 볼 수 있지만 치료나 간호의 서비스 그 자체를 눈으로 파악할 수는 없다.

③ 생산-소비의 시간 및 공간의 일치

의료기기나 의약품의 경우 생산 시 구입하고자 하는 소비자가 그 장소에 없어도 거래는 성립한다. 왜냐하면 생산지로부터 소비자가 있는 장소까지 운송하는 것이 가능하기 때문이다.

하지만 서비스의 거래는 생산자와 소비자가 같은 시각에 같은 장소에 있지 않으면 성립하지 않는다. 간호사가 환자를 간호하려고 해도 그때 그 장소에 환자가 없으면 간호를 제공할 수 없다.

④ 일회성

서비스는 어느 일정시간에 제공하며 거래가 끝난 뒤에는 사라져 없어진다. 간호사가 환자를 간호함으로써 환자의 질병 상태가 개선된다면 간호서비스의 효과는 발생하지만 '간호'라는 서비스 제공은 종료하게 되며 서비스 그 자체가 없어져 버린다. 의료기기는 반복해서 사용할 수 있지만 환자에 대한 간

---

2   다만 원격의료 기술이 발전하면, 예를 들어 '온라인 진료'와 같이, '운송 불가능성'이나 '공간의 일치'라는 특성을 (품질 유지의 문제는 별개로 하고) 고려할 필요가 없는 분야가 나올 것이다.

호는 거래종료 후에 그것을 다시 사용할 수는 없다.

따라서 서비스는 반품하는 것도 불가능하고(불가역성) 재판매도 불가능하다. 질병 상태가 호전되지 않는 등 납득하기 어려운 간호나 의료를 제공받았다고 하더라도 그 서비스를 반품하거나 다른 소비자에게 재판매할 수는 없다.

2. 간호서비스의 특성

간호는 위의 ①~④의 4개의 서비스 특성 모두를 가지고 있는 서비스이다.

간호라는 서비스 즉 '간호서비스'를 생산하기 위해서 간호사는 필수적인 인력이다. 하지만 간호사의 인력 즉 간호사의 '노동력'(혹은 노동서비스)으로만 생산할 수 있는 것은 아니다. 병원을 비롯한 시설과 설비 및 간호 물품도 필요하다. 또 간호업무 보조자나 병동보조자 등 간호사 이외의 노동력도 필요하다.

[그림1-1]의 개념도에 나타난 것과 같이 간호서비스는 간호사의 노동력과 같은 뜻이 아니다. 시설·설비나 의료기기 특히 간호 물품이라는 '자본'(물적 자본 혹은 물적 자원)과 간호사의 노동력을 비롯한 '노동'(인적 자본 혹은 인적 자원)이 투입되어 생산할 수 있는 서비스이다[3].

물론 간호서비스의 생산에서 노동력만 단순하게 투입되는 것은 아니다. 노동자가 가진 지식이나 기술 경험이라는 '스킬(skill 이하 기능)'의 투입도 필수

---

3   간호서비스 생산의 3가지 관리 요소인 '사람(인적 자원)·물건(물적 자원)·돈(금전적 자원)'에 추가해 최근에는 '정보', '지식'도 포함해 논의되고 있다. (예를 들어 나카니시·츠루(中西·水流)(2018) pp.2-3 카나이(金井)(2019) pp.9-15.) 본서에서는 '돈'이란 요소를 '사람(노동력)' 혹은 '물건(물적자본)'을 조달하기 위해 필수불가결한 것으로 보기 때문에 다루지 않았다. 또 정보나 지식에 대해서도 그것을 창출하거나 활용하는 것은 사람이기 때문에 간호서비스를 생산하는 데에 필요한 요소로서 세분화해 다루지 않고 있다. 따라서 본서에서는 간호서비스의 생산의 관리 요소로서 경제학에서 말하는 '자본'과 '노동'의 두 가지만으로 단순화했다.

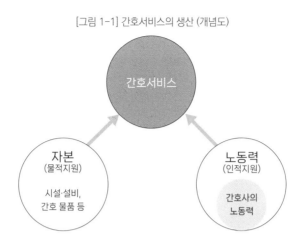

[그림 1-1] 간호서비스의 생산 (개념도)

간호서비스

자본
(물적지원)

시설·설비,
간호 물품 등

노동력
(인적지원)

간호사의
노동력

불가결하다. 즉 간호사의 노동이 노동력의 '양'을 의미하고 있는 것에 반해 간
호서비스의 생산에 필요한 간호사의 기능은 노동력의 '질'로 표현할 수 있다.

|B| 자유로운 시장거래를 가로막는
의료서비스의 특수성

간호서비스 그리고 그것을 대량으로 투입하는 의료서비스에는 서비스
의 공정가격을 결정하는 '수가제도'를 비롯해 정부 개입이 많이 이루어지고
있다[4].

그것은 의료서비스가 일반적인 서비스의 특성 외에도 몇 가지의 특수성
을 더 가지고 있어 일반적인 서비스와 달리 자유로운 가격설정이나 원하는 만

---

4 물론 제품·서비스 일반에 대해서도 '독점금지법'이나 '식품위생법' 등 어느 정도의 정부규제는 있
다. 하지만 그러한 것은 시장에서의 '경쟁(가격경쟁 품질에 대한 경쟁 등)'이 적정하게 행해지는
것을 목적으로 한 규제이며 가격이나 생산량을 규제하는 의료서비스나 간호서비스의 그것과는
다른 성질을 가진다.

큼의 판매와 구매 등 생산자와 소비자가 자유롭게 거래하는 것이 어렵기 때문이다. 의료서비스가 자유롭게 거래된다면 서비스가 적절하게 제공되지 못하게 되어 '자원배분의 효율성'을 달성하지 못하게 된다.

여기서는 먼저 자유로운 거래를 통해 자원배분의 효율성이 달성되는 '시장 메커니즘'에 대해서 설명한 뒤에 그것을 가로막는 의료서비스의 특수성에 대해서 알아보기로 한다.

1. 시장 메커니즘

식품이나 서적 혹은 자동차 등 '제품'과 호텔이나 레스토랑 등에서의 '서비스' 소위 '제품·서비스'는 통상적으로 '공급(생산자)측과 '수요(소비자)측 사이에 자유롭게 시장 거래되고 있다.

[그림1-2]에는 시장에서 거래되는 일반적인 제품·서비스에 대해 수요 측의 행동을 표현한 '수요곡선'D와 공급 측의 행동을 표현한 '공급곡선'S가 그려져 있다.

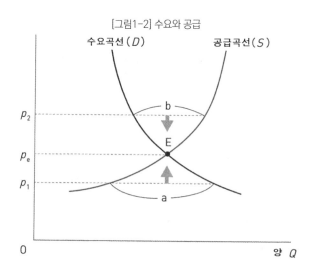

[그림1-2] 수요와 공급

수요곡선은 y축에 표시된 제품·서비스의 가격p에 대해 우하향 곡선이다. 동일한 상품이라도 가격이 오르면 구입하고자 하는 수요자의 수나 1인당 수요량(Q)이 줄어들고 만다. 반대로 가격이 내려가면 수요자의 수도 1인당 수요량(Q)도 늘어난다.

한편 공급곡선은 가격p에 대해서 우상향 곡선이다. 상품의 가격이 오르면 공급 측은 보다 많이 생산해서 판매하려고 할 것이며 공급량을 늘리는 공급자도 증가한다. 반대로 가격이 내려가면 공급량이 줄어들게 되며 시장에서 철수하는 공급자도 나타난다.

예를 들어 태풍으로 인해 야채나 과일 등이 피해를 입어 품귀현상이 나타났을 때와 같이 수요량이 공급량을 웃도는 경우를 생각해 보자. 이러한 '초과수요'는 [그림1-2]의 a부분으로 나타낼 수 있다. 구입을 원하는 수요량에 비해 공급량이 부족할 때 적은 양의 상품을 둘러싼 경쟁이 발생함으로써 가격은 $P_1 \rightarrow P_e$ 로 상승한다.

가격이 오르면 비싼 가격이 부담이 되어 구입을 원하지 않는 소비자가 증가하기 때문에 수요량이 감소한다. 동시에 공급 측은 상승한 가격에서 더 많이 판매하고자 한다. 예를 들어 태풍으로 인해 농산물의 피해가 있을 때는 약간의 하자가 있는 즉 판매 가치가 하락한 야채나 과일이라도 시장에 내 놓으며 공급량을 늘게 된다. [그림1-2]의 b부분처럼 설령 공급량이 그 수요량을 웃돌며 '초과공급'이 발생하게 되면 공급자 간의 판매 경쟁에 의해 가격이 $P_2 \rightarrow P_e$ 로 하락하게 된다. 즉 변동하는 가격에 따라 수요량과 공급량이 조정되어 시장 균형의 수준 점 E로 이동하게 되며 이 지점에서는 수요와 공급이 일치해 가격도 P_e 로 균형을 이루게 된다. 경제학에서는 이것을 '자원배분의 효율성'이 달성한 상태라고 부른다[5].

이와 같이 수요량과 공급량을 조정하는 역할의 '가격'(price)에 의해 자원배분의 효율성이 자율적으로 달성된다. 이것이 바로 경제학에서 설명하는 '균형가격 메커니즘'이다. 하지만 의료서비스를 거래하는 경우에는 '균형가격 메커니즘'이 제대로 기능하지 않는다.

그렇다면 자유로운 시장경제를 곤란하게 만드는 의료서비스의 특수성이란 무엇일까?

2. 의료서비스의 특수성

의료서비스의 특수성은 구체적으로 무엇인가? 어느 범위까지 의료서비스의 특수성으로 봐야 하는지에 대해서 의료경제학자 사이에서도 견해가 일치하지 않는다. 이는 다른 서비스 분야와는 달리 의료서비스만큼 많은 특수성이 지적된 경우는 없기 때문이다. 수많은 특수성을 가지고 있는 그 자체가 의료서비스의 특수성이라고 지적하는 전문가도 있다[6]. 수많은 특수성이 거론되고 있지만 이 책에서는 다음의 4가지의 특수성으로 정리하고자 한다[7].

먼저 자원배분의 효율성을 달성하는 '균형가격 메커니즘'이 제대로 기능하지 못하는 의료서비스 특수성에 대해서 다음의 3가지로 설명한다.

---

5   제품·서비스의 공급량이 수요량을 초과하면 가격이 변동(즉 초과공급에 따른 가격하락)함으로써 수요량과 공급량은 조정(수요가 증가하는 쪽으로)되고 적정수준에서 일치(시장가격 형성)하게 된다. 이를 가격에 의한 조정이라고 한다. 경제학에서는 가격에 의한 조정 외에 수량에 의한 조정이라고 하는 접근법이 또 있다. 예를 들어 공급량이 수요량을 초과해 초과공급이 발생하면 생산자 측이 공급량을 줄임으로써 수요량과 공급량은 조정되고 적정수준에서 일치하게 된다.

6   예를 들어 우루시(漆)(1998)나 Folland et al.(2001) 등을 들 수 있다.

7   의료서비스의 특수성으로 본서에서 제시한 4가지의 특수성에 추가해 서비스 일반의 특성도 열거하는 전문가나 미국에서 의료경제학이 발전한 경위부터 '의료과실소송'의 존재를 제안하는 전문가도 있다. 다나카(田中)(1993)에서는 다양한 전문가들이 제시하는 의료서비스의 특수성을 정리해 검토하고 있다.

---

① 정보 비대칭성: 서비스에 관한 정보의 편중

케이크가 먹고 싶어 케이크를 사러 갔는데 "당신이 원하는 것은 케이크가 아니라 푸딩이에요."라고 가게주인이 얘기할 때 "아 그런가요. 감사합니다."라며 푸딩을 사는 사람은 아마도 없을 것이다.

그렇다면 다음의 경우는 어떠할까? 감기에 걸렸다고 생각해서 병원에 갔더니 "꽃가루 알러지네요. 증상을 개선하는 약을 처방해 드릴게요."라고 의사가 진단하면 "아, 그런가요. 감사합니다."라며 약 처방을 받아온다. 이와 같이 의료현장에서는 스스로 생각한 것과 다른 서비스를 제공받는 경우는 흔한 광경이다.

통상적으로 소비자는 구입하는 제품·서비스의 품질이나 가격 등에 관한 정보를 충분히 취득하고 그 정보를 바탕으로 제품·서비스의 소비를 통해 얼마만큼의 만족(효용)을 얻을 수 있을지를 고려해서 구입을 결정한다. 하지만 의료서비스의 경우 소비자인 환자는 자신이 어떤 병을 앓고 있는지 어떤 치료를 받아야 하는지 즉 어떤 서비스를 구입해서 소비해야 좋을지 잘 모른다.

반대로 서비스의 생산자인 의사나 간호사 등은 소비자인 환자가 어떤 치료를 받아야 하는지 서비스에 관한 정보를 소비자보다 많이 가지고 있다. 따라서 구입에 대한 의사결정을 소비자 본인이 아니라 서비스 생산자에게 맡기게 되는 것이다[8].

이와 같이 소비자가 구입할 서비스에 대해서 구입하는 본인보다 생산자

---

8   소비자인 환자 본인이 구입해야 할 서비스에 대해서 충분히 알지 못해 그 분야의 전문가인 의사에게 서비스 구입에 따른 선택을 의뢰하는 관계는 'principal-agent관계'로 불리고 있다. 'Agent'(청부인 혹은 대리인)인 의사는 'Principal'(의뢰인)인 환자의 효용을 최대로 하기 위해서 의료서비스를 제공하는 것이 이상적이지만 이익을 증대하고자 하는 의사의 효용과는 상반되는 경우가 발생한다. 'Principal-Agent관계'에서 발생하는 문제와 대응책에 대한 구체적인 설명은 카와구치(河口)(2015) pp.64-71를 참조할 것. 'Principal-Agent관계'는 환자와 의사만이 아니라 예를 들어 의뢰인과 변호사 선거인과 정치가 등의 경우에도 해당한다.

측이 더 많이 알고 있는 특성을 경제학에서는 '정보 비대칭성'(혹은 '불완전정보') 라고 부르고 있다.

② 불확실성: 서비스 구입시기 등의 예측이 곤란하다.

"퇴근길에 케이크 6개 사 가야지." 흔히 소비자가 구입시기 및 구입량 등 소비에 관한 모든 사항을 정하게 된다. 하지만 의료서비스에 있어서는 소비자가 언제 어떤 질환에 걸려 어느 정도로 심각한지 등 서비스의 소비 기간, 소비량이나 소비내용에 대해서 예측하기 어렵다. 이와 같이 예측이 힘든 것을 경제학에서는 '불확실성'이라고 부른다.

의료서비스의 경우 불확실성의 존재는 소비자에게만 한정되지 않는다. 의료서비스의 생산자 측에서 보더라도 예를 들어 치료의 효과를 확실히 예측할 수 없다는 불확실성에 직면하고 있다.

③ 외부효과: 서비스를 소비하지 않는 사람에게도 영향을 준다.

퇴근해서 식사 후 케이크를 무심코 3개나 먹어버렸다고 하자. 다음날 아침 체중을 달아보니 체중이 증가했다. 케이크를 많이 먹은 것에 의한 체중의 증가는 케이크를 먹지 않은 가족에게도 영향을 줄까? 그렇지는 않다.

하지만 의료서비스의 경우는 어떠한가? 예를 들어 감염병과 같이 어느 한 사람이 걸린 질병에 대해 충분한 치료가 없으면(의료서비스를 구입하지 않을 때) 그것이 다른 사람을 감염시켜 의료서비스 구입을 필요로 하는 사람이 증가하게 된다. 반대로 주위 사람들이 독감백신을 접종한 경우에는 자신이 백신접종을 하지 않더라도 독감에 걸릴 확률은 상대적으로 낮아지게 되어 의료서비스를 구입할 가능성도 낮아진다.

이와 같이 어느 한 사람의 소비행위가 다른 사람의 소비행위에 영향을 미치는 것을 경제학에서는 '외부효과'이라고 한다[9]. 전자의 예시처럼 타인의 효용을 침해하는 경우는 '부(負)의 외부효과'(또는 외부불경제) 후자의 사례처럼 타인의 효용을 높이는 것을 '정(正)의 외부효과'(또는 외부경제)이라고 한다.

④ 가치재: 사회적으로 가치가 인정되는 서비스

의료서비스의 4번째 특수성은 지금까지의 3가지 특수효과와는 달리 균형가격 메커니즘에서는 원래 달성할 수 없는 '자원배분의 공평성'이라는 관점에 의한 것이다.

케이크를 살 수 없는 사람에게 돈까지 쥐어주며 구매하도록 하는 사람은 아마도 없을 것이다(귀여운 손자라면 몰라도..). 하지만 의료서비스의 경우 경제력이 없어서 구입을 못해 최악의 경우에는 죽음에 이르는 사람을 방관할 수는 없다고 대부분의 사람들이 생각하고 있지 않을까?

이렇게 소비자의 의사와 구매력과 관계없이 소비가 보장되어야 하는 사회적 가치판단이 작동하는 제품·서비스를 경제학에서는 '가치재(merit goods)'라고 부른다. 의료서비스 외에도 학교교육이 가치재의 대표적인 사례다[10].

|C| 정부는 왜 의료서비스 거래에 관여하는가

위에 언급한 4가지의 특수성을 모두 가지고 있는 의료서비스를 일반적인 제품이나 서비스와 같이 시장에서 자유롭게 거래한다면 어떤 문제가 발생할

---

9   외부효과(外部性)는 기업의 생산활동에도 해당되는 경우가 있다. 예) 대기오염 등에 의한 인접 주민의 건강 피해 사례.

10   그 외에도 마약이나 미성년의 음주·흡연을 금지하는 것과 같이 소비자의 의사나 구매력과 상관없이 공급하면 안되는 사회적 가치판단이 작동하는 제품·서비스를 '부(負)의 가치재'로 부르고 있다.

까? 이 문제를 방지하기 위해 정부는 어떤 정책개입을 하고 있을까?

1. 정보 비대칭성에 대한 정책대응

① 생산자의 기능 확보

감기에 걸렸다고 생각해서 '병원'에 갔더니 폐암에 의한 증상이었지만 '의사'가 기관지염이라고 진단해 버린다. 소비자는 스스로 구입해야 할 의료서비스에 관한 지식을 충분히 가지고 있지 않으니 의사 진단을 믿고 기관지염 치료서비스를 구입한다. 하지만 증상은 조금도 개선될 기미가 보이지 않고 결국 다른 '병원'에서 진단받았을 때 이미 폐암은 진행되어 손쓸 타이밍을 놓치고 만다…….

이와 같이 일반적인 제품·서비스처럼 의료서비스를 시장에서 자유롭게 거래하도록 두면 소비해야 할 서비스에 대한 지식이 충분하지 못한 구입자는 적합하지 않은 의료서비스가 판매되더라도 그 진의를 판단하기 어렵다.

게다가 의료서비스의 경우 만약 오진을 받았다는 사실을 알더라도 반품하거나 교환하는 것이 불가능하다. 다음부터 그 병원에 가지 않으면 되겠지만 이마저도 이미 병세가 상당히 악화된 상태라면 의미가 없다. 예를 들어 호텔에서 불친절한 대응으로 질 낮은 서비스를 제공받으면 제품이 아니라서 반품은 불가능하겠지만(담당자를 바꾸는 정도는 가능하다) 다음부터 그 호텔을 이용하지 않는 행동을 취할 수 있다. 하지만 의료서비스의 경우는 상황이 다르다.

따라서 전문지식이나 기술을 가지지 않은 사람이 의료서비스를 생산하지 못하도록 '의사법'이나 '보건사조산사간호사법' 등에 근거해 '국가면허제도'를 도입함으로써 생산자의 기능을 일정 수준 이상으로 확보하고자 하는 정책개입이 이루어지고 있다. 소비자 측에서 보면 '국가면허'를 가지고 있는 사람은 적절한 의료서비스를 생산하고 판매해 준다는 일종의 시그널이 된다.

② 공정가격의 설정이나 광고규제 등

의료서비스의 소비자인 환자나 가족은 제공받는 서비스가 어느 정도의 질(quality)과 가격(price)인지를 판단하기 어렵다.

따라서 터무니없이 높은 가격이 제시되더라도 지불할 수밖에 없다. 긴급을 요하는 질병일수록 더욱 그러하다. '수가제도'나 '약가기준제도' 내에서 의료서비스의 가격이 정해지는 근거가 바로 여기에 있다.

그 외에도 구입해야만 하는 서비스에 대한 충분한 정보를 가지지 않은 소비자가 일방적으로 이용당하지 않도록 서비스의 과잉생산에 따른 이익극대화를 추구하는 민간기업의 진입이 금지되거나 과대광고를 방지하기 위해서 의료시설의 광고가 규제되고 있다[11].

2. 불확실성과 외부효과 가치재에 대한 정책대응

일본에는 '건강보험'이라고 하는 강제적으로 국민이 가입하는 공적의료보험이 의료서비스의 불확실성에 대응하고 있다. 그것은 또한 의료서비스가 가진 외부효과 가치재라는 특수성에도 대응한다.

하지만 왜 사적(민간)보험의 자유로운 매매에 의한 것은 포함되지 않을까?

① 공적보험의 특징과 불확실성에 대한 대응

질병이 발병하거나 다칠 위험은 사람에 따라 다르다. 예를 들어 편식을 하거나 수면시간을 충분히 가지지 않는 등 건강에 유의하지 않는 생활을 하는

---

11 의료서비스에 정보 비대칭성이 존재하는 중에도 소비자 측이 가능한 한 서비스나 구입처를 선택할 수 있도록 정보의 제공을 요구하는 목소리도 높아지고 있다. 최근에는 객관적인 수치로 나타내기 쉬운 간호 직원의 배치상황이나 제3자평가 기관의 평가심사·인정내용을 게시하는 등 홍보규제는 다소 완화되고 있다. 하지만 소비자에게 적절한 서비스가 선택·구입 될 수 있도록 하기 위해 홍보 범위를 어디까지 확대할 것인지에 대해서는 논의할 필요가 있다. 마찬가지로 보다 질 높은 서비스가 거래될 수 있도록 민간기업의 진입규제를 완화하거나 혹은 생산자 측의 자유로운 가격설정(소위 '자유진료')이 부분적으로 반영된 '혼합진료'를 요구하는 목소리도 있다. 이와 같은 시장 메커니즘의 도입에 대해 의료서비스의 어느 범위까지 가능한지는 신중하게 논의할 필요가 있다.

사람은 그렇지 않은 사람에 비해서 질병에 걸릴 확률이 높을 것이다.

하지만 사적보험을 판매하는 '보험자'는 이러한 위험성에 대해서 정보를 완전하게 가지지 못하기 때문에(보험자와 피보험자 간 정보 비대칭성) 보험을 구입하는 '피보험자'가 인식하고 있는 위험성과 관계없는 일률적이고 평균적인 보험료(예를 들어 연령별 성별 보험료 등)를 제시하게 된다. 그 결과 제시된 보험료 보다 싸게 해결할 수 있다고 생각하는 사람 즉 위험도가 낮다고 생각하는 사람들은 보험을 구입하지 않는다. 반대로 높은 위험도를 가진, 제시된 보험료가 싸다고 생각하는 사람일수록 보험을 구입하게 된다. 결국 보험 구입자들의 높은 위험도에 의해 보험회사가 지불하는 보험금은 증가하게 되며 보험회사는 다시 보험료를 인상한다. 상승한 보험료가 싸다고 생각하는 위험도가 한층 더 높은 사람만이 보험에 남게 되는 악순환이 계속된다. 최종적으로 보험시장의 성립은 어렵게 된다. 이러한 사태를 경제학에서는 '역선택'이라고 부른다.

공적보험은 보험을 탈퇴하고자 하는 낮은 위험도의 사람들을 강제적으로 가입시켜 보험시장을 성립시키고 있다. 공적의료보험에서는 질병 등의 리스크가 확실해 의료소비가 필요한 사람들에게 의료서비스를 공급함으로써 가입자인 국민 전체의 불확실성에 대응할 수 있도록 운영하고 있다.

② 공적보험의 기능과 가치재, 외부효과에 대한 대응

공적의료보험에서 보험료는 각 개인의 위험도(risk)가 아니라 소득에 의해서 결정되고 있다. 따라서 고위험도의 사람은 보다 저렴한 보험료로 의료서비스를 소비할 수 있으며 저위험도 사람의 보험료 일부가 충당되어 재정운영이 이루어지고 있다. 만약 공적의료보험제도가 아니라면, 고위험도의 사람이 질병에 걸렸을 경우에 치료비를 지불할 만한 경제력이 없다면 서비스 구입이 불가능할 것이다. 따라서 공적보험으로 의료서비스의 소비가 보장되는 그 배경에는 경제적으로 구매력이 없는 고위험도의 사람일지라도 의료서비스를 구입할 수 있어야 한다고 하는 의료서비스의 '가치재'로의 특수성이 있다.

또 공적의료보험제도 상에서 의료서비스를 구입할 때 소비자가 지불하는 가격(일부 부담금)은 실제의 생산비용보다도 낮게 책정되어 있다. 따라서 만약 보험이 없다면 전액 자기부담의 치료비가 비싸 감염병 치료를 꺼리는 사람이 발생할 수 있으나 의료서비스를 충분히 구입할 수 있게 된다. 다른 사람들에게 감염시키는 전염성도 감소하게 된다. 즉 공적의료보험제도는 '부(負)의 외부효과'에 대처하는 효과도 가지고 있다.

③ 도덕적 해이(moral hazard)를 방지하기 위한 규제

공적의료보험이 존재함으로써 의료서비스의 구입이 촉진되고 '부(負)의 외부효과'에도 대처할 수 있는 효과가 있다. 반면 생산자 측에서 보면 보험이 있어 구매력은 있지만 서비스의 정보가 부족한 소비자에 대해 소위 과잉진료와 같은 의료서비스의 수요를 만들어 낼 위험이 있다. 즉 의료서비스를 보다 많이 생산함으로써 예를 들어 행위별 수가 점수를 높이고자 하는 인센티브가 발생할 수 있다. 이는 의료서비스가 가진 정보 비대칭성 때문에 생겨나는 문제다. 이와 같이 구입해야 하는 서비스에 대해서 충분히 알지 못하는 소비자에게 의료서비스를 과잉공급하는 것을 경제학에서는 '의사유발수요(가설)' 혹은 '공급자유발수요(가설)'라고 부르고 있다[12].

보험이 있음으로 해서 과잉진료가 가능해 이로 인해 서비스의 수요가 더 많이 창출되는 상황은 일종의 '도덕적 해이(moral hazard)'[13] 에 해당한다.

---

12 보다 정확하게 말하면 '인구당 의사 수가 증가하면 의사의 소득은 감소하게 된다. 이때 의사는 소득감소를 막기 위해 정보 비대칭성을 이용해 의료서비스의 수요를 유발하게 된다'(야마다(山田)(1998) p.39에서 인용)라는 가설이다. 이는 의료경제학 분야에 있어서 중요한 연구주제 중 하나다. 이론적인 설명은 야마다(山田)(1998) 사와노(澤野)(2006) 또 일본의 실증 연구도 포함해서 니시무라(西村)(1987- 1996)나 카와구치(河口)(2015) pp.79-84 등을 참조하기 바란다.

13 예를 들어 70세 이상의 노인의료비무료화 제도 시행시기(1973년 1월~1983년 1월)에 보여진 고령자에 의한 과잉 의료 소비도 도덕적 해이의 한 사례이다.

이를 방지하기 위해서는 서비스의 생산량에 대한 정책개입이 필요하다. 현재 일본에서는 과잉 서비스가 발생되지 않도록 하는 것을 목표로 '의료계획'에 따른 병상 수 규제나 '입원 기본료' 산정 요건에 기초한 평균입원일수의 규제 등을 시행하고 있으며 입원이 장기화되어도 병원 수입이 늘어나지 않도록 수가제도를 설계하고 있다.

|D| 간호서비스의 특수성이란

최근에 방문간호스테이션 등을 통해 간호서비스가 생산자와 소비자 사이에서 직접 거래되고 있다. 하지만 그 생산과 소비는 의료서비스와 마찬가지로 공적의료보험이나 개호보험제도의 시행과 함께 정책개입을 받고 있다. 예를 들어 '방문간호요양비'나 '방문간호비' 등 가격을 규제하고 있으며, 방문 횟수의 상한을 설정하는 등 다양한 정책개입이 있다.

간호서비스가 통상적인 제품·서비스와 마찬가지로 시장에서의 균형가격 메커니즘을 통해 효율적인 자원배분이 달성된다고 한다면 간호서비스의 특수성은 '가치재'의 특성 하나로 설명이 가능하다. 즉 질병이나 장애가 있는 소비자에 대한 간호서비스는 구매력과 무관하게 최소한의 필요 수준은 보장되어야 한다는 사회적 가치판단이 의료서비스와 동일하게 존재하기 때문이다.

그렇다면 간호서비스에도 자유로운 시장거래가 불가능한 특수성이 존재하고 있는 것인가?

1. 간호의 정의에서 본 특수성

간호사의 업무는 '보건사조산사간호사법'에서 "상병자 혹은 산모에 대한 요양상의 도움 또는 진료의 보조"(제5조)라고 규정되어 있다. 일본간호협회의 '간호의 본래 기능과 역할'(1973년)을 보면 간호사가 담당하는 '간호'에 대해서 다음과 같이 기술하고 있다.

"간호란 건강의 모든 수준에서의 개인이 건강하고 정상적인 일상생활이 가능하도록 지원하는 것"이라고 말할 수 있습니다. 이 경우 "건강의 모든 수준에서의 원조"라는 것은 건강위험, 건강파탄, 건강회복 등 건강의 어떠한 수준에서도 대상이 되는 사람이 지금껏 계속 유지한 생활 리듬(건강한 상태)으로 맞추어지도록 한다는 의미입니다. …(중략)… 간호와 다른 팀 멤버와의 대상(환자)과의 관계에 있어서 구별되는 것이 있습니다. 간호사와 대상(환자)과의 관계는 '어떤 목적을 가지고 서로가 협력해 나가는 상호작용의 과정에 있다'고 말할 수 있습니다. 이 과정에서 목표로 하고 있는 것은 대상(환자)의 '자조력(自助力)'을 자극하는 것입니다[14].

일본간호협회의 정의에서는 간호의 대상, 즉 간호서비스의 소비자는 '건강 상의 모든 수준'에 있는 사람을 지칭하고 있다. 따라서 '건강한 상태'에 가까운 소비자에게 제공되는 간호서비스의 경우는 정보 비대칭성이나 불확실성, 외부성 그리고 가치재의 특수성이 약해지기 때문에 일반적인 제품·서비스와

---

14   일본간호협회(2019) p.60에서 인용. 원자료는 일본간호협회(1973) 간호제도개선에 있어서의 기본적인 생각. 간호 25(13):p.52-60.

같이 취급될 수 있다[15].

한편, 국제간호사협회(ICN)의 간호의 정의(1987년)에서는 간호서비스에서의 정보 비대칭성의 존재를 시사하는 부분이 있다. 다음 내용이다.

환자 혹은 건강한 사람을 케어함에 있어 간호사의 독자적 기능이란 그(녀)들의 건강상태에 대한 그(녀)들의 반응을 조사하고 그(녀)들이 혹시라도 필요한 힘, 의지나 지식을 가지고 있다면 도와주지 않더라도 행해지는 건강 혹은 회복 (또는 존엄사)에 따른 행위, 수행을 원조하는 것 그리고 그(녀)들이 가능한 빨리 부분적 혹은 전면적인 자립을 할 수 있도록 원조하는 것이다[16].

이 정의에 따르면 소비자가 스스로 건강이나 회복 또는 존엄사에 필요한 행위에 관한 지식이 없을 때 간호사는 그 행위를 할 수 있도록 도와준다. 이러한 관점에서 보면 간호서비스에 있어서도 소비자가 구입해야 할 서비스에 대한 정보를 생산자 측이 더 많이 가지고 있다고 하는 정보 비대칭성이 존재한다고 해석할 수 있다.

2. 공급의 실태로 본 특수성

그렇다면 실제로 생산되고 있는 간호서비스에는 자유롭게 시장거래를 할 수 없는 특수성이 존재하는 것일까?

이 문제를 검토하기 위해서 간호서비스 자체를 직접 구입 가능한 '방문간

15　실제로 이미 일시외출·외박이나 여행 시의 동행과 경청 등 자유로운 가격설정에 의해 판매 및 구입되고 있는 서비스가 있다. 후생노동성·농림수산성·경제산업성(2016)에서는 공적개호보험 외의 서비스에 관한 다양한 사례들을 소개하고 있다.

16　일본간호협회 번역에 의함. 일본간호협회(2019) p.69에서 일부 인용했다.

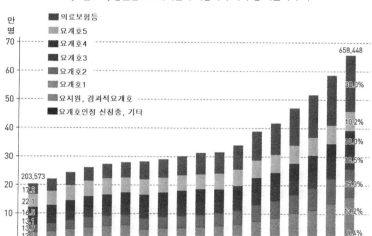

[그림1-3] 방문간호스테이션의 이용자 수와 구성 비율의 추이

만
명

- ■ 의료보험등
- ■ 요개호5
- ■ 요개호4
- ■ 요개호3
- ■ 요개호2
- ■ 요개호1
- ■ 요지원, 경과적요개호
- ■ 요개호인정 신청중, 기타

203,573
658,448

30.0%
10.2%
10.0%
10.5%
15.3%
13.2%
9.4%

17.2
22.1
16.5
13.1
13.9
13.4

*1. 2007년부터 요지원1과 요지원2로 나뉘었지만 합산해서 '요지원'이라고 한다.
*2. 2013년 이후 '기타'에는 정기순회・수시대응형방문개호간호사업소와 연계한 이용자 등이 포함된다.

호'의 실태를 분석해보기로 하자. (이 경우 의사의 '방문간호지시서'는 필요하다)

① 중증도의 소비자가 증가하는 실태

방문간호스테이션 이용자는 80대가 제일 많다. 더 나이가 들면 개호보험시설에 입소하거나 의료시설에 입원하는 사람이 많아지기 때문이다. 방문간호스테이션에 관한 상세한 내용은 후생노동성 '개호서비스 시설・사업소 조사'에서 3년마다 조사되고 있다. 이 조사에 따르면 2016년 9월 시점의 이용자 수(585.9천 명) 중 80대가 35.7%에 달하고 70대가 22.2%, 90대 이상이 15.8%로 파악되고 있다. 일상생활에 지장을 초래하는 증상・행동이 다소 보여지는 '치매고령자의 일상생활자립도'[17] rank Ⅱ 이상의 이용자는 전체의 45.0%이다[18].

[그림1-3]은 개호보험법이 시행된 이후 방문간호스테이션의 간호서비스를 소비하는 사람의 추이를 보여준다. 요지원(要支援)이나 요개호도(要介護度)가 낮은 사람이 증가하고 있는 것을 알 수 있다. 또한 최근에는 40세 미만이나 악성종양 말기 등의 난치병으로 의료보험을 이용하는 사람이 크게 증가하고 있다. 일상생활을 하면서 전면적인 개호가 필요한 '요개호3' 이상인 사람과 의료보험을 이용하는 사람을 합치면 2017년도 시점에서 전체의 60.7%를 차지한다.

병원이나 진료소에서 개호보험에 의한 방문간호를 이용하는 사람이나 '간호소규모 다기능형재택개호(사무소)'(이하 간다기(看多機))를 이용하는 사람까지도 합산해 그 요개호도를 본 것이 [그림1-4]이다. 간다기는 방문간호뿐만 아니라 통원개호나 단기입소 등 다양한 서비스를 2종류 이상 제공하는 시설로 퇴원직후 원활한 재택생활로의 이행을 목표로 하고 있어 중증도의 소비자가 보다 많이 이용한다는 특성을 가지고 있다[19].

의료시설의 샘플 수가 적다는 제약이 있지만 [그림1-4]를 보면 요개호

---

17   역자주 '치매고령자의 일상생활자립도'(認知症高齢者の日常生活自立度)는 5단계(rank Ⅰ, rank Ⅱ, rankⅢ, rankⅣ, rank M)로 나누어 판정하고 있다. 증세가 가장 약한 'rank Ⅰ'의 경우는 '어느 정도 치매증세가 있으나 일상생활에 있어서는 가정 내에서와 사회적으로 거의 자립하고 있는' 상태이며 'rank Ⅱ'는 '일상생활에 지장을 초래하는 증세나 행동 그리고 의사소통이 다소 곤란한 상태이지만 누군가가 주의해 돌보면 자립이 가능'한 상태이다. 따라서 일반적으로 'rank Ⅱ'이상부터는 일상생활에 지장을 초래할 정도의 치매증세로서 주의를 기울이고 있다.

18   연령층별 이용자 수·비율, 치매 이용자 비율은 후생노동성(2017) '2016년 개호서비스 시설·사업소 조사'(상세표편 '재택서비스사업' 제11표 제13표)에서 발췌 혹은 산출했다.

19   간다기(看多機)는 퇴원 직후의 재택생활로의 원활한 이행 외에도 간호나 질병 상태 불안정기에 재택생활의 지원 가족에 대한 respite care(병간호로부터 일시적으로 해방되어 휴식을 제공하는 간호) 등의 니즈를 가진 사람을 지원하기 위해 2012년 4월에 창설된 서비스이다(당초 명칭은 '복합형 서비스').

[그림1-4] 각 시설의 간호서비스 소비자: 요개호도별 구성 비율(2017년)

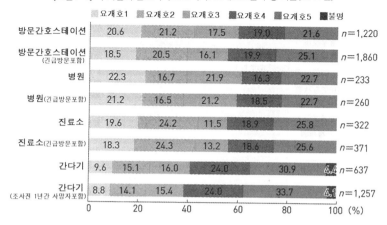

요개호1　요개호2　요개호3　■요개호4　요개호5　■불명

시설	요개호1	요개호2	요개호3	요개호4	요개호5	불명	n
방문간호스테이션	20.6	21.2	17.5	19.0	21.6		n=1,220
방문간호스테이션(긴급방문포함)	18.5	20.5	16.1	19.9	25.1		n=1,860
병원	22.3	16.7	21.9	16.3	22.7		n=233
병원(긴급방문포함)	21.2	16.5	21.2	18.5	22.7		n=260
진료소	19.6	24.2	11.5	18.9	25.8		n=322
진료소(긴급방문포함)	18.3	24.3	13.2	18.6	25.6		n=371
간다기	9.6	15.1	16.0	24.0	30.9	4.4	n=637
간다기(조사전 1년간 사망자포함)	8.8	14.1	15.4	24.0	33.7	4.1	n=1,257

*1. 각 그래프의 우측에 있는 수치는 각 시설의 조사 응답자수.
*2. '긴급방문'은 조사기간 직전 1주일 간 긴급 방문한 인원 수.
(미츠비시UFJ리서치&컨설팅(2017) "방문간호의 서비스제공 방법에 관한 조사연구 사업보고서"(2017년도 조사)를 바탕으로 저자 작성)

2와 요개호3의 소비자 비율에 차이는 있어도 전체적 경향으로써는 의료시설과 방문간호스테이션 사이에 큰 차이는 없다고 볼 수 있다. 한편 간다기의 경우 조사 대상에 퇴원·퇴소 후 1개월 이내의 사람 혹은 조사 전 1년간 사망자도 포함한다고 하는 특징이 있어 중증도의 소비자가 구성에서 많이 차지하고 있다[20].

또한 rank II 이상의 치매를 앓는 소비자는 긴급방문자나 사망자를 포함해 방문간호스테이션 59.9%, 병원 63.6%, 진료소 71.3% 그리고 간다기 73.5%

20　후생노동성(2018) '2017년 개호서비스시설·사업소조사'(상세표편 '지역밀착형서비스' 제17표)에서의 간다기 수치를 사용하면 요개호1: 16.7%, 요개호2: 21.6%, 요개호3: 20.2%, 요개호4: 20.2%, 요개호5: 20.4% 그 외: 0.8%가 되어 [그림1-4]보다도 중증도의 소비자 비율은 낮다.

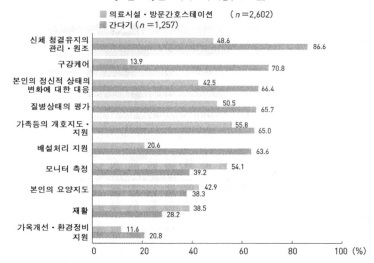

[그림1-5] 간호서비스의 내용(2017년)

■ 의료시설 · 방문간호스테이션 (*n* =2,602)
■ 간다기 (*n* =1,257)

항목	의료시설·방문간호스테이션	간다기
신체 청결유지의 관리·원조	48.6	86.6
구강케어	13.9	70.8
본인의 정신적 상태의 변화에 대한 대응	42.5	66.4
질병상태의 평가	50.5	65.7
가족등의 개호지도·지원	55.8	65.0
배설처리 지원	20.6	63.6
모니터 측정	54.1	39.2
본인의 요양지도	42.9	38.3
재활	38.5	28.2
가옥개선·환경정비 지원	11.6	20.8

*: 의료시설 · 방문간호스테이션에는 '응급방문'이, 간다기에는 '조사 전 1년간 사망자'가 포함되어 있다.
(미츠비시UFJ 리서치&컨설팅(2017) '방문간호의 서비스 제공 방법에 관한 조사연구사업보고서'(2017년도 조사)를 바탕으로 저자 작성. 그리고 이 보고서에서는 '의료 처치에 관한 간호'라는 분류는 없으며 후생노동성 '개호서비스시설 · 사업소 조사'(매년)의 방문간호스테이션 이용자에 관한 분류를 참고로 저자 작성)

로 집계되고 있어 간다기나 진료소의 비율이 높은 편이다[21].

② 어떠한 간호가 제공되고 있는가?

그렇다면 어떤 간호서비스가 제공되고 있는 것인가? [그림1-4]의 소비자에게 제공되고 있는 서비스를 나타낸 것이 [그림1-5]와 [그림1-6]이다. 지면상

---

21 이상 각시설의 방문간호이용자에 관한 데이터는 미츠비시UFJ리서치&컨설팅(2017)을 이용하고 있다. 이 보고서의 조사 대상 중 의료시설은 개호보험에 의해 방문간호를 실시하고 있는 병원·진료소(재해지역을 제외한 전 1,536사업소)이기 때문에 의료보험에 의해 서비스를 제공하고 있는 의료시설도 포함하면 증상이 심한 소비자가 늘어나는 것을 예측할 수 있다. 또한 rank Ⅱ 이상의 치매를 앓고 있는 소비자 비율도 동일한 보고서(각 '치매 고령자의 일상생활 자립도')에서 추계했다.

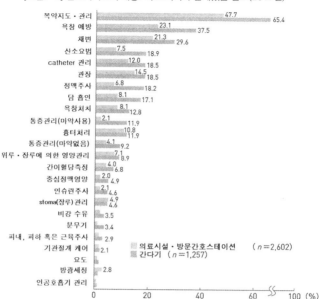

[그림1-6] 간호서비스의 내용: 의료 처치와 관계있는 간호(2017년)

복약지도・관리 47.7 / 65.4
욕창 예방 23.1 / 37.5
채변 21.3 / 29.6
산소요법 7.5 / 18.9
catheter 관리 12.0 / 18.5
관장 14.5 / 18.5
정맥주사 6.8 / 18.2
담 흡인 8.1 / 17.1
욕창처치 8.1 / 12.8
통증관리(마약사용) 2.1 / 11.9
흉터처리 10.8 / 11.9
통증관리(마약없음) 4.1 / 9.2
위루・장루에 의한 영양관리 7.1 / 8.9
간이혈당측정 4.0 / 6.8
중심정맥영양 2.0 / 4.9
인슈린주사 2.1 / 4.6
stoma(장루) 관리 4.9 / 4.6
비강 수유 3.5
분무기 3.4
피내, 피하 혹은 근육주사 2.9
기관절개 케어 2.1
요도
방광세정 2.8
인공호흡기 관리

의료시설・방문간호스테이션 (n = 2,602)
간다기 (n = 1,257)

0   20   40   60   100 (%)

*1: 2.0미만의 수치는 미표시.
*2: 의료시설・방문간호스테이션에는 '응급방문'이, 간다기에는 '조사전 1년간 사망자'가 포함됨
(그림 1-5와 같은 자료)

제약때문에 소비자의 '요개호도'에 큰 차이가 없었던 방문간호스테이션과 병원 진료소의 서비스에 대해서는 합산하여 수치화했다.

　개호보험에 의한 방문간호는 원칙적으로 그 내용과 관계없이 시간으로 가격(방문간호비)이 결정되고 있지만 요양 생활과 관계있기 때문에 의료 처치에 관련된 것까지 다양한 서비스가 제공되고 있다는 것을 알 수 있다.

　간다기에는 중증도의 소비자가 많고 방문간호 이외의 이용도 포함되어 있어 단순 비교는 어렵지만 [그림1-5]와 [그림1-6]에서는 대부분의 항목에서 간다기를 이용하는 소비자에게 보다 많은 서비스가 제공되는 상황이 나타나 있다. 의료시설・방문간호스테이션(이하 '의료시설 등')의 소비자는 '모니터 측정'

이나 '본인의 요양지도', '재활', 'stoma(장루) 관리', '방광 세정' 등에 많으며 그 외는 전부 간다기에서 많다.

특히 '신체 청결유지의 관리·원조'는 86.6%의 소비자에 제공되고 '구강케어'는 의료시설 등(13.9%)에서 매우 많아 70.8%의 소비자에 제공되고 있다. 그외에도 간다기에서 60% 이상의 소비자에 제공되고 있는 서비스로는 '본인의 정신적 상태의 변화에 대한 대응', '질병 상태의 평가', '가족 등의 개호지도·지원', '배설 처리 지원', '복약(服薬)지도·관리'로 주로 요양 생활과 관련된 간호가 많이 차지하고 있다. 이러한 경향은 의료시설 등을 이용하는 사람에게도 동일하며 '질병 상태의 평가', '가족 등의 개호지도·지원', '모니터 측정'의 서비스가 50%를 넘는 소비자에게 제공되고 있다.

의료 처치와 관련된 간호의 경우 개별 서비스는 적지만 '복약지도·관리'는 의료시설 등에서의 소비자에게도 비교적 많이 제공되고 있다(47.7%). 욕창에 대해서도 '욕창 예방'과 '욕창 처치'를 합하면 의료시설 등에서 31.2%, 간다기에서 50.3%로 서비스를 제공받는 소비자가 많다는 것을 알 수 있다.

③ 간호에도 존재하는 정보 비대칭성과 불확실성

방문간호스테이션 등에서 간호서비스를 소비하는 사람은 해마다 증가해 개호보험뿐만 아니라 의료보험을 적용해 이용하는 사람도 늘어나고 있다. 따라서 요지원·요개호(要支援·要介護)의 고령자는 물론이거니와 소아나 난치병을 앓고 있는 사람 등 폭넓은 연령층과 질병을 가진 사람들이 소비대상이 되고 있다. 제공되는 서비스는 요양 생활에 관련된 것부터 의료 처치에 관련된 것까지 다양하며 이것을 생산하는 간호사는 폭넓고 풍부한 지식과 기술 경험 등의 기능이 필요로 하게 된다.

[그림1-5]와 [그림1-6]에서 본 간호서비스에는 소비자 본인이 어떠한 질병 상태에 있으며 어떻게 생활하면 좋을지 충분히 알지 못하므로 '질병 상태의

평가'나 '본인의 정신적 상태의 변화에 대한 대응'이라던지 '본인의 요양지도' '가족 등의 개호 지도·지원'이 포함되어 있다. 그리고 소비자의 상태에 따라서 필요한 다양한 원조나 처치 관리가 포함된다. 이 서비스들은 [그림1-4]에 나타나 있듯이 긴급방문 이용자에게도 제공되며 심신 상태가 급변하는 상황에도 대응하도록 되어 있다.

치매나 혼자 재택요양하는 사람의 경우는 특히 어떤 간호서비스를 언제 소비하면 좋을지 스스로 알기 어려우며 이러한 소비자는 앞으로 점점 더 늘어날 것이다. 그리고 중증도의 소비자가 입소 혹은 입원하는 개호보험시설이나 의료시설에서의 간호서비스에는 '정보 비대칭성'이나 '불확실성'이라는 특수성이 더욱 강하게 작용할 것이다.

|정리| 간호서비스 거래에도 필요한 정책대응

의료서비스에는 일반적인 서비스가 가지는 특수성에 더해 정보 비대칭성과 불확실성, 외부효과 그리고 가치재라는 특수성이 있기 때문에 일반적인 제품·서비스와 같이 자유로운 시장거래를 한다는 것이 어렵다. 따라서 의사나 간호사 등 의료서비스 생산자 측과 환자나 그 가족이라는 소비자 측이 원활하게 서비스를 거래할 수 있도록 다양한 정책 개입이 필요하게 된다.

간호의 정의나 방문간호 실태에 관한 각종 통계에 의하면 간호사 노동력을 중심으로 다른 보조 노동력과 시설·설비 등 자본을 투입해 생산하는 간호서비스의 경우에도 의료서비스와 동일하게 정보 비대칭성이나 불확실성을 가지고 있는 것으로 나타나고 있다. 따라서 의료서비스뿐 아니라 간호서비스에 대해서도 어떠한 정책을 시행하면 소비자 가까이에서 적절한 서비스가 필요한 만큼 적절한 시기에 제공될 수 있을까 분석하는 것은 중요한 과제가 된다.

정보 비대칭성에 따른 문제는 두 가지 관점에서 발생한다. 공급자의 관점에서는 서비스의 과잉 창출이라는 '공급자 유발수요'를 발생시키고 소비자의 관점에서는 전문적인 지식이 부족해 심신의 건강 상태를 개선하거나 악화를 예방하는 서비스를 구입할 수 없는 경우가 발생한다. 특히 의료수가나 개호수가에 의해 가격이 책정되어 있는 현 제도하에서는 소비자가 충분히 소비하지 못하게 되는 상황이 발생한다. 그 이유는 공정가격보다도 생산비용이 더 많이 발생하는 서비스의 경우에 이익을 올리기 힘들어 생산이 최소화될 수밖에 없기 때문이다. 결국 수익성이 낮은 서비스일수록 구입할 수 있는 기회도 줄어들게 되는 셈이다. 실제로 방문간호서비스는 소규모 거래에 머물고 있다. 이 실태에 대해서는 다음 장에서 자세히 살펴보기로 하자.

참고문헌

1)井原哲夫(1979). サービス経済学入門. 東洋経済新報社.

2)井原哲夫(1999). サービス・エコノミー第2版. 東洋経済新報社.

3)漆博雄(1998). 日本の医療保険制度と国民医療費(第1章). 漆博雄編:医療経済学. pp.1-16東京大学出版会.

4)金井Pak雅子(2019). 医療福祉における経済(第1章). 井部俊子監修・金井Pak雅子編:経営資源管理論<看護管理学習テキスト⑤第3版>. pp.2-25日本看護協会出版会.

5)河口洋行(2015). 医療の経済学第3版日本評論社.

6)櫛田豊(2001). サービス経済論(第2章). 斎藤重雄編:現代サービス経済論. pp.37-61創風社.

7)厚生労働省・農林水産省・経済産業省(2016). 地域包括ケアシステム構築に向けた公的介護保険外サービスの参考事例集―保険外サービス活用ガイドブック. (https://www.mhlw.go.jp/file/06-Seisakujouhou-12300000-Roukenkyoku/guidebook-zentai.pdf)(検索日2019-12-10).

8)澤野孝一朗(2006). 医師誘発需要(III-3). 長谷川敏彦・松本邦愛編:医療を経済する―質・効率・お金の最適バランスをめぐって. pp.224-237医学書院.

9)田中滋(1993). 医療政策とヘルスエコノミクス. 日本評論社.

10)角田由佳(2005). 医療経済学からみた「看護経済学」. 看護研究38(4):281-293.

11)角田由佳(2019). 看護はどのようなサービスか(看護×経済学―経済学で読み解く看護サービスと医療政策②). 看護管理29(2):170-174.

12)中西睦子・水流聡子(2018). 看護サービス管理とは何か(第1章). 小池智子他編:看護サービス管理第5版. pp.1-21医学書院.

13)西村周三(1987). 医療の経済分析. 東洋経済新報社.

14)西村周三(1996). 医師数と医療費(第11章). 社会保障研究所編:医療保障と医療費. pp.235-252東京大学出版会.

15)日本看護協会編(2018). 看護に活かす基準・指針・ガイドライン集2018. 日本看護協会出版会.

16) 野村清(2008). 経済財としてのサービスの特質(第1章). 田中滋監修・野村清著: サービス産業の発想と戦略—モノからサービス経済へ改訂版. pp.26-75ランダムハウス講談社.

17) 三菱UFJリサーチ&コンサルティング(2017). 訪問看護のサービス提供の在り方に関する調査研究事業報告書.

18) 山田武(1998). 医師誘発需要(第3章). 漆博雄編:医療経済学. pp.39-59東京大学出版会.

19) Folland et al.(2001). The Economics of Health and Health Care. 3rd ed. Prentice-Hall Inc.

20) Fuchs Victor R.(1968) 江見康一訳(1974). サービスの経済学. 日本経済新聞社.

사회·경제·환경의 변화와 간호·의료서비스

2장

총무성 '서비스산업동향조사 결과(확대조사)'에 따르면 2017년 1년간 55.6조 억 엔의 서비스가 거래된 '의료 복지산업'은 산업대분류별 '연간매상고'에 있어 1위 '운송업·우편업'(66.4조 엔)에 이어 2위로 올라와 있다. 상세분류별에서는 '병원'이 '도로화물운송업'에 이어 2위(24.3조 엔)에 '일반진료소'는 8위(9.7조 엔)로 순위에 들었다. 그리고 '사업종사자 수'에서 보면 '의료·복지'산업은 타의 추종을 불허하는 수준으로 1위를 차지하는 규모가 되었다(840만명)[1].

출산율 감소와 평균수명 연장 등을 배경으로 일본에서는 인구 고령화가 진전되고 있다. 종래의 '병원완결형' 의료제공체제에서 탈피하여 생활하고 있는 거주지역에서 의료나 개호 그리고 예방 및 생활자립을 위한 지원을 계속적으로 받을 수 있는 '지역완결형' 서비스제공체제로의 전환이 정책적으로 추진되고 있다. 따라서 향후 '방문간호'를 시작으로 간호서비스의 수요는 더욱 확대될 것으로 예상된다.

제2장에서는 사회경제환경의 변화에 의해 간호서비스나 의료서비스 거래가 어느 정도인지 다양한 데이터로 분석하고자 한다.

---

1   각 수치는 총무성(2020) '"서비스산업 동향조사'(2018) 확대조사결과(확정보도)의 개요"에 의함. '병원'이나 '진료소'의 금액에는 '개호수익'도 포함되어 있고,. 또한 '의료복지'산업에는 '보육원·탁아소' 등 '모자생활지원시설', '장애인지원시설' 등 사회복지사업도 해당됨.

|A| 간호·의료서비스 소비의 재정기반

간호서비스나 의료서비스의 소비는 제1장에서 설명했듯이 '불확실성'이나 '외부효과', '가치재'라는 특수성 때문에 공적인 의료보험에 의해 최소한으로 필요한 서비스를 보장하고 있다. 일본의 공적의료보험 재원은 보험료와 환자 부담 그리고 공비(公費)로 충당되고 있다. 환자 부담은 1할 정도로 미비하며 보험료와 공비(公費)가 재원의 대부분을 차지한다[2]. 따라서 보험료와 공비(公費)의 산정기초가 되는 소득수준 그리고 세금이나 사회보험료를 부담하는 노동자 수의 변동은 곧바로 의료보험 재원에 반영된다. 즉 경제상황이 의료보험 재정에 가장 큰 영향을 미친다.

여기서는 간호·의료서비스의 소비를 지탱하는 의료보험재정과 경제상황 그리고 거래되고 있는 서비스의 구체적인 금액에 대해서 살펴보자.

1. 경제상황

제품·서비스의 부가가치 총액인 '국내총생산(GDP: Gross Domestic Product)'의 실질적 증가율인 '경제성장률'은 2002년 이후 '세계금융위기'(2008년의 리먼쇼크)나 '소비세율인상'(2014년)의 시기를 제외하고는 플러스 성장을 이뤄 2017년도 시점에서 1.9% 성장을 기록한다[3]. 과거 공업화의 급속한 진전으로 인한 고도성장기 때와 같은 경제성장률은 지금의 일본 상황에서는 기대하기 어렵다. [표2-1]에 보여지듯이 최근 취업자 수의 증가 경향

---

2   역자주 2018년도 시점의 재원을 보면 공비(公費)가 38.1%, 보험료는 49.4%, 환자 부담은 11.8%를 차지하고 있음. 본 장 마지막 '역자추가 참고자료: 일본 국민의료비의 구조'를 참조할 것.

3   내각부 '2018년도 국민경제계산 연도별추계(flow편) 포인트'에서 발췌.

은 의료보험재정의 보험료 수입 면에서 플러스 효과를 가져온다. 하지만 세부적으로 들여다보면 정규직보다도 소득이 낮은 비정규직의 증가가 크다는 점에 유의할 필요가 있다.

그 외에도 의료기술의 진보·고도화 정도를 제외하고 보면 의료·간호서비스 소비가 많은 고령자인구의 확대는 국민의료비를 늘리는 요인이 된다는 점에서 향후 의료보험재정은 어려운 상황이 계속될 것으로 예상된다.

2. 국민의료비·개호비의 동향

[그림2-1]은 국민의료비와 국민소득대비 비율(국민소득에서 차지하는 국민의료비 비율), 국내총생산대비 비율(국내총생산에서 차지하는 국민의료비)의 연도별 추이를 나타낸 것이다. '국민의료비'로 추계되는 의료비의 범위는 기본적으로 의료시설 등에서 질병의 치료에 사용되는 비용으로 공적의료보험이 적용되는 항목으로 한정된다. 그래서 처방약을 제외한 시판되고 있는 의약품과 정상적인 임신이나 분만에 필요한 비용, 건강유지 및 증진을 목적으로 한 건강검진·예방접종 등의 비용, 영구적 신체장애에 필요로 하는 보조기구 그리고 개호보험이 적용되는 방문간호비 등은 국민의료비의 범위에 포함되지 않는다. 또한 환자본인이 부담하는 입원병실료나 치과재료의 차액 등의 비용도 포함되지 않는다.

2017년도의 국민의료비는 43조 710억 엔으로 전년도 42조 1,381억 엔에 비해 2.2% 증가했다. 그중에서도 간호사의 노동력이 많이 투입되는 병원의 의료비(의과 진료 의료비)는 21조 9,675억 엔으로 전체의 51%를 차지한다.

국민의료비의 '국민소득'(NI: National Income)에 대한 비율은 2017년도에 10.66%로 전년도 10.77%에 비해 0.11% 줄어들었다. '국내총생산'(GDP)에 대한 비율은 7.87%(전년도 대비 0.02% 증가)다. 개호보험제도 시행에 따라 2000년도에 일단 줄어든 국민의료비는 그다음 해부터 증가해 현재까지 증가 경향을 보이고 있다. 한편 국민소득이나 국내총생산에 대한 비율도 2001년도 이후 상승경향에 있었지만 2012년도 이후에는 10.90~10.66% 7.95~7.87%로 거의 같은 수준이거나 약간 감소하는 추이를 보이고 있다. 국민의료비가 증가하는 반면 각 비율이 상승하고 있지 않은 상황은 최근 국민소득과 국민총생산 증대

[표2-1] 경제 정세와 관련된 각 지표

지표	2017년도	2012년도	비고
국내총생산	532.0조 엔	499.3조 엔	1년간 국내의 생산활동에 의해 산출된 제품·서비스의 합계액(원재료비 등 중간투입액을 제외한 '부가가치'의 총액). 여기서의 수치는 물가변동에 따른 영향을 제거한 실질수치
경제성장률	1.9%	0.8%	실질 국내총생산의 전년대비증가율
국민소득	400.9조 엔	359.8조 엔	(피)고용자의 소득과 기업소득 재산소득을 합친 금액
조세부담률	25.3%	22.7%	국세와 지방세를 합산한 금액의 국민소득대비 비율
사회보장 부담률	17.6%	17.0%	사회보장비의 국민소득대비 비율
국민부담률	42.9%	39.7%	조세부담과 사회보장부담을 합산한 금액의 국민소득대비 비율
잠재적 국민부담률	47.9%	50.0%	조세부담과 사회보장부담 재정적자를 합한 금액의 국민소득대비 비율
취업자 수	6,530만 명	6,280만 명	2012년 이후 계속 증가하고 있다.
비정규직원·종업원 비율	37.3%	35.2%	임원을 제외한 (피)고용자(2017년 평균 5,460만 명)에 차지하는 비율. 비정규직원·종업원에는 파트타임·아르바이트 파견사원 계약사원 촉탁사원 등이 포함된다.
완전실업률	2.8%	4.3%	완전실업자 수는 2017년 시점 190만 명

[국내총생산이나 경제성장률 국민소득은 내각부 '2018년 국민경제계산 연도별추계(flow편)포인트'에서 발췌. 조세부담 등 각종 부담과 관련된 수치는 재무성 '국민부담률의 추이(국민소득대비)'에서 발췌. 실업·취업에 관련된 수치(이것만 연평균)는 총무성 '노동력조사 장기시계열 데이터'에서 발췌]

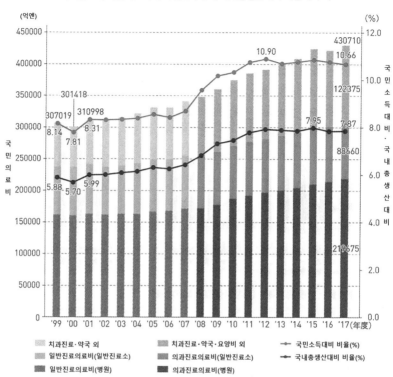

[그림2-1] 국민의료비와 국민소득대비, 국내총생산대비 비율의 추이

치과진료·약국 외   치과진료·약국·요양비 외   국민소득대비 비율(%)
일반진료의료비(일반진료소)   의과진료의료비(일반진료소)   국내총생산대비 비율(%)
일반진료의료비(병원)   의과진료의료비(병원)

*: 2008년 이후 장래의 '일반진료의료비'(병원 진료소)에서 '요양비 등'('보조구', '안마 마사지기' 등)을 제외하고 '의료진료비'가 추산됨. 본 그래프에서 '요양비 등'은 2008년 이후 치과진료기타와 합산해서 나타내고 있음.

[후생노동성 '국민의료비'(각 년도)에서 저자 작성. 명시적으로 기록되어 있지 않지만 본 자료에 사용된 '국민총생산'은 물가변동분이 포함된 '명목치'로 생각됨]

에 따른 것이다.

1인당 국민의료비는 2017년도 현재 33만 9,900엔으로 전년도의 33만 2,000엔과 비교해서 2.4% 증가했다. 65세 이상의 고령자의 1인당 의료비로 한정하면 2017년 현재 73만 8,300엔으로 전년도의 72만 7,300엔보다 1.5% 증

[그림2-2] 개호비와 국민소득대비, 국내총생산대비 비율의 추이

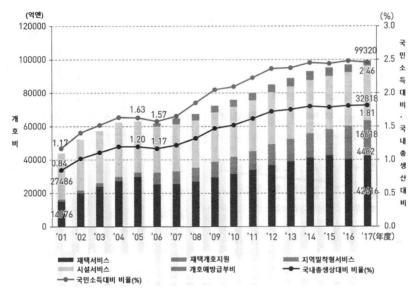

*1: 2015년 개호보험법개정 다음 해 4월 시행에 따라 소규모의 통원개호가 지역밀착형서비스로 이행하고 있다(지역밀착형 통원개호의 창설).

*2: 개호비(총액)에 관해 2005년도까지는 매월 각 서비스 이용자 수와 1인당 급부액을 곱한 액수를 합산 2006년도 이후는 각 비용 연도액을 합산하고 있음.

[후생노동성 "개호급부비(등)실태조사"(각 년도)에서 저자 작성. 각 비율은 [그림2-1]과 같이 국내총생산 국민소득의 수치를 이용해 산출함]

가했다. 이러한 증가는 75세 이상 후기고령자가 증가하기 때문이고(2017년 현재 한 사람당 92만 1,500엔) 65세 이상 고령자에게 드는 의료비는 국민의료비 전체의 60.3%(전년도는 59.7%)를 차지한다[4].

개호비에 대해서도 개호보험법이 시행된 2000년도 이후 시설거주체재

---

4   수치는 모두 후생노동성 '2017년 국민의료비의 개황'에서 발췌했다.

[표2-2] 국민의료비의 재원

재원	2017년도		2012년도	
	추계액(억 엔)	구성 비율(%)	추계액(억 엔)	구성 비율(%)
국민의료비	430,710	100.0	392,117	100.0
공비(公費)	165,181	38.4	151,500	38.6
국고	108,972	25.3	101,134	25.8
지방	56,209	13.1	50,366	12.8
보험료	212,650	49.4	191,203	48.8
사업주	90,744	21.1	79,427	20.3
피보험자	121,906	28.3	111,776	28.5
기타	52,881	12.3	49,414	12.6
환자 부담	49,948	11.6	46,579	11.9

[후생노동성 "국민의료비 개황"(각 년도)에서 일부 발췌]

비나 식비가 보험의 급부대상에 포함되지 않은 2006년도(동법 2005년 개정 다음 해 4월 시행에 따름)[5] 를 제외하면 증가일로에 있다. [그림2-2]에서는 이용자 본인의 부담액을 포함한 '개호급부비'(이하 개호비)의 추이를 나타낸 것이다. 2017년도 현재 예방을 포함한 개호비는 9조 9,320억 엔(전년도 9조 6,924억 엔 2.5% 증가)로 특히 '재택서비스'(4조 2,416억 엔 전년도 대비 5.5% 증가)나 '지역밀착형서비스'(1조 6,618억 엔 전년도 대비 6.2% 증가)가 증가했다. 국민소득이나 국내 총생산에 대한 비율도 수치 자체는 비교적 적지만 국민의료비와 똑같은 경향을 나타낸다. 또한 수급자 1인당 개호비는 2018년 3월 시점 기준으로 월

---

5   이 개정에서는 그 외에도 요개호자에 대한 개호급부와 구별해서 요지원자에 대한 급부를 '예방급부'로 새롭게 창설 '지역밀착형서비스'도 창설되어 다음 해 4월에 실시됨.

17만 600엔이며 전년도 기준 16만 400엔보다 6.4% 증가했다[6].

3. 국민의료비·개호비의 재원

1961년에 전국민보험을 달성한 일본의 공적의료보험은 보험료와 환자 부담 그리고 공비(公費)를 재원으로 해서 운영된다.

[표2-2]는 공적의료보험을 지탱하는 국민의료비를 재원측면에서 본 것이다[7]. 2017년도 국민의료비 43조 710억 중 국고(중앙정부)부담과 지방(지방정부)부담을 합한 공비(公費)가 16조 5,181억 엔으로 전체의 38.4%를 차지한다. 전년도인 2016년과 비교하면 공비(公費) 부담은 2,341억 엔 증가하였고 구성 비율은 0.2% 감소하였다. 한편 사업주와 피보험자로부터 징수된 보험료는 21조 2,650억 엔으로 국민의료비 전체에서 차지하는 비율은 49.4%로 2004년도 이후 50.0%를 못 미치고 있다. 대부분이 환자 부담분인 '기타'는 5조 2,881억 엔으로 국민의료비 전체의 12.3%를 차지하고 있다.

의료서비스의 생산자와 소비자와의 거래 총액인 국민의료비에 공비(公費) 투입의 확대가 계속되고 있다. 일반의 제품·서비스에서는 당사자가 전액 자기부담으로 거래를 하지만 간호 및 의료서비스에서는 직접적으로 편익을 얻지 않는 다른 사람의 자금까지 투입하면서 거래가 이루어지며 그 금액이 확대되고 있다는 점에 주목할 필요가 있다. 인구감소 및 고령인구 증가의 상황

---

6   1인당 개호비에 대해서는 후생노동성 '2017년 개호급부비등 실태조사의 개황(2017년 5월 심사분~2018년 4월 심사분)' p.7에서 발췌. 혹은 저자가 산출함.

7   역자주 일본의 국민의료비의 구성을 진료 종류별 측면에서 보게 되면 '병원'이 51.7%(입원:37.3%, 외래:15.4%)로 과반을 차지하고 그다음이 일반진료소 20.6%(입원:0.9%, 외래:19.6%), 치과진료소 6.8%, 조제약국 17.4%의 순임. 그리고 분배의 측면에서 보면 의사나 간호사 등 '의료서비스종사자'에게 46.6%로 가장 많이 차지하고 있고 다음이 의약품 22%, 경비(광열비, 임대료 등) 19.9%, 의료재료 6.6% 순이다. 본 장 마지막 '역자추가 참고자료: 일본 국민의료비의 구조(2018년도)'에는 다양한 측면(제도측면, 재원측면, 진료종류별측면, 분배측면)에서 일본 의료비 구조를 나타내고 있음.

에서 공비(公費) 투입을 최소화하기 위한 방법들이 모색되고 있으며 그중에서도 수가를 낮춘다거나 환자 부담을 늘리는 방안 등이 논의되고 있다.

한편 공적개호보험에 대해서도 재원은 공적의료보험과 같지만 제도설계상 이용자부담분을 제외한 금액의 50%를 공비(公費)로, 나머지 50%는 40세 이상의 피보험자의 보험료로 조달되는 방식으로 운영되고 있다.

|B| 간호·의료서비스 소비 규모

그렇다면 구체적으로 간호·의료서비스 소비의 규모 및 내용과 밀접한 관련이 있는 일본의 인구구조 및 소비자의 건강상태는 어떠할까?

1. 인구 고령화

일본 총인구는 2018년 현재 1억 2,644만 3천 명으로 전년보다 26만 3천 명 감소했다. 65세 이상 고령자 인구는 3,557만 8천 명으로, 총인구 중 차지하는 비율(고령화율)은 28.1%로, 전년의 27.7%보다 0.4% 상승했다. 그중 65~74세 전기고령자 인구는 1,760만 3천 명으로 13.9%, 질병·장애의 이환율이 보다 높아지는 75세 이상 후기고령자 인구는 1,797만 5천 명으로 14.2%이다[8].

[그림2-3]은 일본의 인구구조와 고령화추이 그리고 장래추계를 나타낸 것이다. 인구 고령화가 급속하게 진행하여 2055년에는 총인구가 1억 명을 밑돌며 고령화율은 38.0%에 달할 것으로 예상되고 있다. 또한 이전에 예측했던 2020년보다도 빠른 2018년에 후기고령자 인구가 전기고령자 인구를 웃돌

---

8   각 수치는 총무성 '인구추계' 2018년 10월 1일 현재 '결과의 개요' p.5[표4]에서 발췌, 일부 산출했다. 반올림에 의해 내역의 소계와 전체 합계의 수치가 일치하지 않는 경우가 있다.

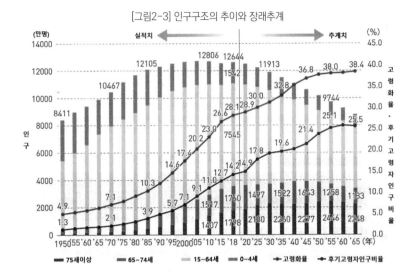

[그림2-3] 인구구조의 추이와 장래추계

*: 1950~2015년 총인구는 연령미상도 포함.
[2015년까지 총무성 '국세조사', 2018년은 총무성 '인구추계'(2018년 10월 1일 확정치), 2020년 이후는 국립사회보장·인구문제연구소 '일본의 장래추계인구'(2017년 추계)에서 출생중위·사망 중위 가정에 따른 추계결과를 바탕으로 작성]

게 되었다.

　　다만, 2020년 이후에 예측되는 고령화율의 상승과 총인구 감소는 이전 의 추계(2012년)와 비교하면 진행 속도가 완만한 경향을 보인다. 이는 최근 30세~40세대에서 출산 동향이 개선되어, 장래추계(2017년)에서의 '합계특수 출산률'이 상승했기 때문이다[9]. [표2-3]

2. 간호·의료서비스 소비자의 건강상태

　　간호서비스나 의료서비스의 소비자 그중에서도 서비스의 소비량이 많

9　　후생노동성 '제1회 사회보장심의회연금부회 연금재정에서의 경제전제에 관한 전문위원회'. 참고 자료3 '일본 장래추계인구(2017년 추계)의 개요'(2017년 7월 31일)를 참고.

[표2-3] 인구 구조와 관련된 각 지표

지표		2017년	2012년	비고
사망률 (인구 천 명대비)		10.8	10.0	사망률이 높은 고령자 증가에 따라 1980년대 전반부터 상승하는 경향이 있고, 특히 최근 상승 폭이 크다
영아사망률 (인구 천 명대비)		1.9	2.2	영아 사망률은 2017년 시점에서 1,761명
신생아사망률 (인구 천 명대비)		0.9	1.0	신생아 사망률은 2017년 시점에서 832명
출산률 (인구 천 명대비)		7.6	8.2	2005년 이후 8 전후로 추이를 보였으나, 그 후 저하해서 2016년 8.0%로 돌아왔다.
합계특수출산률		1.43	1.41	1975년에 2.00을 밑도는 경향이 있지만, 2005년에 1.25을 기록하고 이후 상승하고 있다.
자연 증가율 (인구 천 명대비(출생수-사망수))		-3.2	-1.7	자연 증가율은 2017년 시점에서 29만 4332명
평균 수명	남성	81.09년	79.94년	남녀 모두 악성 신생물(암), 심질환(고혈압성을 제외하고) 또는 뇌혈관질환 등 사망률의 변화가 평균 수명을 늘리는 방향으로 작용하고 있다.
	여성	87.26년	86.41년	
65세때의 평균여명	남성	19.57년	18.89년	
	여성	24.43년	23.82년	

[인구동태에 관한 수치는 후생노동성 '2017년 인구동태통계(확정치)의 개황'에서 발췌. 평균수명·여명 수치는 후생노동성 "2017년 간이 생명표의 개황"에서 발췌]

은 고령자에 대한 건강상태를 볼 수 있는 지표로 '유소자율(증세를 호소하는 자의 비율)'이나 '일상생활에 지장이 있는 자의 비율'이 있다(입원한 사람은 제외).

'유소자율'은 '질병 등에 의해 무엇인가 자각증상을 호소하는 자의 비율'로 2016년 현재 65세 이상 인구 1,000명당 460.0명으로 고령자의 과반수 가

[그림2-4] 입원·외래 의료서비스 이용률(2017년, 연령층 별)

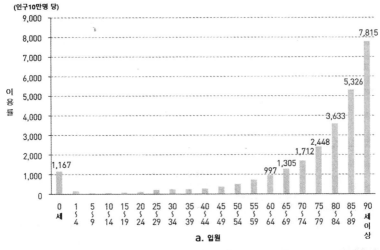

a. 입원

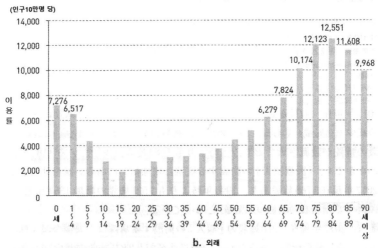

b. 외래

*: 각 의료서비스 이용률은 추계환자 수 (2017년 10월의 조사기간 중 의료시설 측이 지정한 1일에 진료받은 환자추계수)를 인구 10만 명에 대해서 나타낸 수치.
[후생노동성 "2017년 환자조사의 개황"에서 저자 작성]

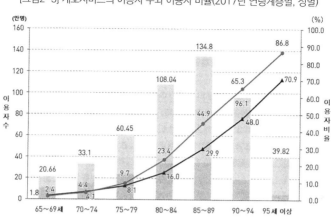

[그림2-5] 개호서비스의 이용자 수와 이용자 비율(2017년 연령계층별, 성별)

이용자수(남) ▨▨▨ 이용자수(여) ▨▨▨ ─▲─ 이용자연령계층별비율(남) ─●─ 이용자연령계층별비율(여)

*: 2017년 11월 심사 분. 원칙적으로 서비스 제공월의 익월에 심사함.
[후생노동성 "2017년 개호급부비 등 실태조사의 개황(2017년 5월 조사~2018년 4월 조사)"에서 저자 작성]

까이 무엇인가의 자각증상을 호소하고 있다. 또한 연령층이 올라갈수록 그리고 남성보다도 여성 쪽이 증상을 호소하는 경우가 많은 경향을 보인다. '일상생활에 지장이 있는 고령자 비율'은 인구 1,000명당 246.4명으로, 유소자율에 비교해서는 낮지만 연령계층별 혹은 성별로 본 비율은 '유소자율'과 같은 경향이 있다[10].

물론 자각증상 등이 있는 고령자 모두가 간호·의료서비스를 소비하는 것은 아니다. [그림2-4]에서는 입원 및 외래 서비스의 이용률을 [그림2-5]에서는 개호서비스의 이용자 비율을 표시하고 있지만 고령자 중에서도 65~74

---

10   건강상 문제로 인해 어떠한 영향을 받은 일상생활의 내용에는 일상생활동작, 외출, 일·가사·학업, 운동 등이 있음. 각 수치를 포함해 후생노동성(2016) '2016년 국민생활기초조사(건강표)'(제77표 제79표)에서 발췌,. 또한 2016년에는 지진으로 인해 실시하지 않은 구마모토현을 제외한 것임. 구마모토현을 포함한 2013년도 조사(그 전의 대규모 조사)에 따르면 유소율은 1,000명당 466.1, 일상생활에 지장이 있는 자 비율은 1,000명당 258.2(모두 65세 이상의 인구)로 2016년 조사보다 높음.

세 전기고령자의 의료서비스 이용률과 개호서비스의 이용자 비율은 비교적 낮다. 75세 이상 후기고령자에서는 특히 입원 이용률이나 개호서비스 이용률이 크게 상승하고 있어 [그림2-3]에서 보았듯이 앞으로 이 연령층이 점점 늘어날 것이다.

|C| 간호·의료서비스의 생산 규모

다음으로 거래되고 있는 비용의 추계범위는 한정적이지만 약 43조 엔의 의료·간호 서비스를 생산하는 의료시설이나 개호보험시설 등의 규모에 대해서 파악해 보자.

1. 의료시설 수

① 병원 수

[그림2-6]에서는 병원 수의 연도별 추이를 개설자별로 나타내고 있다.

2017년 현재 병원 총수는 8,412개소로 전년 병원 총수 8,442개소보다 30개소(0.4%)가 감소했다. 1975년 이후 가장 많았던 1990년도의 1만 96개소보다 1,684개소(16.7%) 감소했다. 그중에서도 '의료법인'이 개설한 병원은 증가하는 경향에 있다. 의료법인 개설병원은 2017년 현재 5,766개소가 있으며 1990년보다도 1,521개소(35.8%)가 증가하였고, 전년도에 비해 12개소 (0.2%) 증가했다.

한편 2017년 현재 210개소에 불과한 '개인'이 개설한 병원은 대폭 감소하는 경향에 있다. 이미 감소 경향이던 1990년도와 비교해도 2,871개소가 감소

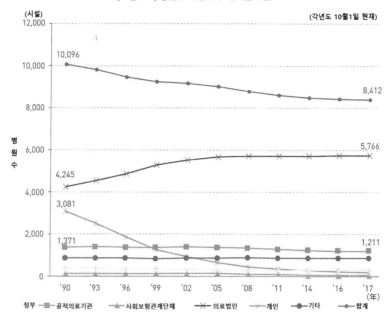

[그림2-6] 병원수의 연차추이(개설자별)

(시설)
(각년도 10월1일 현재)

10,096

8,412

5,766

4,245

3,081

1,371

1,211

정부　공적의료기관　사회보험관계단체　의료법인　개인　기타　합계

*: 병원의 개설자 분류는 본 조사의 대분류에 따르며 구체적으로는 다음과 같다.(2017년 시점)
–공적의료기관:'도도부현', '시정촌'. '지방 독립행정법인', '일본 적십자사', '제생회', '북해도 사회사업협회', '후생련', '국민건강보험단체 연합회'
–사회보험관계단체:'건강보험조합 혹은 그 연합회', '공제조합 혹은 그 연합회', '국민건강보험조합'
–기타:'공익법인', '사립학교법인', '사회복지법인', '의료생협', '회사', '기타법인'
[후생노동성(20191998) '2017년 의료시설 조사(정태・동태 조사) 병원보고' 상권. '1996년 의료시설 조사(정태・동태 조사) 병원보고' 상권. 제3표에서 저자 작성]

(93.2%)했으며 전년도와 비교하면 30개소 감소(12.5%)했다[11].

11　　개인병원의 많은 수가 의료법인으로 개설자를 변경함으로써 개인병원의 감소와 의료법인설립 병원의 증가라고 하는 추세로 이어지게 됨. 예를 들어 2016년부터 2017년에 걸쳐서 27개소의 병원이 '개인'에서 '의료법인'으로 변경됨.[시설 수는 후생노동성 '2017년 의료시설(정태·동태)조사·병원보고 개황'의 표5에서 발췌]

또한 기존의 사회보험병원 등의 일부가 '독립행정법인 지역의료기능추진기구'(JCHO)로 직접 운영되고(2014년 4월)[12] 그 외의 '독립행정법인 국립병원기구'나 '국립대학법인' 등을 합산한 '정부'는 2017년 현재 327개소 (2013년 273개소)이 있다. 그리고 '사회보험관계단체'의 병원은 52개소 (2013년 115시설)로 감소했다.

도도부현이나 시정촌을 시작으로 '공적의료기관'은 2017년 현재 1,211개소 (전년보다 2개소 감소) 의료법인이나 개인을 제외한 '기타'에 해당하는 사실의료기관은 846시설(전년보다 9개소 감소)이다.

② 진료소 수

병원 수가 1990년 이후 감소경향인 반면 진료소 수는 증가하는 추세이다.

2017년 현재 일반진료소 총수는 10만 1,471개소로 1990년에 8만 852개소보다 2만 619개소 증가했다(다만 전년 2016년보다 58개소 감소). 특히 입원설비가 없는 무병상 진료소가 늘어나 이는 2017년 현재 9만 4,269개소로 일반진료소 전체의 92.9%를 차지한다. 전년도와 비교해서 369개소 증가, 1990년보다 3만 7,006개소 증가했다. 반대로 입원설비가 있는 유병상 진료소는 계속 줄어 2017년 현재 7,202개소로 전년도보다 427개소 감소했다. 그중 372개소 (87.1%)는 무병상 진료소로 변경되었다. 1990년에 2만 3,589개소이었던 것과 비교하면 1만 6,387개소 감소한 것이다. 또한 일반진료소는 의료법인이나 개인에 의한 개설이 많아 의료법인개설 4만 1,927개소(전체의 41.3%) 개인개설 4만 1,892개소(전체의 41.3%)로 집계되고 있다[13].

---

12   구체적으로는 '사회보험병원', '후생연금병원', '선원보험병원'을 JCHO가 직접 운영하게 됨.

13   C-1에서의 각 의료시설 수, 다음의 C-2에서의 각 병상 수와 증가율은 후생노동성 '의료시설 조사' 각 연도에서 발췌. 일부는 저자가 계산했다.

[그림2-7] 인구 10만 명 대비 병상수의 연차추이(병상종류별)

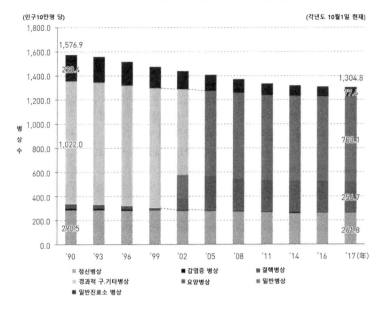

*: 2001년 3월에 '의료법의 일부를 개정하는 법률'이 시행되어 '기타 병상'이 '일반 병상'과 '요양 병상'으로 구분된 것과 함께 '의료시설 조사·병원보고'에서는 2000년까지 '일반 병상'이라고 표기한 '기타 병상'을 2001년부터 '요양 병상', '일반 병상', '경과적 구. 기타 병상'으로 구분하고 있다. 이 법률의 경과조치기간 만료 후인 2003년부터 병상의 종류는 '정신 병상', '감염증 병상', '결핵 병상' '요양 병상' '일반 병상'으로 바뀌게 된다.
[후생노동성(20191998) '2017년 의료시설 조사(정태·동태 조사) 병원보고' 상권. '1996년 의료시설 조사(정태·동태 조사) 병원보고' 상권. 제2표에서 저자 작성]

2. 병상 수

[그림2-7]에서는 병원이나 진료소의 인구 10만 명에 대한 병상설치수를 나타내고 있다. 2001년 3월에 '의료법의 일부를 개정하는 법률'이 시행되면서 종래의 '기타 병상'이 '일반 병상'과 '요양 병상'으로 구분되었기 때문에 1999년까지 제일 큰 비율을 점하였던 '기타 병상'은 법률의 경과조치 기간인 2002년을 지나 2003년 이후에는 '일반 병상'과 '요양 병상'으로 나뉘어지게 된다.

[그림2-7]을 보면 병상 수는 병원 수와 같이 감소하는 경향을 보인다. 병상 수는 2017년 현재 인구 10만 명 대비 1,304.8병상이 설치되어 있고 2016년의 1,311.3병상에 비해 6.5병상이 감소(0.5%)했다. 가장 병상 수가 많았던 1990년의 1,576.9병상과 비교하면 272.1병상이 감소(17.3%)한 것이다.

● 병원 병상의 종류별 비율

인구 10만 명 대비 1,227.2병상이 있는 병원 병상을 종류별로 보면 2017년 현재 가장 높은 비율을 차지하는 '일반 병상'은 703.1병상(전년도 대비 0.1% 증가) 그다음이 '요양 병상'으로 256.7병상(전년도 대비 0.7% 감소)이다.

3. 개호보험시설 수와 정원·이용자 수

간호서비스의 생산이 이루어지는 방문간호스테이션과 더불어 간호사가 비교적 많이 근무하는 개호보험시설에 대해서 정리한 것이 [그림2-8]이다. 구체적으로 '방문간호스테이션', '개호노인보건시설', '개호요양형의료시설'에 대해서 시설 수 그리고 이용자 수와 정원(병상 수)을 나타내고 있다. 또한 2006년에 개호요양형의료시설은 2011년 말까지 폐지하기로 결정되어 개호노인보건시설이나 특별요양노인홈 등으로 전환을 도모해 왔으나 진전이 없어 폐지 기한이 2023년도 말까지로 연장되었다(2017년도 말까지였으나 다시 6년 재연장)[14].

방문간호스테이션의 이용은 최근에 특히 증가하여 2017년 현재 1만 305개의 시설(전년도 대비 8.2% 증가), 1개월당 65만 8천 명의 이용자 수(실 인원 수, 개호예방도 포함)로 집계되고 있다. 개호노인보건시설도 증가 경향이며, 2017년 현재 4,322시설(전년도 대비 1.9% 증가), 37만 3천 명 정원이다. 한편 개

---

14   재연장이 승인된 2018년 4월 개호보험법 개정 시에는, '개호요양형의료시설'이 '개호의료원'으로 전환하여 창설되었다. '개호의료원'은 의료가 필요한 요개호고령자의 장기요양·생활시설로 자리매김하여, Ⅰ형(개호요양병상 상당의 서비스제공)과 Ⅱ형(개호노인보건시설 상당 이상의 서비스제공)으로 분류된다.

[그림2-8] 방문간호스테이션 등의 시설 수와 정원(병상·이용자 수)의 연도별 추이

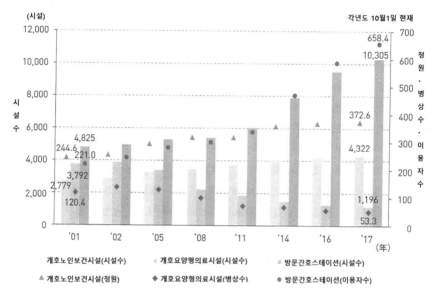

*: 방문간호스테이션 이용자 수만 매년 9월 30일 시점의 수치이다. 2008년 이후의 이용자 수에는 개호예방 대상자도 포함되어 있다.
[후생노동성 '개호서비스 시설·사업소 조사'(각 연도)에서 저자 작성. 조사방법의 변경 등에 따른 회수율 변동의 영향으로 일부는 단순비교가 불가능하다.]

호보험이 적용되는 개호요양형의료시설에 대해서는 2017년 현재 1,196시설 (9.7% 감소), 5만 3천 명 분의 개호지정 병상수가 있다.

한편 2012년 4월에 창설된 '간호소규모다기능형재택개호(이하, 간다기(看多機))' 사무소 수는 2017년 현재 390시설(전년도 대비 27.9% 증가)로 당초 15개 시설 (그 당시 명칭은 '복합형서비스')에서 크게 증가했다.

|D| 간호서비스의 생산과 소비

지금까지 알아본 바와 같이 병상 수가 매년 줄어들고 있는 것과 대조적으로 간호서비스를 소비자에게 직접 제공 가능한 방문간호스테이션은 최근에 특히 그 수가 증가하고 있다.

방문간호스테이션은 하나하나의 규모가 작고 근로자 수는 상근 환산으로 하면 평균 7.1명으로 시설 수가 10만을 넘는 일반진료소와 거의 비슷한 규모다[15]. 방문간호스테이션을 비롯해 병원과 진료소에서 의료보험에 의해 제공되는 방문간호서비스의 비용 즉 '방문간호의료비'는 매년 크게 증가하고 있다고는 하지만 [그림2-2]에서 본 바와 같이 국민의료비의 0.5%(2023억 엔 전년도 대비 16.1% 증가)로 매우 작은 거래 규모다[16].

방문간호서비스와 관련된 비용이 적다고 하는 상황은 개호비에서도 동일하게 나타난다. [그림2-2]에서 보았듯이 2017년도 시점에서 가장 큰 비율을 차지한 것은 '재택서비스'이고(전체의 42.7%) 그중 하나가 방문간호스테이션에 의한 서비스이지만 그 비용은 재택서비스의 5.6%(2,382억 엔 전년도 대비 8.3% 증가)에 해당하는 비율이다. 개호비 총액과 비교해서 보면 2.4% '개호예방방문간호'의 261억 엔을 합산한다고 해도 2.7% 수준이다. 한편 지역밀착형서비스의 간다기는 개호비 총액의 0.2%(249억 엔 전년도 대비 33.0% 증가)에 불과하다[17].

---

15   상근환산 수는 후생노동성(2018) '2017년 개호서비스시설·사업소 조사 개황' p.13에서 발췌함. 또한 일반진료소의 종사자 수는 상근환산해서 평균 6.98명임 (후생노동성 '2017년 의료시설(정태·동태)조사·병원보고 개황'. 표1과 표3과 표4에서 산출).

16   후생노동성 '2017년도 국민의료비 개황' p.5에서 수치를 발췌함. 또한 '방문간호의료비'로는 계상되지 않았으나 '재택환자방문간호·지도료' 등 '재택의료'에 포함되는 방문간호관련 항목이 있는 것에 유의할 필요가 있음.

17   방문간호스테이션 간다기 등에 관한 수치는 후생노동성 '개호급부비등 실태조사의 개황(각 연도)에서 발췌, 산출했다.

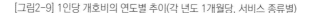

[그림2-9] 1인당 개호비의 연도별 추이(각 년도 1개월당, 서비스 종류별)

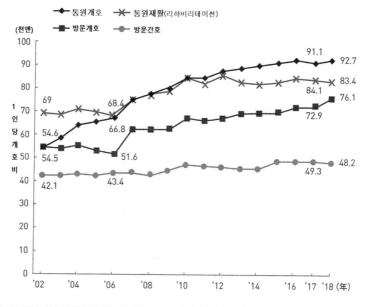

*1: 2005년 개호보험법 개정에 의거해 별도로 설치된 '예방급부'는 2006년도 이후 1인당 개호비에 포함되지 않는다.

*2: 매년 4월 심사 분. 원칙적으로 서비스 제공 월의 익월에 조사가 이루어진다.

[후생노동성 '개호수가 등 실태조사'(각 연도)에서 저자 작성]

[그림2-9]를 보면 소비자 1인당 방문간호비는 크게 변화하지 않았다. 개호수가개정이나 소비자의 요개호도의 변화에 따른 영향을 고려하지 않은 단순한 그림이지만 '방문개호'나 '통원개호'의 1인당 비용이 특히 크게 증가하고 있는 상황과는 사뭇 대조적이다. 이것은 정보 비대칭성의 상황에서 간호관리자를 비롯한 '방문간호'의 공급 측이 서비스의 필요성을 소비자에게 충분히 전달하지 않은 결과로 추측해 볼 수 있다. 이와 대조적으로 '방문개호'의 공급 측은 서비스를 많이 제공해 이익증대를 도모하고 있음을 시사하고 있다.

|정리| 간호서비스 필요성을 알리는 의의

의료서비스 거래의 결과인 '국민의료비'는 간호사를 비롯한 많은 노동력을 투입해서 의료서비스가 생산되고 소비되고 있다.

다른 산업에서 매상고의 확대는(매출액의 증가가) 성장산업으로 기대되지만 의료서비스의 매상고인(매출액인) '국민의료비'의 증가는 오히려 문제로 지적된다. 말할 것도 없이 여기에는 공비(公費)가 투입되고 있기 때문이다.

의료서비스에는 언젠가는 소비할 기회가 있겠지만 현시점에서 그 편익을 받지 않는 사람들로부터의 세금이나 사회보험료가 많이 투입되고 있다. 따라서 필요 이상으로 의료서비스가 거래되어 불필요한 공비(公費)가 투입되는 것은 방지해야만 한다.

국민의료비를 1인당 평균(2017년도)해서 보면 65세 이상 고령자가 73만 8,300엔, 75세 이상으로 한정하면 92만 1,500엔이 소비되고 있다. 이것이 일반적인 제품·서비스라면, 생산·판매 측에 있어서는 그야말로 황금알을 낳는 '단골손님'이다.

의료서비스에 많은 금액의 공비(公費) 등을 투입해 거래되고 있지만 과연 소비자는 심신의 건강상태를 유지·개선시키고 QOL을 향상시키고 있는가? 의료서비스에는 정보 비대칭성이 있어 어떠한 서비스를 얼마만큼 소비하면 심신회복에 효과적인지를 소비자 측은 알기 어렵다. 더구나 고령이면서 인지기능에 지장이 있는 경우에는 의료서비스뿐만 아니라 어떠한 개호서비스가 심신과 일상생활을 영위하는 데 필요한 것인지 소비자 본인은 알기 어렵다. 따라서 생산자 측의 판단과 그 역할은 한층 더 중요해진다.

설령 같은 90만 엔이라고 하더라도 어떤 의료서비스를 그리고 어떤 간호나 개호서비스를 조합해 구입하는 것이 소비자의 건강상태를 유지·개선하며 보다 나은 생활로 이어질 수 있을까? 가장 효과적인 선택을 해야 함은 두말할 나위가 없다. 최근에는 의사 측에서 '과잉의료'를 적정화하려는 'Choosing Wisely'(의료의 현명한 선택)이 제창되기 시작하고 있다[18].

케어매니저를 대상으로 한 조사에 의하면 의료의 니즈가 높은 소비자들에게 가장 부족한 서비스로써 '간다기'를 꼽고 있다[19]. 소비자의 건강상태부터 생활에 이르기까지 전체를 살피고 필요한 서비스를 판단하고 코디네이터 해서 제공할 수 있는 간호사의 역할은 앞으로 그중요성이 더욱 커질 것이다. 현재 소규모 거래에 머물러 있는 간호서비스는 계속해서 확대해 갈 것이며 동시에 소비자 곁에 더욱 가까이 다가갈 가능성이 크다.

---

18   2011년 미국 내과전문의 인정기구재단이 시작한 캠페인. 'Choosing Wisely'는 과잉 치료나 검사, 다중 처방 등이 이루어지지 않았는가 의사 스스로 검증하고 환자와의 대화를 통해 의료의 현명한 선택을 목표로 하는 것이다. 세계 각국에 널리 퍼지고 있으며 일본에서는 2016년 'Choosing Wisely Japan'이 설립되었다.

19   사회보장심사회 개호급부비분과회(2017) p.4(원래 후생노동성 노인건강국 노인보건과에서 정리한 자료)에 따르면 케어매니저(n=554. 복수응답)의 64.8%가 의료의 니즈가 높은 소비자에게 부족한 서비스로써 간다기를 꼽고 있다. 다음으로 많은 것은 단기입소요양개호(병원)로 58.7%, 그 다음은 단기입소요양개호(노인보건시설)가 50.7%의 순이다.

참고문헌

1) 厚生労働省雇用環境・均等局(2018). 平成29年版 働く女性の実情.

2) 社会保障審議会介護給付費分科会(2017). 看護小規模多機能型居宅介護の報酬・基準について.

3) 角田由佳(2019). 産業としての医療と看護(看護×経済学—経済学で読み解く看護サービスと医療政策③). 看護管理29(3):284-288.

4) 内閣府(2019). 令和元年版高齢社会白書. 日経印刷.

일본 국민의료비의 구조(2018년도)

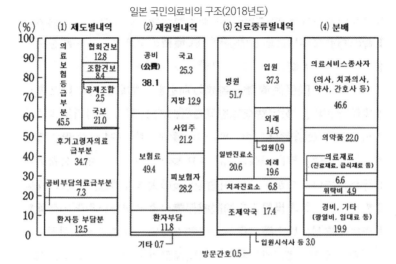

* 1: 국민의료비 43조3,949억 엔. 1인당 의료비: 34만3,200엔

* 2: (4)분배는 2017년도 수치임.

[椋野美智子·田中耕太郎 . はじめての社会保障 第18版 . 有斐閣 . 2021 . p.61에서 발췌, 인용]

간호생산성과
간호사의 생산성

3장

지역포괄 케어시스템을 활용해 다른 병원이나 시설과 연계해서 환자의 재택 복귀를 추진하고자 한다. 하지만 그 결과 재원일수가 짧아진다면 시설의 병상이용률이 낮아질 수밖에 없다. 시설 측은 이용률을 높이기 위해서 어떻게 환자를 확보하면 좋을까? 간호필요도가 높은 환자의 비율을 신경 쓰지 않으면 입원료가 낮아져 시설의 수입이 감소되기 때문이다.

2년에 한 번 수가개정이 실시되는 상황에서 어떻게 생산성을 높이고 수익을 확보해가면 좋을 것인가. 그것은 간호사 특히 간호관리자에게 있어서 매우 중요한 과제 중 하나이다.

제3장에서는 이 '생산성'이란 것이 '간호서비스(간호생산성)'와 '간호사서비스(간호사의 생산성)'에서 서로 다르다는 것을 경제학 관점에서 설명한다. 그리고 그 차이를 염두에 두고 간호서비스 생산에 있어서의 중요함과 어려움을 함께 논의하고자 한다.

|A| 두 가지 생산성의 존재

간호서비스를 소비하는 경우와 일반적인 제품·서비스를 소비하는 경우에서는 얻게 되는 만족(효용)을 파악하는 방법이 서로 다르다. 간호에서는 두 가지의 생산성을 고려할 필요가 있다. 여기서는 우선 간호서비스와 간호사서비스의 차이에 대해서 정리한 뒤에 각각의 생산성을 설명하고자 한다.

1. 간호서비스와 간호사서비스의 차이

제1장 A에서 설명했듯이 '서비스'란 무형의 생산물 또는 생산물을 산출하지 않는 노동 그 자체로 파악이 되며 '재고의 불가능성', '무형성', '생산-소비의 시간 및 공간의 일치성', '일회성'이라는 성질을 가지고 있다. 의료나 간호도 이와 같은 성질을 가지고 있기 때문에 서비스의 하나로 간주된다. 그래서 경제학에서는 '의료'와 '의료서비스', '간호'와 '간호서비스'는 동일한 의미로 사용된다[1].

하지만 '간호서비스'와 '간호사서비스'는 구별할 필요가 있다. '간호사서비스'는 엄밀히 말하자면 '간호사의 노동'이라는 서비스(노동력)로 '간호서비스'를 생산하기 위해 필요한 하나의 자원이기 때문이다. [그림3-1]에서 연한 녹색으로 표시된 부분이 '간호사서비스'에 해당된다.

간호서비스를 생산하는 데에 있어서 간호사의 노동력을 투입하는 것은 필수 불가결하며 가장 중요하다. 또한 대량으로 투입된다. 하지만 간호사의 노동력만으로는 간호서비스를 생산할 수 없는 것도 현실이다. 제1장 A에서도 설명했듯이 간호보조자나 병동보조 혹은 약사 등 다른 직종의 노동력과

---

1   일본간호협회(2007) pp.11-14에서는 '간호'와 '간호서비스'를 별개로 정의하고 있다.

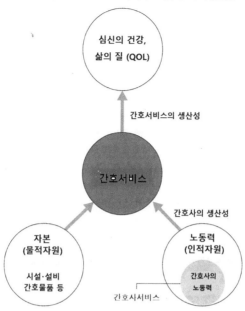

[그림3-1] 간호서비스·간호사서비스라는 두 가지 생산성

연계하거나 협동하면서 그리고 간호 물품이나 병동설비 등 자본(물적 자원)도 활용해 간호서비스를 생산한다. 자택 등에 거주하는 소비자를 방문해서 간호서비스를 생산하고자 하는 경우 타 직종과 연계해 그 노동력을 투입할 필요가 있다.

이 구별은 중요하다. 왜냐하면 간호서비스와 간호사서비스가 다르기 때문에 각각의 '생산성'의 개념도 달라지기 때문이다.

2. 간호서비스의 생산성과 간호사의 생산성

① 간호서비스의 생산성

[그림3-1]은 제1장의 [그림1-1]에서 간호서비스에 의해 창출되는 소비자의 '심신의 건강 삶의 질(QOL)'을 추가한 것이다. 그림에서 한가운데 원이

'간호서비스'로 되어 있지만 이것을 일반적인 제품·서비스로 바꾸는 것도 가능하다. 즉 노동력(인적 자원)과 자본(물적 자원)이 투입되어 제품·서비스가 생산된다. 더 많은 노동력과 자본이 투입되면 생산량이 증가돼 '생산성은 향상된다'. 이는 간호서비스에서도 마찬가지다.

그러나 일반적인 제품·서비스와는 달리 간호서비스의 생산성에서는 병의 회복이나 개선 또는 신체기능 감소를 막는 등 그 서비스 투입에 의한 '소비자의 심신의 건강이나 QOL의 상태'에 대해서도 고려하지 않으면 안 된다. 이유는 다음과 같다.

예를 들어 고급스럽고 맛있는 케이크가 많이 있다면 소비자의 만족도는 높아진다. 소비자는 그 케이크를 다시 사고 싶어 할 것이다. 판매자도 소비자를 만족시켜 선택받을 수 있도록 맛있는 케이크를 만들고자 할 것이다. 소비자가 케이크를 구매해 주는 것이야말로 판매자가 이익을 올리며 존속하기 위한 필수 조건이다. 만약 맛이 없어 팔리지도 않는 케이크를 만들면 소비자의 발길은 끊기고 결국 도산할 것이다. 기업은 통상적으로 노동과 자본을 투입해 어떻게 하면 소비자로부터 선택받을 수 있는 제품·서비스를 생산할 수 있을지 즉 어떻게 하면 '생산성'을 향상시킬 수 있을지를 첫 번째로 생각한다.

그렇다면 간호서비스의 경우는 어떠한가. 간호서비스를 많이 소비할 수 있다거나 품질이 높다거나 하면 소비자의 만족도는 높아질까. 그렇진 않다. 그보다 간호서비스를 소비하는 것에 의해 자기 자신의 심신의 건강상태가 얼마나 개선되었는지 아니면 가만히 내버려 두었다면 감소되었을 뻔한 신체기능이 잘 유지되고 있는지 등의 사실로부터 만족(효용)을 얻을 수 있을 것이다.

일반적인 제품·서비스가 그 소비 자체로 만족을 얻을 수 있는 것에 반해 간호서비스는 소비 그 자체가 아니라 소비를 통해 자기 심신의 상태나 QOL이 어떻게 바뀌었는지 혹은 감소를 막고 유지할 수 있는지 등에 의해 만족을 얻는다. 따라서 간호서비스의 경우는 [그림3-1]에서의 윗부분 그 소비에 의해서 발생하는 '심신의 건강 삶의 질(QOL)'을 추가해야 할 필요가 있다.

그리고 이것이 간호서비스의 생산성을 나타낸다. 즉 간호서비스를 투입함으로써 소비자의 심신의 건강상태나 QOL을 얼마나 개선 유지할 수 있는지를 '간호서비스의 생산성'이 나타내는 것이다.

② 간호사의 생산성

그리고 또 한 가지의 생산성인 '간호사의 생산성'이란 그 노동력의 투입으로 얼마나 많은 간호서비스를 생산하고 이익을 올릴 수 있는지의 개념이다. 즉 일반기업이 직면하는 생산성에 해당하며 엄밀히 말하면 '노동생산성'과 같은 개념이다.

간호사는 일반기업과 달리 두 가지의 생산성에 직면하고 있다. 일반기업과 같이 노동생산성의 향상에만 주력해서는 안 된다. 그리고 간호서비스에는 제1장에서 설명한 바와 같이 소비자 자신이 어떤 서비스를 소비해야 좋은지 모르는 정보 비대칭성이 존재한다. 따라서 어떠한 간호서비스를 제공하면 소비자의 심신의 건강상태가 개선되거나 QOL을 유지할 수 있는지, 간호서비스의 생산성 향상을 간호사가 생각하지 않으면 안 된다.

|B| 간호사의 생산성을 판단하는 기준

우선 두 가지의 생산성 중 간호사의 노동생산성에 대해서 설명하고 그것을 향상시키는 방법을 정리해 보고자 한다. 그다음에 간호사의 노동생산성을 판단하는 지표로서 '경영지표'를 보기로 하자.

1. 노동생산성의 정의

간호사의 노동생산성이란 그 노동력의 투입에 따른 서비스의 산출량으로 나타난다. 즉 일반적인 제품·서비스에서의 노동생산성과 동일하다. 일본 생산성본부에 의하면 생산성을 다음 식과 같이 표현하고 있다[2].

생산성=산출(output)/투입(input)

생산성에는 투입하는 자원에 따라 몇 가지 종류가 있다(예를 들어 자본 투입에 따른 '자본생산성'). 그중에서도 빈번하게 사용되는 것이 노동력 투입에 따른 '노동생산성'이다. 노동력 투입을 늘리지 않고 보다 많은 산출액(매상)을 얻을 수 있다면 또는 보다 적은 노동력 투입으로 산출액을 유지할 수 있다면 그것은 노동생산성의 향상을 의미한다.

노동생산성=산출액/노동력 투입
산출액=생산량×가격

노동생산성을 계산할 경우 산출액에서 원재료나 기자재의 수선비, 외주 등 생산을 위해 쓰인 일체의 비용을 뺀 '부가가치'액을 사용하는 경우가 많다. 부가가치액을 높이는 즉 노동생산성을 향상시키는 방법에 대해서 알아보자.

2. 간호사의 노동생산성을 향상시키는 방법

노동생산성을 상승시키는 방법은 앞의 정의식(노동생산성=산출액/노동력 투입)에 근거해 크게 두 가지로 나누어 생각해 볼 수 있다. 즉 첫 번째, 노동력 투입의 변동 없이 산출액을 늘린다. 두 번째 산출액의 변동 없이 노동력 투입을 줄이는 방법이다. 그리고 각각의 생산성을 높이는 경로가 있다. 정리해 보자.

---

2   일본생산성본부 홈페이지 '생산성 운동에 대해서' 중 '생산성이란'에 나온 생산성 정의를 발췌했다. 또 1에서의 생산성에 관한 설명은 홈페이지 '생산성이란'을 참고했다.(검색일 2020년 7월 6일)

① 노동력 투입의 변동 없이 산출액을 늘린다

A. 생산량(↗) × 가격(→) : 많이 만들어서 판다

B. 생산량(→) 품질(↗) × 가격(↗) : 품질을 높여서 비싼 가격으로 판다

C. 생산(판매)량(↗)품질(↗) × 가격(→) : 같은 가격으로 품질을 높여 고객을 늘린다. (실질적인 가격 인하)

② 산출액의 변동 없이 노동력 투입을 줄인다

노동력 투입 = 노동시간 × 노동자 수 라는 점에서

D. 노동시간(↘) × 노동자 수(→) : 노동시간을 줄인다

E. 노동시간(→) × 노동자 수(↘) : 노동자 수를 줄인다

이상의 어떤 방법을 선택하더라도 노동생산성은 상승하고 따라서 이익은 증대된다. 혹은 ①과 ②를 조합해 노동력을 보다 많이 투입해 그 비용증가분을 초과하는 산출액 증가를 꾀하는 방법도 있다 [3].

간호서비스의 경우 일반적인 제품·서비스와는 달리 수가 혹은 개호수가로 가격이 고정되어있기 때문에 생산자 측이 품질을 높여서 그만큼 비싼 가격으로 판매하는(B) 것은 불가능하다. 따라서 간호사의 노동생산성을 높이는 현실적인 방법은 ACDE가 된다. 구체적으로는 다음과 같은 방법을 예시로 들 수 있다.

A. 생산량(↗) × 가격(→) : 병상가동률을 높이거나, 간호필요도가 높은 환자에 대한 서비스를 보다 많이 생산한다(말하자면 '단가'가 높은 서비스를 늘림).

C. 생산(판매)량(↗)품질(↗) × 가격(→) : 환자의 건강상태나 QOL을 유지·개선

---

3   그 외에도 ①과 ② 각각을 조합하는 선택, 예를 들어 A×D : 노동시간을 줄이면서 생산량을 늘리는 것 등도 가능하다.

할 수 있도록 서비스 품질을 높여, 환자들이 많이 찾아오도록 한다.

D. 노동시간(↘) × 노동자 수(→) : 잔업 등 초과노동시간을 삭감한다.

E. 노동시간(→) × 노동자 수(↘) : 잉여인력을 줄이거나, 직원 구성상에서 인건비가 높은 노동자를 줄인다

이러한 선택지들 중에서 비교적 선택하기 쉬운 방법으로써는 투입하는 노동력의 비용을 삭감하는 D와 E가 될 것이다. A와 같은 방법은 어떠한 환자가 얼마나 많이 시설을 이용할 것인지 생산자 측에서는 예측 및 결정하기 힘들다[4]. 반면에 D와 E는 시설 측이 마음먹고 진행만 한다면 바꿀 수 있기 때문이다. C도 생산자 측의 노력으로 실현이 가능하지만 이 방법을 택할 경우에는 정보 비대칭성이 존재하기 때문에 소비자의 선택을 받기 위해서는 '의료 마케팅'에 힘써 간호의 품질과 생산량을 증진시킬 필요가 있다.

그렇다면 구체적으로 어떻게 해야 노동력 투입비용을 줄일 수 있을까. 간호서비스의 경우 병원의 외래나 병동 등 환자 수에 대해 최소한으로 필요한 간호 직원의 배치 인원 수가 규정되어 있기 때문에 그 배치 기준을 밑도는 간호사 인원 수의 삭감은 불가능하다. 따라서 노동력에 대한 비용을 줄이기 위해서는 근무체제를 조정한다든지, 업무개선이나 업무 분담 등을 통해 노동시간을 줄이든지(D), 배치 기준을 지키면서 인건비가 낮은 간호사의 노동력을 투입하는(E) 방법이 있다.

4 　어떠한 환자가 얼마나 내원할지는 타 의료시설이나 개호보험시설 등의 소개나 연계에 따라서 일정 수준은 조절할 수 있지만 자체적으로 바꾸는 것은 어렵다. 진료에 영향을 주는 지역주민의 연령구성이나 질병 구조는 더욱더 그렇다.

3. 간호사의 노동생산성을 판단하는 경영지표

간호사의 노동생산성을 구체적으로 판단할 수 있는 것이 바로 '경영지표'
다. 병원 전체의 의료수익과 비용과의 관련을 나타내는 지표이기 때문에 간호
사의 노동생산성을 직접적으로 판단하는 것은 쉽지 않지만 그중에서 관련성
이 있는 지표를 뽑아 본 것이 [표3-1]이다.

[표3-1]에서 맨 오른쪽의 '해당하는 지표'란에는 각 경영지표(병원경영관리
지표)가 간호사의 노동생산성을 나타내는 요소(생산성, 생산량 가격, 노동력 투입)의
어디에 해당하는가를 표시하고 있다.

'의료 이익률'이 높다는 것은 노동생산성이 높기 때문이고 '생산성'을 직
접 판단할 수 있는 지표가 된다(표 중 ①). 그리고 '병상 이용률'에 대해서는 얼
마만큼의 소비자에게 입원 서비스를 생산하고 있는가를 나타내고 있기 때
문에 '생산량'의 지표(표 중 ②)로 파악된다. 마찬가지로 '평균 입원일수'나 '간
호사 1명당 입원 환자 수', '간호사 1명당 외래 환자 수'도 '생산량'의 지표가
된다.

한편 '환자 1명 1일당 입원 수익'이나 '외래환자 1명 1일당 외래 수익'은 말
하자면 '소비자 1명 1일당 단가'로 파악되기 때문에 서비스의 '가격'[표3-1 중
③]을 판단하는 지표가 된다.

'직원 1명당 의료 수익'은 의료이익율과 마찬가지로 '생산성'의 판단 지표
다[표3-2 중 ①]. 그리고 이 생산성을 만들어 내기 위해서 노동력을 얼마나 투
입해야 하는지, '상근 간호사 인건비 비율'을 비롯한 각 인건비 비율이나 '상근
간호사 1명당 인건비'를 비롯한 각 인건비는 '노동력 투입'을 판단하는 지표에
해당한다[표3-1중 ④][5].

---

5   인건비(비율)는 부가가치액의 얼마만큼을 노동자에게 분배했는가를 알 수 있는 지표이기도 하지
     만('노동분배율') 여기서는 노동력 투입에 어느 정도의 비용이 들었는지를 판단하는 지표로 파악
     하고 있다.

[표3-1] 병원경영관리지표(일부)와 간호사의 노동생산성

경영지표 \ 개설자	의료법인	자치체	기타공적	해당하는 지표
평균가동 병상 수 (조사 병원 수)	141.5개 (238병원)	255.7개 (258병원)	303.4개 (55병원)	(생산성①=생산량②×가격③/노동력 투입④)
수익성(2018년도)				
의료 이익률(%)	1.4	-9.1	-2.6	①
병상 이용률(%)	81.9	75.4	79.6	②
인건비 비율(%)	56.7	61.3	55.3	④
상근 간호사 인건비 비율(%)	17.4	21.9	18.2	④
비상근 간호사 인건비 비율(%)	0.9	1.2	0.8	④
상근 간호사 1명당 인건비(천엔)	5,524	5,655	5,125	④
직원 1명당 인건비(천엔)	6,675	7,919	7,424	④
직원 1명당 의료수익(천엔)	11,974	12,483	13,450	①
기능성(2018년도)				
평균 입원 일수(일)	23.6	20.9	18.5	②
환자 1명1일당 입원 수익(엔)	45,908	48,730	53,106	③
외래환자1명1일당 외래 수익(엔)	11,710	13,343	14,869	③
간호사 1명당 입원 환자 수(명)	1.1	0.8	0.9	②
간호사 1명당 외래 환자 수(명)	1.8	1.5	1.5	②

*: 입원실 사용료 차액을 제외한 가격임.

[후생노동성 의정국 위탁(2020);의료시설 경영안정화추진사업 2018년도 병원경영관리지표별책' pp.1-4 중 샘플 수가 비교적 많은 일반 병원에 대해서 일부 발췌했다(각 수치는 그대로 게재). 다만 '해당하는 지표'는 저자가 추가했다.

경제학적으로는 당연한 결과가 되겠지만 흥미롭게도 간호사의 노동생산성의 경우는 가격인 수가 점수가 개정되면 종래와 같은 방법으로 같은 수준의 서비스를 생산한다고 하더라도 생산성이 높아지거나 낮아지거나 한다(예를 들면, 2-①-A 에서의 '가격'의 개정이 해당됨). 극단적인 예로 만약에 가산이 없어진다면 비용을 곱한 부분만이 남게 되어 생산성은 큰 폭으로 떨어질 수밖에 없다.

그렇다면 병원 측에서 생산성 향상을 위해 많은 노력을 해도 효과가 없지 않느냐고 반문할 수도 있겠지만 경영의 관점에서는 그렇지 않다. 2년에 한 번 수가 점수가 개정되는 환경에서 어떻게 시설을 존속시켜 나갈 것인가, 그러기 위해서는 정부에 의해 결정된 간호서비스의 가격을 바탕으로 간호사의 노동생산성을 유지하고 향상시키기 위해 노력하는 것이 절대적으로 필요하다.

|C| 간호서비스의 생산성을 판단하는 지표

여기서부터는 간호사가 직면하는 또 하나의 생산성, 간호서비스의 생산성에 대해서 생각해 보기로 하자. 간호서비스의 투입에 의해 생성되는 소비자 심신의 건강상태나 QOL의 유지·개선은 무엇으로 판단할 수 있을까?

1. 간호서비스의 생산성을 파악하는 방법

간호사의 노동생산성과는 달리 간호서비스의 생산성은 수가나 개호수가의 개정에 따른 영향을 직접적으로 받지 않는다. 어떠한 가격이 설정되더라도 가산의 유무와 상관없이 소비자의 건강상태나 QOL의 유지·향상에 필요한 간호서비스 그리고 그것을 생산하는 간호사의 기능에는 변화가 없기 때문이다[6].

카나이(金井)(2019)는 '간호의 생산성'에 대해서 일반적인 제품·서비스 산업과 비교해 다음과 같이 기술하고 있다. 일반 제조업이나 서비스업은 출발점이 제로(0)이지만 간호에서는 출발점이 제로(여기서는 '보통의 건강상태')가 아니라 마이너스(-)에서 시작한다. 예를 들어 환자가 보통의 일상생활로 돌아갈 수 있게 지원하는 것이 '간호케어(看護care)'[7]다. 또한 장애인의 경우는 일상생활이 유지될 수 있도록, 와상환자에게는 욕창이 생기지 않도록 지원하는 것이 '간호케어'다. 그리고 간호케어의 필요성이 발생하면 보통의 건강상태(제로)로부터 어느 정도 이탈되어 있는지, 그 괴리가 얼마만큼 빠른 속도로 회복이 가능한지 또는 현상유지가 가능한지를 평가할 필요가 있다[8].

이렇듯 소비자의 심신의 건강상태를 회복시키고 일상생활을 유지할 수 있도록 하기 위해 적절한 간호서비스가 필요한 만큼 투입되는 것이며(물론 다른 자원 및 서비스도 필요하지만) 그 투입 방법에 있어서는 원래 수가와 관계가 없다.

그렇다면 소비자의 건강상태나 QOL은 무엇을 근거로 개선되고 회복되었는지 또는 기능감소를 억제 시켰는지 말할 수 있을까. 이에 대해서는 경제학을 전공하는 저자보다도 간호직에 종사하는 분들이 더 잘 알고 있으리라 생각한다. 하지만 여기서는 경제학의 접근방법을 이용해 간호서비스의

---

6   ICT나 AI 등 생산기술의 변화가 있다면 상황은 달라진다. 예를 들어 ICT의 활용에 따라 업무의 인계나 컨퍼런스 시간의 단축이 가능하거나 혹은 환자를 돌보는 로봇을 도입하는 등 그만큼 노동력 투입을 줄이면서 간호서비스 질을 유지하고 향상 시킬 수 있는 가능성이 있다.

7   일본간호협회(2007)의 '개념적 정의'에 따르면 '간호케어란 주로 간호직의 행위를 본질적으로 다루려고 할 때에 사용되고 있는 간호의 전문적 서비스의 핵심 혹은 간호 업무나 간호 실천의 중심 부분을 나타내는 것을 말한다'고 해서 '케어', '케어링'과 동의어로 다뤄지고 있다(p.13에서 인용).

8   카나이(金井)(2019) pp.116-118를 참고했다. 거기에 더해 여기서는 간호에 있어서 '원조의 효과=일상생활이 가능한 것'으로 그것이 특별하게 인식되지 않기 때문에 객관적으로 성과를 제시하기 어려운 점을 지적하고 있다.

Outcome(생산량)의 지표를 가지고 파악해 보자.

2. 결과지표(Outcome Indicator)

간호의 'Outcome'을 비롯해 도나베디안(A. Donabedian)이 제시한 'Structure' 'Process'라는 3가지 측면에서 간호서비스의 질적 평가를 하고 있다. 후쿠이(福井)(2018)와 아키야마·사토(秋山·佐藤)(2019)는 이러한 측면을 다음과 같이 설명하고 있다.

Structure (의료의 구조): 시설, 의료기기, 의료진의 종류와 수
Process (의료의 과정): 실제로 시행되는 진료나 간호
Outcome (의료의 결과): 시행한 진료나 간호의 결과로써의 환자 건강상태

이와 같이 Outcome지표는 간호서비스의 생산성을 판단하는 지표로 당연히 적용 가능한 것으로 여겨지고 있다.

물론 소비자 심신의 건강상태나 QOL을 유지·향상시키기 위해서는 질 높은 간호서비스의 투입이 필요하다. 그러기 위한 Structure 및 Process의 각 평가와 개선은 간호서비스의 질을 좋게 하기 위해서 필수 불가결하다. 하지만 간호서비스의 생산성을 판단하고자 할 때에는 Outcome 지표를 이용하는 것이 적절하다. 소비자 입장에서 보면 '시설', '의료진 종류와 수', '실제로 시행되는 진료나 간호' 보다는 그 서비스에 의해 자신의 '건강상태'가 얼만큼 개선되었는가 라는 측면에서 일차적으로는 만족을 얻을 것이기 때문이다.

일본간호질평가개선기구 'Web판 간호케어의 질: 평가·개선시스템'에서는 '간호케어'의 질을 평가하는 Outcome 중에서 '환자만족도'를 들고 있다. 구체적으로는 다음의 6영역에서 만족도를 평가하고 있다.

① 환자사정: 간호사가 환자와 그 가족에게 관심을 가지고 환자의 상태를 파악하는 것.

② 내인력 제고: 환자가 가진 잠재력을 높이고 보다 나은 상태로 개선하는 것.

③ 가족과의 연대 강화: 가족으로써의 역할을 다 할 수 있도록 배려하며 독려한다.

④ 직접 케어: 환자의 개별성에 맞춘 케어로서 간호케어를 제공할 때의 판단과 실시, 평가가 적절하며 그 케어의 지속성이 유지되는 것.

⑤ 네트워크 형성: 간호사 간에 혹은 타 직종과도 연계할 수 있는 네트워크을 만든다. 그리고 그 연계를 지원한다.

⑥ 사고를 예방: 환자에게 있어서 안전한 환경을 갖추는 것 혹은 환자의 상태에 맞춰서 위험성을 주시해 가며 환자의 가능성을 최대한으로 활용하는 케어를 한다.

여기에 추가로 '사고의 발생 상황'(낙상, 욕창, 원내 감염, 투약 오류 발생건수)에 따라 Outcome을 평가하고 있다[9].

환자의 상태를 파악하며 가족도 배려하면서 개별성에 맞춘 적절한 케어가 지속적으로 제공되고 환자의 잠재능력을 높여 더 나은 상태로 호전되어 환자의 만족도가 높아질 때 그것은 간호서비스의 생산성을 높이는 것으로 파악될 수 있다. 또 사고 발생을 억제하고 환자의 가능성을 최대한으로 활용하려

---

9   2014년 2월에 '간호QI (Quality Improvement) 연구회'에서 법인화한 '일본간호질평가개선기구'는 지금까지의 연구성과를 계승해 본 시스템을 사용해 '간호 케어'의 질 평가나 피드백 사업 그리고 질에 관한 연구를 계속하고 있다. 본문도 포함해서 일본간호질평가개선기구 홈페이지(검색일 2020년 7월 6일) 또는 동 기구 '간호케어의 질 평가 개선시스템 매뉴얼 2019년도 버전' pp.1-6에서 인용 및 참고했다.

는 케어가 진행된다면 소비자의 건강상태 유지는 물론이거니와 심신의 기능 감소를 방지하게 되어 결과적으로 간호서비스의 생산성 향상에 기여한다고 할 수 있다.

일본간호협회의 '노동과 간호의 질 향상을 위한 데이터베이스(DiNQL) 사업'에 있어서도 Outcome으로써 '욕창,' '감염', '낙상', '투약 오류' 발생률 및 개선율이 평가되고 있다. 그리고 '환자정보'로 분류되는 항목 중 'ADL의 변화', 정신병동에서의 '정신증상의 평가'(입원시와 퇴원시 증상 변화에 대한 평가)나 '자기관리를 위한 케어'(약의 복용 등 자기관리 이행율), 퇴원율, 재입원율 등도 간호서비스의 생산성을 나타내고 있다[10].

|D| 두 가지 생산성 개선을 목표로 해야 하는 간호관리자

지금까지 열거한 두 가지 생산성의 차이를 인지하지 못한 채로 현재 수가제도에 근거해 '생산성을 높이고자'하는 일념으로 서비스를 제공한다면 조직의 운영 또는 환자의 간호에 지장을 초래할 가능성이 있다.

예를 들어 환자의 심신 상태를 개선하는 질 높은 간호를 제공하기 위해 간호사의 교육·연수의 확충이나 근무환경의 개선 및 인력 배치에 높은 비용을 들인 결과 간호서비스의 생산성은 높아졌지만 투입한 노동비용의 증가에 따라 이익이 감소해 조직운영의 악화를 초래하게 된다(간호사의 노동생산성 감소). 반대로 간호사의 노동력 투입은 바꾸지 않고 입원일수를 단축시켜 병상회전

---

10   일본간호협회 홈페이지 '간호실적정보' 내의 'DiNQL사업에 대해' 또는 '노동과 간호의 질 향상을 위한 데이터베이스(DiNQL) 사업 2019년도 데이터 항목' (검색일 2020년 7월 6일)을 참고, 일부 발췌했다.

율을 높인 결과 간호사의 노동생산성은 상승해 이익은 증가한다고 하더라도 환자에 맞춘 적절한 간호를 지속해서 제공하는 시간이 충분하지 않을 수 있다(간호서비스의 생산성 감소).

간호사의 노동생산성을 높여 이익을 확보하면서 생산된 간호서비스가 소비자의 심신의 건강상태나 QOL의 유지 개선에 얼마나 기여할 수 있을지 이 두 가지 생산성을 간호관리자는 잘 관리해야 한다.

하지만 두 가지 생산성의 차이를 염두에 두고 이것을 개선하기 위한 관리는 상당히 어려운 일임에 틀림이 없다.

[표3-1]의 경영지표 중에서 서비스의 생산량을 나타내는 '간호사 1명당 입원 환자 수' '간호사 1명당 외래 환자 수'를 예로 들어보자. 병원의 '의료 수익률'을 개선하기 위해서 타 병원보다 적었던 간호사 1명당 입원 환자 수나 외래 환자 수를 늘리고자 한 경우를 생각해 보자. 이러한 개선은 환자입장에서 보면 보다 많은 간호사로부터의 '세심한 간호'를 제공받기 어렵게 된다. 간호의 질을 평가하는 3가지 측면에서의 'Structure'에 해당하는 '의료진의 수'의 감소에 따른 Outcome의 감소, 즉 간호서비스의 생산성 감소로 이어질 수밖에 없다. 이러한 경우는 이외에도 많이 존재하고 있다[11].

간호사의 노동생산성과 간호서비스의 생산성이 상반되는 사례를 앞서 언급했듯이 두 가지 생산성의 차이를 이해하는 것도 중요하지만 이해한 이후에라도 그것을 어떻게 관리해야 하는지는 매우 어려운 과제임에 틀림이 없다. 간호사 특히 간호관리자는 이와 같은 어려운 과제에 직면해 있다.

---

11   예를 들어 Structure에서 자주 거론되는 다음과 같은 케이스이다. 즉 '경험연수가 긴 간호사의 비율'이 높아질수록 간호서비스의 생산성은 상승하지만 인건비가 그만큼 상승함으로써 간호사의 노동생산성은 감소된다.

|정리| 생산성 관리를 어렵게 하는 간호수가

제3장에서는 간호서비스와 간호사서비스의 차이를 정리하고 각각의 생산성과 이를 판단하기 위한 지표에 대해서 설명했다.

간호나 의료서비스의 경우 소비자인 환자와 그 가족들은 어떤 서비스를 선택해야 만족을 얻을 수 있을지 알기 어렵다. 어떤 간호를 받아야 자신의 건강상태가 개선되는지 혹은 악화되지 않는지에 대한 판단이 어렵고 그것은 고령이면서 치매를 앓는 경우라면 더욱더 그럴 것이다. 어떤 서비스를 소비해야 좋을까 소비자가 스스로 선택하기 어려운 '정보 비대칭성'이 존재하는 한 간호사는 어떤 간호를 제공하는 것이 환자의 건강 상태를 보다 좋게 할 수 있는지 간호서비스의 생산성을 생각해 볼 필요가 있다. 동시에 또 하나의 생산성 즉 자신의 관리부서나 시설이 보다 효과적인 운영이 되도록 간호사의 노동생산성을 높여 이익의 증가를 추구하지 않으면 안 된다. 이상은 간호관리자의 가장 중요한 역할 중 하나이다.

환자의 건강상태나 QOL을 유지 개선하는 간호를 제공함으로써 이익이 증가하는 경우도 있다. 즉 간호서비스의 생산성 향상이 간호사의 노동생산성 상승으로 이어지는 경우다. 이는 지금까지 설명한 내용과는 다소 상황이 다르다. 예를 들어 '욕창 고위험군 환자 케어 가산'이나 '감염 방지 대책 가산'과 같이 전문교육·연수 등 비용을 들여 수가의 가산 취득에 필요한 간호사 노동력을 투입하면서 간호의 Outcome인 '욕창', '(원내)감염'을 개선하고 예방해서 이익을 높일 수 있는 간호서비스도 있다[12].

하지만 지금의 수가제도는 환자에게 보다 나은 간호를 제공하는 것이 생

---

12 엄밀하게는 이러한 가산의 취득에 필요한 인정간호사나 전문간호사 등의 양성과 고용에 드는 비용을 초과해 수익의 증가가 발생한 경우 노동생산성은 상승했다고 말한다.

산자 측의 이익 증가로 이어진다고는 할 수 없다. 오히려 환자의 건강상태나 QOL이 보다 나아지도록 질 높은 서비스를 생산하고자 하는 시설일수록 이익을 얻기 어려운 구조로 되어 있다. 이렇듯 두 가지 생산성의 관리(매니지먼트)를 어렵게 하는 간호의 수가제도와 간호사 고용 문제에 대해서는 다음 장에서 다뤄 보기로 한다.

参고문헌

1) 秋山智弥・佐藤エキ子(2019). 質評価への情報の活用(第3章・論点6). 井部俊子監修・秋山智弥編:看護サービスの質管理(看護管理学習テキスト)第3版. 日本看護協会出版会.

2) 大島敏子監修・叶谷由佳編著(2017). ケースで学ぶ 看護の質を高めるデータ活用術. メディカ出版.

3) 金井Pak雅子(2018). 説き語り 看護経済学入門―エンパワーメントモデルへの招待. ライフサポート社.

4) 金井Pak雅子(2019). ヘルスケアにおけるサービス業の特徴(第5章・論点1). 井部俊子監修・金井Pak雅子編:経営資源管理論(看護管理学習テキスト)第3版. pp.109-117. 日本看護協会出版会.

5) 角田由佳(2019). 看護の生産性と看護師の生産性(看護×経済学‐経済学で読み解く看護サービスと医療政策④). 看護管理29(4):370―374.

6) 日本看護協会(2007). 看護にかかわる主要な用語の解説. 日本看護協会.

7) 日本看護協会編(2018). 看護に活かす基準・指針・ガイドライン集 2018. 日本看護協会出版会.

8) 福井次矢監修・聖路加国際病院QI委員会編(2018). Quality Indicator 2018 [医療の質]を測り改善する―聖路加国際病院の先端的試み. インターメディカ.

간호사의 기능 평가를 방해하는 메커니즘

수가제도의 구조가 초래하는 영향 1

4장

고령 환자의 간호, 타 시설과의 연계·조정 등 사무적 작업이 증가해 바쁜 중에도 어떻게든 시간을 알뜰하게 사용해서 원 내외 연수를 받고 자기계발에 힘쓰는 간호사들이 있다. 시간과 돈을 투자해 기능 향상을 도모하고 그 중에서는 인정간호사나 인정간호관리자 및 전문간호사 등의 자격인증을 목표로 하는 사람도 있다. 그렇게 양성된 기능을 활용해 환자를 간호하고 의료진 교육에도 힘쓰는 등 시설 경영에도 공헌한다. 하지만 그에 비해 급여가 오르지 않는 것은 왜일까?

근무처에서는 연수기간 중에 연수비용을 부담하거나 유급휴가로 처리하는 등 편의를 제공해 주기도 하지만 그렇다고 해도 연수 후 향상된 기능을 제대로 평가받기란 쉽지 않다.

제4장에서는 왜 간호사의 기능에 상응하는 평가가 되지 않는가? 바꾸어 표현하면 왜 간호사의 기능 수준에 부합하는 임금의 지불이 어려운가? 간호사의 노동생산성과 수가제도의 구조를 중심으로 그 원인을 규명해 보기로 한다.

|A| 수가제도는 어떤 구조로 되어 있을까

간호서비스를 생산하는 것과 간호사의 고용과도 밀접한 관련이 있는 수가, 그 지불방식을 이해하기 위해서 일본의 수가제도의 구조를 간단하게 살펴보자.

1. 일본의 수가 지불방식

일본에서는 공적의료보험제도를 바탕으로 병원 진료소 등의 보험의료기관에서 의료서비스가 생산되어 환자에게 제공되고 있다.[그림4-1]

의료서비스를 소비하는 환자(그리고 그 가족)는 '피보험자'로서 보험료를 납입(①)하고 일부 부담금(창구부담) 지불(②)에 의해 의료서비스를 구입(③)한다. 한편 병원·진료소 등의 '보험의료기관 등'은 수가 점수표(1점=10엔)에 근거해 계산한 비용액에서 환자의 일부 부담액을 제외한 금액을 '심사지불기관'을 통해

[그림4-1] 의료서비스와 의료비의 흐름

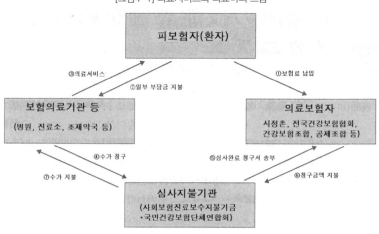

[독립행정법인 복지의료기구, WAM NET(검색일 2020년 8월 10일)에 의한 정보

'의료보험자'에게 청구(④ ⑤), 이것을 회수(⑥ ⑦)해 이 자금을 바탕으로 의료서비스를 생산한다(③). 한편 공적 개호보험제도에서도 동일한 흐름도를 그릴 수 있다. 다만 의료보험에서는 피보험자가 원하면 바로 보험의료기관으로부터 서비스를 구입할 수 있는 것(free access)에 반해 개호보험의 경우에는 보험자가 있는 시정촌 등에 신청해 '요개호인정'을 받지 않으면 '개호 서비스 사업자'로부터 서비스를 구입할 수 없다.

일본의 수가 지불방식으로는 '행위별' 방식과 '포괄' 방식으로 크게 나누어진다. 각 지불방식의 요점과 장·단점은 다음과 같이 정리할 수 있다.

① 행위별 수가 방식

행위별 수가 방식이란 의사를 비롯한 의료진의 행위나 검사·수술 등의 서비스를 세분화해 각 서비스에 가격을 책정해(점수화) 그 제공량에 따라 지불하는 방법이다.

행위별 수가 방식은 의학이나 의료기술의 진보에 대응하기 쉽고 또한 환자의 증상에 대응한 의료서비스가 제공될 수 있다는 장점이 있다. 의사를 비롯한 의료진 측이 시행하는 모든 행위가 원칙적으로 의료수가에서 보장되기 때문에 진단이나 치료 등을 시행할 때 의료진의 자유로운 판단으로 의료서비스를 생산할 수 있다.

하지만 단점으로는 의료서비스를 생산하면 할수록 의료시설의 수입도 증가하기 때문에 수입의 증가를 목표로 한 과잉진료의 원인이 된다는 지적도 받고 있다.

② 포괄 수가 방식

포괄 수가 방식은 서비스를 어느 정도 포괄해서 '1일'이나 '1질병' 등으로 일괄해 일정한 가격을 설정하는 방식이다.

포괄 수가 방식은 의료서비스 생산량과 관계없이 일정한 수가가 지불되기 때문에 행위별 수가제도의 단점과는 반대로 과잉진료를 억제할 수 있으며, 비용관리(cost management)에 대한 동기부여도 가능하다는 점을 장점으로 들 수 있다.

하지만 서비스 제공량과 관계없이 일정액의 수입이 의료시설에 들어가기 때문에 비용을 삭감해 이익[1]을 확보하기 위해 필요한 서비스를 생산하지 않는다거나 비용이 드는 환자는 다른 의료시설로 넘기는 등 환자 선택의 현상이 발생할 우려가 있다는 단점이 있다.

③ 진단군 분류별 포괄수가제도(DPC/PDPS_한국은 주로 DRG라고 표기)

행위별 수가와 포괄 수가의 방식을 합쳐서 급성기 입원환자의 의료서비스 가격을 설정해 놓은 것이 '진단군 분류별 포괄수가제도'(DPC/PDPS: Diagnosis Procedure Combination/Per-Diem Payment System)이다.

'진단군 분류'는 입원 기간 중 의료자원을 가장 많이 투입한 '질병명'과 입원 기간 중 제공된 수술 처치 화학요법 등의 '의료행위'의 조합에 의해 분류된다. 같은 질병이라도 중증도의 차이나 수술의 유무, 합병증의 유무, 입원 기간 등에 따라 분류되어 그 진단군 분류별 1일당 점수(포괄 평가부분)가 설정되어져 있다(입원 기본료, 검사, 투약 등). 여기에 개인차가 크고 포괄평가가 어려운 수술이나 마취, 방사선치료 등이 행위별 평가부분으로써 합산되어 입원환자의 의료서비스 가격이 정해지도록 되어있다. 실제로는 [그림4-2]와 같이 진단군 분류별로 1일당 점수에 재원 일수와 의료기관의 진료기능이나 역할 등

---

1   영리목적의 기업과는 달리 비영리기업(조직)인 의료시설은 이익(경제학에서는 '이윤'이란 용어를 사용한다. 수입에서 지출을 뺀 부분)배당을 청구하는 자(예를 들어 주식회사에서의 주주)가 없으며 이익을 외부에 배당하는 일은 없다. 따라서 의료시설은 시설 내부에서 수입과 지출을 일치(수지균형) 하도록 의료서비스를 생산한다. 하지만 예를 들어 간호부문에 올린 이익을 의료시설 경영자(출자자)의 소득으로 분배하는 경우도 수지균형의 한 형태가 되기 때문에 외부에서 보면 이익상승이 아닐 수 있다. 하지만 이 책에서는 이러한 경우도 이익을 올리는 것으로 간주하며 논의를 전개하고자 한다.

[그림4-2] DPC/PDPS

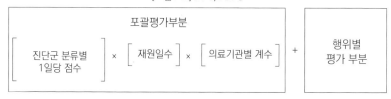

을 고려한 '의료기관별 계수'를 곱해 여기에 행위별 평가부분이 더해진다[2].

2020년도 수가개정 시의 질병군 분류 수는 4,557(질병명 수 502개)개이다. DPC 대응병원은 1,757시설(병상 수 48만 3,180개), DPC준비병원이 249시설(병상 수 2만 1,705개)이다(DPC 대상병원은 2020년 4월 시점)[3].

2. 수가 점수표의 구성

수가를 지불할 때 기준이 되는 '건강보험법 규정에 따른 요양에 필요한 비용액의 산정 방법'(통칭 '수가 점수표')은 2020년 현재 [표4-1]과 같은 체계로 되어있다.

'기본진료비'는 초진이나 재진 입원에 동반되는 서비스에 대해서 세분화하지 않고 일련의 서비스로 판단해 주로 1명 1일 단위로 정해서 지불하는 점수이다. 간호서비스의 대부분이 기본진료비의 '입원료 등'으로 점수가 설정되어 있다.

한편 '특정진료비'는 일련의 서비스로서 정리한 것이 아니라 각각의 행위별로 지불하는 것이 타당하다고 판단되는 서비스에 대해 설정된 점수이다.

---

2   의료 기관별 계수를 구성하는 4개의 계수를 비롯해서 DPC/PDPS의 구체적인 산정방법에 대해서는 후쿠이(福井)·사이토(齋藤)편 (2018) pp.126-143을 참고할 것.

3   2020년 질병군 분류 수 등은 후생노동성(2020) '2020년도 수가개정의 개요(DPC/PDPS)'(검색일 2020년 5월 7일)의 p.11에서 DPC대상병원 수 등은 후생노동성(2020) '중앙사회보험의료협의회 제462회 총회자료'(검색일 2020년 8월 27일)에서 발췌했다.

[표4-1] 수가 점수표 개요

기본진료비	특정진료비
·초진료	·의학관리 등
·재진료	·재택의료
·입원료 등	·검사
-입원기본료	·영상진단
-입원기본료 등 가산	·투약
-특정입원료	·주사
-단기체재수술기본료	·재활
	·정신과전문요법
	·처치
	·수술
	·마취
	·방사선치료
	·병리진단

특정진료비에는 '의학관리 등'이나 '재택의료'를 비롯한 총 13종류가 설정되어 있다.

또한 기본진료비와 특정진료비 외에 '개호노인보건시설 입소자에 관한 진료비' 그리고 산정기간이 있는 수가점수를 정리한 '경과조치'가 있다.

수가점수는 원칙적으로 2년에 한 번씩 개정되고 의료 기관의 수입과 지출상황을 조사한 뒤에 물가 및 임금의 동향 등 경제 전반의 지표나 보험재정 등을 종합적으로 감안해 중앙사회보험의료협의회(통칭 '중의협')[4]가 결정한다.

---

4   중의협은 건강보험 등의 보험자나 피보험자, 사업주 등 지불하는 측을 대표하는 위원 7명(1호 위원), 의사, 치과의사 및 약제사를 대표하는 의료진 측 위원 7명(2호 위원), 공익을 대표하는 학식 경험자의 위원 6명(3호 위원)으로 총 20명으로 구성되고 별도로 전문위원이 10명까지 임명된다. 2006년도 수가개정에서 처음으로 간호 대표자로 일본간호협회에서 1명의 전문위원으로 임명되어 현재까지 이르고 있다.

|B| 간호서비스 생산 관련 수가 구조

그렇다면 간호서비스의 생산에 대한 수가의 구조에 대해서 2018년도 2020년도의 수가개정을 참고해 가며 '입원기본료'를 중심으로 살펴보자.

1. 간호서비스 생산의 대가로서 입원기본료의 지불방법

우선 2000년 이후 간호서비스 생산에 대한 수가가 어떻게 바뀌어 왔는지 간단하게 정리해 보자.

① '간호료'에서 '입원기본료'로

입원환자에게 제공되는 간호서비스에 대해 지불되던 '간호료'는 2000년 수가개정에 의해 그 이전까지의 '입원환경료'와 '입원시 의학관리료'를 합해 '입원기본료'로 바뀌었다.

하지만 그 수가 지불방법은 '입원기본료1'에서는 입원환자 2명에 대해 간호사 1명을 배치, '입원기본료2'에서는 입원환자 2.5명에 대해 간호사 1명의 배치라는 각각의 수가마다 간호 직원의 인원 수를 규정하는 등 간호료와 동일한 구성으로 되어있었다. 그리고 간호 직원에서 차지하는 간호사의 비율과 환자의 입원 기간에 따라 수가 점수가 변동하는 점도 동일하다[5]. 입원기본료와 별도로 '야간근무 등 간호가산'이나 '영유아가산' 등 수가점수의 가산이 마련되어 있는 것도 종래와 동일하다.

그 후 2003년에 특정기능병원[6]에 진단군분류별포괄지불제도의 도입,

---

5   하지만 '노인병동'과 '유상(有床)진료소'에 관해서는 간호사 비율에 따른 변동은 없었다.

6   역자주 특정기능병원이란 고도의 의료를 제공하며 고도의 의료기술을 개발 및 연수를 실시할 수 있는 능력을 가진 병원으로써 제2차 의료법 개정에 따라 1993년부터 제도화되었다. 주로 대학병원이 해당되며 2021년 현재 전국에 87개 의료기관이 승인되어 있다.

2004년에는 간호사의 배치에 따라 증설한 'high care unit 입원의료관리비', '아급성기 입원의료관리비'의 도입이 시행되었다.

② 간호 직원 배치의 증가와 '간호 필요도' 도입

2006년도 수가개정에서는 간호 직원의 배치 기준을 높이는 쪽으로 입원기본료가 전면적으로 바뀌고 또 입원환자에 대한 간호 직원 수의 표기가 종래의 고용인원 수에서 실제로 배치된 인원 수로 변경되었다.

새로운 배치 기준인 '7대 1 입원기본료'는 과거 배치 기준에서의 '입원환자 1.4명에 대한 (고용한)간호 직원 1명 배치'에 상응하고 일반병동 외에 '결핵병동' 그리고 '특정기능병원'과 '전문병원'에 설정되었다.

한편 종래 기준 '입원환자 2명에 대한 간호 직원 1명'에 상응하는 '10대 1 입원기본료'가 설정된 곳이 '정신병동'이나 '장애인시설' 등이다. '요양병동 입원기본료'에 대해서는 입원환자의 질환이나 필요한 의료 처치 ADL(Activities of Daily Living: 일상생활동작)의 상태에 따라 구분되어 수가가 지불된다.

간호 직원에서 차지하는 간호사의 비율도 규정되어 '7대 1 입원기본료', '10대 1 입원기본료', '13대 1 입원기본료'에서는 간호사 비율이 70% 이상이 되었다. '15대 1 입원기본료'와 '결핵병동'이나 '정신병동'에 설정된 '18대 1 입원기본료' 그리고 '20대 1 입원기본료'에서는 간호사 비율이 40% 이상으로 규정되었다. 이와 함께 평균재원일수도 규정되었으며 입원 기간이 단축되면 수가가 가산되는 방식은 종래와 같다.

급성기병원의 입원환자에게 더 많은 간호 직원을 배치해 서비스를 제공하도록 한 것이 '7대 1 입원기본료'이지만 급성기병원이 아님에도 수가를 취득하고 있는 문제가 있어 2008년도 수가개정 시에 '간호필요도'의 요건이 도입된다. 이에 따르면 중증환자가 일정비율 이상 입원한 병원만이 '7대 1 입원기본료'를 산정할 수 있도록 되었으며 2014년 개정 시에는 '중증도 의료·간

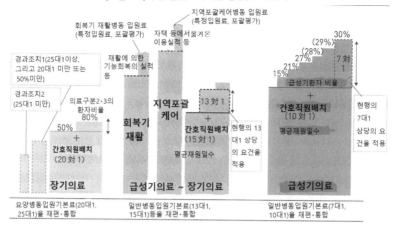

[그림4-3] 주된 입원료의 재편·통합(2018년도)

*1: 특정기능병원, 전문 병원, 정신병동, 결핵병동, 장애인시설 등 기타 특정입원료 등에 대해서는 특정 기능이나 대상환자를 상정한 입원료이기 때문에 위의 그림에는 포함되지 않았다.
*2: 급성기일반입원료2(29%), 급성기일반입원료3(28%)의 급성기에서의 환자 비율은 허가병상수 200개 미만의 일반병동, 7대1 입원기본료 병동에 대해 경과조치 있음.
(후생노동성 보험국 의료과 '2018년도 수가개정의 개요 의과1' (검색일 2020년 1월 8일)

호 필요도'로 명칭이 바뀌게 된다. 이때 실시된 필요도 항목은 2020년 개정 때까지 계속되었으며 환자의 상태 등에 따른 필요도(소위 'B항목')의 평가방법 또한 2020년도 개정 때 변경된다.

③ 2018년도 수가개정에 따른 입원기본료 등의 재편·통합과 2020년도 개정

병원의 기능분화와 환자의 상태에 맞춰 입원의료를 평가하기 위해 입원료를 재편·통합한 것이 2018년도 수가개정이다. 종전의 입원환자에 대한 간호직원 배치 인원 수는 의료의 기본적인 평가부분으로써 여기에 '중증도 의료·간호 필요도' 등에 의한 입원환자의 증상이나 재택의료·개호와의 연계 등 '진료실적'에 따라 평가되는 부분이 [그림4-3]과 같이 짜이게 되었다.

종래의 일반병동 입원기본료 7대1과 10대1은 '급성기 일반입원기본료'로 재편되어 간호 직원의 배치를 평가하는 기초로 두고 '중중도 의료·간호 필요도'의 해당 환자 비율에 따라 단계적으로 수가점수가 결정되는 방식이다. 또한 일반병동 입원기본료 13대1과 15대1은 '지역일반 입원기본료'로서 간호 직원의 배치 인원 수나 간호사가 차지하는 비율 등으로 수가점수가 결정된다.

지역일반 입원기본료와 마찬가지로 13대1의 간호 직원배치를 기초로 해 재활전문직의 배치를 규정하고 있는 것이 2014년도의 수가개정 때에 신설된 '지역포괄케어병동'의 입원료이며 '회복기재활병동' 입원료의 경우는 15대1 이상의 간호 직원 배치로 된다. 후자의 병동에는 보다 많은 재활전문직이 배치되어 기능적자립도평가법(FIM: Functional Independence Measure)에 따른 실적도 포함되어 있다.

요양병동 입원기본료에 대해서는 경과조치를 설정하고 20대1의 간호 직원배치를 기초로 하게 되었다.

2020년도 수가개정에서는 입원료 취득에 있어서 더욱더 높은 진료실적을 요구하게 되었다. 예를 들어 [그림4-3]에서 나타내고 있는 일반병동 입원기본료의 급성기 환자 비율이 증가하고(경과조치 있음) 지역포괄케어병동 입원료에서는 자택이나 요양시설, 개호보험시설 등에서 옮겨온 환자 비율이 증가했다[7].

2. 간호사의 기능을 규정하지 않는 수가

2006년도의 수가개정에서는 입원기본료에 대해 간호 직원 배치 인원 수를 늘리고 실제로 배치되고 있는 인원 수를 표기하도록 바뀌었다. 그리고 소

---

[7] 지역포괄케어병동 입원료에서는 허가병상 400개 이상의 병원에 대해서 병원내 일반병동에서 옮겨온 환자 비율을 60% 미만으로 하는 등 다른 입원료도 포함해 다양한 진료 실적의 수정이 있었다. 자세한 내용은 후생노동성 보험국의료과 '2020년도 수가개정의 개요(입원의료)' 2020년 3월 5일판(검색일 2020년 5월 8일)을 참조.

비자인 입원환자 또는 그 가족이 볼 때 간호서비스가 납득할 수 있는 수준으로 제공될 수 있도록 입원환자의 증상이나 간호필요도에 따라 각 근무시간대별로 간호 직원을 배치하는 것이 가능해졌다.

하지만 간호사 고용이라는 관점에서 본다면 간호사의 고용인원 수가 배치 기준에 의해 제약을 받는 것에는 변함이 없고 지식이나 기술 경험이라고 하는 기능을 겸비한 간호사를 얼마나 배치하는지에 대해서는 규정되지 않았다. 이 점은 앞의 '1 간호서비스 생산의 대가로서의 입원기본료의 지불방법'에서 설명한 지역포괄케어병동 입원료, 회복기 재활병동 입원료 그리고 집중치료실(HCU:high care unit) 입원의료관리료라는 특정입원료에 있어서도 마찬가지이다[8]. 간호서비스 생산에 들어가는 수가 중에서 간호사의 기능에 관한 규정이라고 볼 수 있는 것은 '완화케어진료가산'이나 '욕창고위험환자케어가산', '치매케어가산' 등 '입원기본료 등 가산'의 일부에서 보여지고 있을 뿐이다.

즉 입원기본료를 비롯해 간호서비스의 생산에 대한 수가는 예를 들어 베테랑 간호사가 질 높은 간호서비스를 생산해도, 신규졸업의 미숙한 간호사가 질 낮은 간호서비스를 생산해도 동일한 간호사 1명당 노동력 투입에 의한 것으로 간주되기 때문에 동일한 금액의 수가가 지불된다. 이와 같은 상황에서 의료시설이 이익을 높이고자 한다면 취할 수 있는 행동은 명백하다. 즉 인건비가 낮은 간호사를 고용해 일정한 수가를 얻는 것이다. 기능이 높은 간호사의 고용에 대해서는 그 배치에 따라 가산을 얻거나 '진료실적'을 높이는 등 이익의 증가가 예상되는 경우에만 검토하게 될 것이다.

---

8   다만 '특정집중치료실관리료'(1·2)에 대해서는 2018년도의 수가개정에 따라 '집중치료를 필요로 하는 환자 간호에 종사한 경험 5년 이상 적절한 연수의 수료'라는 기능요건이 설정되어 있다.

|C| 간호사의 기능을 무시한 수가와 이익을 높이는 경영: 생산성 관리의 어려움

간호사의 기능을 고려하지 않는 수가는 병원경영에 어떤 영향을 미칠까? 일반적인 제품·서비스를 생산하는 경우와 비교해 생각해 보자.

① 일반적인 제품·서비스를 생산하는 경우

인건비가 비교적 저렴한 노동자라고 하면 흔히 사회보험료의 기업 부담을 절약할 수 있는 비정규직 그리고 신졸 등 학교교육을 갓 졸업한 노동자일 것이다. 하지만 기업에 필요한 기능을 충분히 습득하지 못한 노동자를 그대로 생산 및 서비스 현장에 투입한다면 설령 비용(인건비)은 절감할 수 있더라도 이로 인해 생산되는 제품·서비스의 품질이 감소 되어 소비자의 선택을 받지 못하게 된다. 결과적으로 사업은 존속하기 힘들게 된다.

따라서 일반적인 제품·서비스의 경우에는 소비자가 구입할 만큼 품질을 향상시켜야 하며 그러기 위해서는 기능을 겸비한 노동자를 투입하는 것과 함께 신졸(원문) 등의 노동자에게는 충분한 교육과 연수를 받게 해 기능을 양성해 나가지 않으면 안 된다[9].

② 간호서비스를 생산하는 경우: 정보 비대칭성의 존재

그러나 간호서비스의 경우는 제1장에서 설명했듯이 정보 비대칭성을 가지고 있다. 따라서 소비자 입장에서 서비스의 질이 감소한다든지 혹은 그 서비스가 자신의 건강상태나 QOL에 얼마만큼의 영향을 주고 있는지를 모르는 경우는 어떻게 해야 할까? 예를 들어 생산자 측이 인건비를 줄이기 위해 기능을 겸비한 간호사를 충분하게 투입하지 않더라도 소비자는 그것을 알아채지

---

9   다만 제품 제조에서 보여지듯이 자동화(automation)나 로봇의 투입 등 설비투자의 증대에 따라 전문적 기능을 겸비하지 못한 노동자라도 생산에 종사할 수 있게는 되었다.

못하고 구입할 것이다. 설령 알았다고 하더라도 의료서비스를 제공하는 시설 수가 적은 지역이라면 소비자는 다른 시설을 선택할 수 없기 때문에 낮은 수준의 서비스라도 구입할 수밖에 없을 것이다. 또한 의료보험에 의해 직접 구입하는 가격([그림4-1]의 ②일부 부담금의 지불)이 실제의 간호·의료서비스의 생산 비용보다도 낮다는 점에서 볼 때 질 낮은 서비스일지라도 수용할지도 모른다.

어떤 병원의 어떤 의사에게 진료받을지에 대해서는 정보 비대칭성이 존재하는 중에도 입소문이나 댓글, 평판 또는 병원랭킹에 관련된 서적 등을 참고로 해 소비자가 판단해서 선택하기도 한다[10]. 하지만 어떤 병원의 어떤 간호사에게 간호를 받을지에 대해서는 정보 비대칭성을 보완해 줄 만한 수단이 약하기 때문에 소비자는 어떤 간호서비스라도 구입하게 된다.

③ 기능이 낮은 간호사를 배치할수록 이익은 증가

간호에 대해 지불되는 입원기본료 등 간호서비스의 수가는 기본적으로 간호사의 배치 인원 수 즉 서비스 생산에 투입되는 노동자의 인원 수에 따라 결정되며 간호사의 기능은 고려되지 않는다. 신졸자 혹은 중견이나 베테랑까지 누구라도 똑같이 간호사 1명으로 같은 금액의 수가가 지불된다. 따라서 병원 경영 측에서 보면 신졸자와 같이 기능이 낮으면서 임금도 낮은 간호사를 투입해 비용을 절감할 수 있으며 품질이 낮은 서비스일지라도 정해진 가격으로 소비자가 구입해 주기 때문에 이익을 높일 수 있다.

바꿔 말하면 양질의 서비스를 생산하기 위해서 기능이 높은 간호사를 높은 임금으로 고용한다든지, 기능을 양성시키고자 교육이나 연수에 비용이 들

---

10 간호사와 마찬가지로 의사 또한 수가제도 상에 기능에 관한 규정은 없다. 하지만 서비스 구입처인 의료시설을 소비자가 선택을 할 때는 의사를 보고 결정한다는 점에서 차이가 있다. 따라서 간호사와 의사는 고용에 있어서는 이론적으로 다르게 전개된다. 예를 들어 유능한 의사인 경우에는 소비자를 많이 획득할 수 있어 병원 수익을 증대시키기 때문에 병원경영자는 이직하지 못하도록 높은 임금을 지불하고자 할 것이지만 간호사의 경우 그렇지 못하다. 이 부분에 대해서는 본문에서 자세히 설명하도록 한다.

수록 같은 금액의 수가에서는 이익은 줄어들 수밖에 없다. 그 결과 간호사의 노동생산성은 낮아진다.(제3장에서 설명했듯이 '간호생산성'은 증가한 반면 '간호사의 생산성'은 감소하게 된 경우이다.)

이와 같은 상황에서 병원 측이 이익을 올리고 싶다고 한다면 간호서비스의 질은 떨어질 수밖에 없다. 하지만 문제는 그것뿐만이 아니다. 간호사의 고용에도 영향을 주게 된다.

|D| 기능이 높은 간호사일수록 임금으로 평가받기 어려움

입원기본료를 비롯해 간호서비스 생산과 관련된 수가의 결정구조는 간호서비스와 함께 의료서비스의 질 감소뿐만 아니라 간호사 고용에도 영향을 미친다. 이에 간호서비스 생산과 관련된 수가의 결정구조에 의해 의료시설은 간호사의 고용에 대해 어떤 행동을 취하는지 살펴보자.

1. 높은 기능을 가진 간호사의 수요와 임금의 관계

현재의 수가제도에서는 간호서비스 생산에 있어서 간호사가 가지고 있는 기능수준과는 상관없이 동일한 수가를 지불한다. 따라서 병원 경영 측이 이익을 높이고자 할 때 우선은 신졸 간호사 등 임금이 낮은 간호사를 채용하려는 것은 쉽게 상상이 되며 실제로도 일어나는 일이다. 한편 높은 기능에 임금도 높은 간호사는 설령 양질의 간호를 제공할 수 있고 교육을 담당할지라도 동일한 수가에서는 이익이 줄어들기 때문에 높은 임금으로 채용하는 것을 가능한 억제 하고 싶어 할 것이다. 이때 [그림4-4]가 나타내고

[그림4-4] 노동시장에서의 수요와 공급

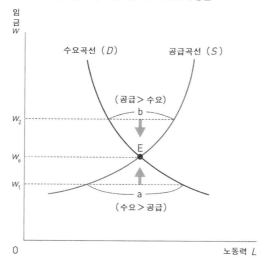

있듯이 노동력이 거래되는 '노동시장'에서는 노동력을 공급하고자 하는 간호사(공급 측)와 그것을 필요로 하는 병원(수요 측)과의 사이에 다음과 같은 관계가 성립한다. [그림4-4]는 제1장의 [그림 1-2](수요와 공급)를 그대로 노동력에 적용한 것이다.

여기서는 일반적인 제품·서비스시장과 마찬가지로 노동력의 가격인 '임금(w)'이 높아질수록 일하고자 하는 간호사는 늘어난다(즉 임금 상승에 의해 노동력 공급이 증가한다. 우상향 공급곡선). 반면 높은 임금을 지불하면서까지 고용하고자 하는 병원은 줄어든다(즉 임금 상승에 의해 노동력 수요는 감소한다. 우하향 수요곡선)는 것을 나타내고 있다. 노동력의 공급과 수요가 일치하는 E점이 시장의 균형상태이다('자원배분의 효율성'의 실현).

[그림4-4]에서 병원 측이 신졸 간호사 등을 보다 많이 채용하고 싶다고 하는 것은 a부분으로 표시할 수 있다. 즉 노동력의 가격인 임금(w)이 낮고 게다가 이익을 높일 수 있는 간호사(노동력)를 채용하고자 생각하는 병원은 수없

이 많기 때문에 노동력의 공급을 웃도는 수요가 발생한다. 즉 노동력의 '부족' 현상이 나타난다(초과수요). 이때 노동력을 획득하기 위한 병원 간의 경쟁이 발생해 위쪽으로 향한 화살표와 같이 임금은 상승하게 된다.

한편 임금이 높고(w_2) 현재의 수가제도하에서는 이익을 올릴 수 없는 고기능 간호사의 노동력은 그림의 b부분과 같이 병원의 수요가 줄어 공급 쪽이 과잉상태가 된다(초과공급). 공급보다도 수요가 부족한 상황에서 기능이 높은 간호사의 노동력이 공급되도록 즉 이·퇴직 하지 않고 일할 수 있게 하려면 어떻게 해야 좋을까? 그것은 희망하는 임금을 w_2보다 낮춰서 노동력을 공급하는 것이다. 고기능 간호사의 임금이 낮아질수록 고용하고자 하는 병원은 늘어나게 되어 노동력의 수요가 증가한다.

2. 실제 간호사 임금

가격(이 경우 임금)의 변동에 따라 수요와 공급이 조정되는 시장 메커니즘이 간호사의 현 상황에서도 적용된다. 이를 파악한 것이 [그림4-5]다.

이 그림은 다음 식에서 표시한 것과 같이 간호사의 임금에 대해 야근수당이나 초과근무 수당, 연간 상여금 등도 포함해 1시간당으로 환산해서 교육연수가 비슷해 비교하기 쉬운 대상인 대졸 여성노동자와 비교한 것이다.

$$임금 = \frac{[정하여 지급하는 현금급여액(월)] + [(년간상여급 기타 특별급여액)/12]}{[소정내 실노동시간수(월)] + [초과 실노동시간수(월)]}$$

다른 노동자와 비교해 간호사의 임금은 완만하게 증가하고 있음을 앞에서 살펴보았다. 실제로 [그림4-5]를 보면 간호사의 임금은 대졸여성 노동자와 비교해서 완만한 곡선(연령-임금 프로파일)을 그리고 있고 연령 증가에 따라 임금의 상승폭이 그다지 크지 않다. 특히 주목할 내용은 젊은 연령층의 간호사는

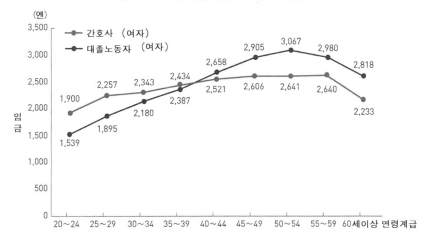

[그림4-5] 간호사의 연령계층별 임금(2017년, 1시간당*)

(엔)

- 간호사 (여자)
- 대졸노동자 (여자)

임금

간호사: 1,900 / 2,257 / 2,343 / 2,434 / 2,521 / 2,606 / 2,641 / 2,640 / 2,233

대졸노동자: 1,539 / 1,895 / 2,180 / 2,387 / 2,658 / 2,905 / 3,067 / 2,980 / 2,818

20~24 25~29 30~34 35~39 40~44 45~49 50~54 55~59 60세이상 연령계급

*: 60세 이상의 임금에 대해서는 60~64세, 65~69세, 70세 이상의 각 노동자의 임금에 각 연령계
층별 조사인원 수(2017년 조사 시점)에 가중치를 주고 평균임금을 산출했다
(후생노동성(2018) '2018년 임금구조기본통계조사' 제1권·제3권 후생노동성(2019) '2019년 임
금구조기본통계조사' 제1권·제3권을 바탕으로 산출 작성. 조사 시점을 조정하기 위해 '연간상여
그 외 특별급여'만 후자를 채택했다)

대졸 여성 노동자보다도 꽤 높은 임금을 받고 있지만 30대 후반 이후로는 역
전되어 낮은 임금에 머물고 있다는 점이다. 이는 간호사 임금의 상승폭이 완
만하기 때문에 나타나는 역전현상이다[11].

　이상에서 관찰한 사실은 연령이 낮아 기능의 축적이 적은 간호사에 대해
서는 노동수요가 증가하기 때문에 임금이 상승하는 한편 연령이 높아 기능의
축적이 큰 간호사에 대해서는 노동수요가 감소하기 때문에 임금이 감소하고
있는 것으로 해석할 수 있다.

11　연령계층별로 임금의 비교분석이 가능한 자료로 이 외에도 인사원(人事院) '민간급여실태조사
(매년)가 있다. 이 자료에서는 수간호사나 부장 등의 직위별 임금도 조사되어 있어 유용하다. 하지
만 이 조사에서는 연간 상여금이 조사되지 않아 이 책에서는 전체적으로 임금을 분석할 때는 후생
노동성 '임금구조기본통계조사'를 이용하고 있다.

간호사의 경우 기능을 향상시키고자 스스로 교육투자를 한다고 하더라도 그에 상응한 임금인상은 기대하기가 어렵다. 경제이론상으로 평가해 볼 때 자기계발을 위한 투자비용을 임금액의 상승분으로 회수할 수 없다면 간호사는 자기계발을 위한 투자를 하지 않는 것이 합리적인 행동이 된다. 결국 간호사가 스스로 기능을 높이고자 하는 인센티브는 현재의 수가제도에서는 기대하기가 힘들다. 현재의 제도적 상황 하에서 기능향상을 도모한다고 하면 그 비용은 간호사 자신이 부담하지 않으면 안 된다.

의료시설뿐만 아니라 개호보험시설에서도 마찬가지다. 즉 간호 직원의 기능 수준과 관계없이 그 인원 수에 따라 개호수가가 결정되고 있는 구조다.

또 다른 문제도 있다.

3. 임금 이외의 노동 조건, 교육기회에 대한 영향

간호사를 고용하는 병원의 입장에서 보면 간호사가 장기간 근무해 경험을 쌓고 기능을 높여도 현행의 수가제도에서는 금전상의 메리트가 없다. 근속에 따라 임금액을 올리고 싶어도 동일한 수가금액 하에서는 이익의 감소로 이어지기 때문이다.

따라서 병원 측에서 볼 때 간호사가 장기간 근무하도록 노동 조건이나 환경을 정비하는 인센티브는 작동하기 어렵다. 일반기업에서는 기능이 높은 노동자를 양성하기 위해 사내교육·연수를 시행하는 금전적 메리트가 존재한다. 그러나 병원의 경우는 기능이 높은 간호사에 의한 질 높은 간호서비스가 병원 수입의 증가로 이어지지 않는 수가제도의 구조적 문제 때문에 그러한 메리트가 존재하지 않는다.

하지만 예외도 있다. 예를 들어 특정기능병원이나 전문병원과 같이 특정 질환을 가진 환자에 대해서 고도의 전문적인 의료나 간호의 제공이 필요할 경우 그에 따라 의료 관계자들도 높은 수준의 특수한 기능을 겸비해야 할 필요가 있는 경우다. 이때 특수한 기능을 양성하기 위한 원내교육·연수 혹은 경험이 필요하게 될 것이다. 가령 그러한 특수한 기능이 없는 근무를 시작한 지 얼마 되지 않은 신졸 간호사나 중도채용의 간호사라면 의료사고의 발생 등 서비스 생산에 있어서 큰 지장을 초래할 수 있다. 따라서 병원 경영 측은 신졸 등 특수한 기능의 축적이 없는 간호사를 채용함으로 발생되는 교육·연수비의 지출과 기능을 겸비한 간호사가 장기간 근속할 수 있도록 노동 조건·환경을 정비하는 데 들어가는 비용 및 임금의 증가분을 비교해 고용을 결정하게 된다.

또한 이러한 경우 특수한 기능을 습득하기 위한 교육비용을 병원 측이 부담하게 된다. 왜냐하면 특수기능습득을 위한 교육비용을 간호사가 부담하도록 한다면 간호사 입장에서는 이러한 교육비용을 부담할 필요가 없는 일반병원에 취직하는 것이 합리적이기 때문이다[12].

간호사 노동력이 부족한 상황에서 채용에 따른 비용이 많이 든다면 간호사가 계속해서 일할 수 있도록 노동 조건이나 환경이 정비될 것이다. 인력부족의 상황에서는 임금의 인상은 말할 것도 없고 모집광고나 설명회의 개최, 파견회사의 이용 등 간호사를 채용하기 위해 많은 비용이 발생한다. 이때에는 일·가정 양립 시책[13] 등 계속해서 일하기 쉬운 조건·환경을 정비하는 편이 비용의 절감 그리고 이익의 확보로 이어질 가능성이 있다.

---

12   D-2, 3에서 기술한 기능을 높이기 위한 교육(투자)비용의 부담 방법이나 임금과의 관계에 대해 상세한 내용은 제8장에서 설명하겠다.

13   간호사의 일 · 가정 양립 시책에 대해서는 제10장에서 자세히 설명하겠다.

|E| 수가가산은 기능이 높은 간호사의 평가로 이어지는가

현재의 수가제도에서는 기능이 높은 간호사에게 그에 상응한 높은 임금을 지불하거나 기능을 양성하기 위한 교육·연수에 필요한 비용을 투입하거나 계속 일할 수 있는 환경을 정비하는 병원일수록 이익이 감소되기 쉽다. 반면 기능이 높은 간호사를 고용함으로써 입퇴원 지원을 한다든지, 필요도가 높은 입원환자를 보다 많이 간호함으로써 '진료실적'을 높여 병원이익을 늘릴 수 있다. 한편 수가의 가산제도는 기능이 높은 간호사의 수요를 증가시키는 효과가 있다. 예를 들어 '욕창·고위험환자 케어가산'등 특정한 기능을 겸비한 간호사를 배치해서 얻을 수 있는 가산의 취득·수익 증가를 목표로 필요한 기능 양성에 비용을 들이는 병원도 있을 것이다. 즉 'B-2 간호사의 기능을 규정하지 않는 수가'의 마지막 부분에서 밝혔듯이 기능이 높은 간호사의 배치에 따라 수가의 가산을 얻거나 '진료실적'을 높이는 등 이익 증가가 예상되는 경우도 있다. 이러한 경우는 제3장에서 설명한 노동력의 추가투입을 웃도는 산출액의 증가라는 노동생산성 상승에 해당한다.

기능이 높은 간호사가 배치되기 위해서는 그 노동력 투입에 의해 얼마만큼의 진료실적을 높일 수 있는지 검증할 필요가 있으며 투입에 따른 추가적 비용을 초과하는 수익의 증가가 있는지 분석하지 않으면 안 된다.

그러나 그렇게 함으로써 간호사의 노동생산성이 상승하고 병원의 수익이 증가한다고 하더라도 기능이 높은 간호사의 임금 상승으로 연결된다고 말할 수는 없다. 그것이 [그림4-5]에서 나타난 실태다. 간호사의 입장에서 보면 자기계발을 위해 투자해 기능을 높여도 수요는 감소하기 때문에 기능 수준보다 낮은 임금을 받아들일 수밖에 없다. 현실은 기능을 높이고자 하는 인센티브가 작동하지 않는 제도하에 있기 때문이다.

기능이 높은 간호사가 그에 상응하는 임금을 받지 못한다면 지금의 근무처를 그만두고 높은 기능에 상응하는 높은 임금의 직장으로 옮기면 되지 않을까? 이렇게 생각할 수도 있을 것이다. 병원 등 시설 수가 많은 도시라면 가능할 수도 있다.

하지만 병원 등 시설 수가 적은 지방에서는 현재의 근무처를 그만두고 옮기고 싶어도 다른 병원을 찾기 어렵다. 게다가 여성이 대부분을 차지하는 간호사 특히 경험을 쌓아 기능수준이 높은 간호사는 연령적으로 남편이나 자녀가 있기 때문에 좋은 조건의 병원으로 가족과 떨어져 혼자 일하거나 혹은 가족 모두 함께 근무지로 이사한다는 것은 현실적으로 어렵다. 이와 같이 가족이 있어 노동이동이 어렵다는 점과 기능 수준과 맞지 않는 낮은 임금이 지불된다는 점 등 불완전한 노동시장(즉 수요독점시장)이 형성되기 쉽다. 따라서 기능이 높은 간호사의 노동력은 점점 더 평가되기 어렵게 되는 것이다[14].

|정리| 노동생산성과 기능 평가와의 괴리

입원기본료를 비롯한 간호서비스 생산에 대한 수가는 기본적으로 간호사가 가진 기능과는 관계없이 배치되는 인원 수로 규정되고 있다. 따라서 의료시설은 정보 비대칭성의 존재 그리고 환자의 낮은 자기부담 등으로 인해 소비자가 질 낮은 간호서비스를 구입하는 한 기능이 낮은 간호사를 배치해 인건비를 낮추면서 정해진 수가를 받으며 이익을 얻는 것이 가능해진다.

---

14   간호사 노동력에 형성되는 수요독점시장에 대해서는 제6장에서 자세히 설명한다.

바꿔 말하면 소비자 심신의 건강상태와 QOL의 개선 즉 간호서비스의 생산성을 높이기 위해 보다 질 높은 서비스를 생산하고자 교육·연수를 비롯해 노동력 투입에 비용을 들이는 의료시설일수록 간호사의 노동생산성은 떨어질 수도 있다.

간호사의 기능을 향상시켜 고품질의 간호 의료서비스를 생산함과 동시에 '완화케어진료가산'을 비롯한 가산 수입과 진료실적이 높아짐으로써 이익이 증가해 노동생산성이 상승하는 의료시설도 많이 있다. 하지만 여기서 얻어지는 수익이 간호사의 기능 평가 즉 기능수준에 상응하는 임금지불로 이어진다고는 볼 수 없다는 것을 이 장에서 설명했다.

간호서비스에 대한 수가 지불이 미치는 영향은 이것뿐만이 아니다. 다음 장에서는 현재의 수가제도 상에서 간호사가 왜 타 직종의 업무도 맡아서 하게 되는지 그 메커니즘과 실태에 대해서 분석하고자 한다.

참고문헌

1)奥村元子(2006).2006年診療報酬改定による看護管理への影響と課題. 看護管理 16(6):439-456.

2)小池智子(2006). 看護職員配置「1.4対1」新設のインパクト. 看護展望31(6):647-652.

3)高階恵美子(2006).診療報酬改定項目の意図(インタビュー:聞き手　奥村元子). 看護管理16(6):433-438.

4)角田由佳(1998).コストを反映しない「看護料」の先にあるものは?―経済学による 検討. 日本看護管理学会誌 2(1):16-18.

5)角田由佳(2019). 看護師の技能評価を難しくする診療報酬の仕組み(看護×経 済学―経済学で読み解く看護サービスと医療政策⑤). 看護管理29(5):468―472.

6)福井トシ子・齋藤訓子編(2018).診療報酬・介護報酬のしくみと考え方―改訂の意 図を知り看護管理に活かす第4版. 日本看護協会出版会.

간호사가
타 직종 업무까지
담당하는 메커니즘

수가제도의 구조가 초래하는 영향 2

5장

인력부족으로 인해 노동자의 임금은 매년 상승하고 있다. 예를 들어 JBRC(Jobs research center) "아르바이트·파트타임 모집시 평균시급조사"에 따르면 2019년 3월 아르바이트·파트타임 시급(전국)은 1,010엔으로 전년도 같은 시기보다 25엔 증가했고 데이터가 처음 발표된 6년 전과 비교하면 10.1% 상승되었다[1].

이러한 임금 상승은 노동자 측에서 보면 기쁜 이야기이지만 고용하는 측에서 보면 반갑지 않은 일이다. 특히 자격이 없고 의료나 개호와는 다른 직장으로 취직도 선택 가능한 간호보조자를 확보하는 것이 이전보다 어렵게 되다보니 종래의 간호보조업무가 간호사에게로 전가되었다는 이야기도 들리고 있다.

제5장에서는 수가제도가 가져오는 영향으로 간호사가 자신의 간호업무뿐만 아니라 타 직종의 업무도 맡게 되는 메커니즘을 경제학적 관점에서 설명하고 그 실태를 명확히 하고자 한다. 그리고 간호보조자나 약사를 병동에 배치해서 얻을 수 있는 수가가산을 살펴보고 그 수가가산에 따라 업무의 분담이나 이양이 진행될 수 있는지를 분석하고자 한다.

1   이 조사는 JBRC를 운영하는 주식회사 리쿠르트 잡스(recruit jobs)에 의해 각종 구인미디어에 게제 된 구인정보에서 아르바이트 · 파트타임 모집시 평균시급액이 기본으로 조사된다. 한편 '파견 스탭' 시급은 3대도시권(칸토関東 · 토우카이東海 · 칸사이関西)만 발표되고 있으며 2019년 3월 시점 1,629엔(전년 같은 시기보다 41엔 감소)이다. 본문 중의 임금액 증가 · 상승율 이외는 모두 이 조사에서 발췌했다.

|A| 왜 간호사는 타 직종 업무를 맡게 되는가

입원기본료를 비롯해 간호서비스 생산에 대한 수가는 간호사의 기능은 고려하지 않고 단지 간호사의 배치 인원 수만으로 결정되고 있음을 제4장에서 설명했다. 기능뿐만 아니라 배치된 간호사의 업무에 대해서도 규정되어 있지 않다는 점이 현재의 수가 지불방법의 구조다.

그렇다면 간호사가 타 직종의 업무를 수행했을 때 지불되는 수가는 간호서비스 생산에 어떤 영향을 미치고 있는가?

1. 간호사의 업무 내용을 반영하지 않는 수가와 가산의 효과

급성기나 지역일반입원기본료, 요양병동입원기본료를 비롯해 지역포괄케어병동입원료 등의 입원료는 지금까지 설명했듯이 배치되는 간호사의 기능뿐만 아니라 수행하는 업무에 대해서도 규정되어 있지 않다. 따라서 '7대 1'이나 '10대 1' 등 입원환자 수에 대한 기준에 맞춰 배치한 간호사가 설령 침상 정리나 전표정리 혹은 약제 분류포장등 타 직종 업무를 한다고 해도 수가는 동일하다. 다른 업무를 담당하면 안 된다는 규정은 '입퇴원지원가산1'이나 '의료안전대책가산1' 등 가산의 일부인 '전종(專從)' 간호사[2] 뿐이다.

환자의 상황과 진료기능에 있어서 변화가 큰 '외래'의 경우에도 1948년에 제정된 의료법에서의 '30대 1'이라고 하는 환자에 대한 간호 직원 수 배치 기준은 변하지 않은 채 환자 이송과 입·퇴원에 관한 사무적 설명 등 타 직종의 업무까지 간호사가 담당하고 있는 것이 현실이다.

왜 타 직종의 업무를 간호사가 담당하게 되었는가? 이는 간호사가 수행

---

2   '전종'간호사의 경우 해당 업무만을 해야 하지만 '전임'간호사의 경우는 다른 업무도 겸임하는 것이 가능하다.

하는 업무에 대한 규정이 없는 제도하에서는 타 직종의 업무를 위해 새롭게 노동자를 고용하기보다는 이미 배치 기준에 맞추어 고용된 간호사에게 맡기는 편이 인건비를 줄여 이익을 높일 수 있기 때문이다.

간호사 노동력 부족과 과중한 업무 부담 문제에 대응하기 위해 2010년도 수가개정 때 급성기병동에서의 간호보조자 배치에 대해 수가점수의 가산이 시행되었다. 그리고 2012년도 수가개정 때 약사의 병동배치에 대한 가산 그 후에도 야간의 간호보조자에 대한 가산 등 간호사 및 의료종사자의 부담을 경감시키기 위한 다양한 대응책이 시행되고 있다.

간호보조자나 약사의 배치에 따른 비용이 이런 수가가산으로 조달될 수만 있다면 간호사가 담당하고 있는 타 직종 업무는 순조롭게 이양될 것으로 기대된다.

2. 타 직종 업무를 담당하는 이론적 배경: 이익을 높이는 경영이란

타 직종의 업무를 간호사가 대신 수행하는 것을 경제학에서는 '대체(요소 대체)'라고 말한다.

제품·서비스에 따라서는 생산에 투입되는 요소(자원) 간에 대체가 불가능한 것도 존재한다. 예를 들어 약제 관련 업무 중에는 약제사고의 발생빈도가 높은 수액의 약물 혼합 등 주사에 관련된 업무의 경우 많은 지식과 기술 습득을 필요로 한다[3]. 따라서 이와 같은 업무는 간호사가 완전히 대체하는 것이 어렵다. 만약 간호사로 대체했을 경우에는 약사에게 맡겼을 때의 질(quality)보다 감소된 서비스가 생산될 가능성이 높다.

게다가 문제가 되는 것은 간호사가 타 직종 업무를 수행하다 보니 환자

---

3   카와무라川村(2018) pp.44-68을 참고했다.

의 관찰·지도나 병상케어 등 간호사 본연의 업무에 노동력을 충분히 투입하지 못하게 된다. 따라서 간호서비스 더 나아가 의료서비스의 질이 감소 될 가능성이 커진다.

통상적인 제품·서비스라면 구입가격의 변동은 없는데 그 품질이 감소한다면 구입을 원하는 사람은 감소한다. 따라서 생산자 측은 품질을 낮출 수가 없으며 만약에 낮추고자 한다면 가격도 함께 낮춰야만 한다. 그렇지 않다면 고객이 줄어들어 결국에는 도산하게 될 것이다[4].

그러나 의료·간호서비스의 경우 생산자와 소비자 사이의 정보 비대칭성이 있기 때문에 예를 들어 간호사 노동력이 충분히 투입되지 않아 서비스의 질이 낮아진다고 하더라도 소비자는 그 질의 감소나 그에 따른 영향을 알기가 어렵다. 설령 알았다고 하더라도 소비자가 지불하는 구입가격 즉 본인부담이 적기 때문에 질의 감소를 수용할 수도 있으며 특히 의료시설이 적은 지역에서는 선택의 여지조차 없게 된다.

따라서 의료시설 경영자는 의료사고가 일어나지 않을 수준까지 생산하는 의료서비스의 질을 감소시키는 것이 이론상으로 가능하다. 그리고 현재의 수가제도는 실제로 그렇게 함으로써 이익이 증가하는 메커니즘을 만들고 있다.

---

4   다만 필수품의 경우 대체해 선택·구입할 수 있는 제품·서비스가 없다면 상황은 달라진다. 본문에서 후술하겠지만 의료서비스도 상황에 따라서는 여기에 해당된다.

|B| 많은 타 직종 업무에
간호사가 종사하고 있는 실태

그렇다면 실제로 간호사는 타 직종의 업무를 얼마나 담당하고 있는 것일까? 여기서는 저자가 강의차 방문했던 일본 전국 각지의 인정간호관리자 연수에 참가한 수강생 중 548명(회수율 96.6%)이 응답해 준 2017년도 설문조사를 바탕으로 간호사와 타 직종과의 업무 분담·이양의 실태를 살펴보기로 한다[5].

본 설문조사에서 다루는 업무는 2003년까지 4년마다 한 번 일본간호협회 '병원간호실태조사'에서 정기적으로 조사한 것을 바탕으로 하고 있다. 일본간호협회 조사에서는 타 직종 업무를 포함한 간호 직원의 주변 업무 11종에 대한 종사 실태를 조사했다[6]. 저자의 설문조사에서는 주변 업무 11종과 2015년의 실태조사에서의 사무작업 등을 추가했다. 한 가지 특기할 사항은 본 설문조사 응답자의 소속시설의 경우 병상 규모가 큰 병원이나 공적병원이 많이 차지하고 있다는 점이다.

1. 병원 개설자별로 본 타 직종 업무의 분담·이양 실태

우선 응답자의 소속병원을 개설자별로 분류하고 얼마나 많은 병원에서 간호사가 타 직종 업무를 맡고 있는지(배식, 잔반체크, 침상 정리) 혹은 완전히 타

---

5   이 자리를 빌려 설문조사 실시에 양해를 해준 일본간호협회를 비롯해 협력해 주신 전국 각지의 간호협회 담당자분들 그리고 흔쾌히 응답해 주신 수강생 여러분께 진심으로 감사를 표한다. 한편 유효 응답율은 조사항목에 따라 다르다. 조사의 세부사항은 츠노다角田(2019a)를 참고할 것.

6   1999년 조사까지는 여기서 살펴보는 각 업무(배식, 잔반 체크, 약제의 분류포장, 수액주사약 믹싱, 병동배치약제의 재고관리, 약제 운반·운송, 검체 운반·운송, 침상 정리)와 '심전도 모니터의 일상적인 보수·점검'의 합계 10업종이, 2003년 조사에서는 여기에 '투약'이 추가되어 담당 상황이 조사되었다. 상세한 내용은 일본간호협회 '병원간호실태조사'(구 '병원간호기초조사') 각 연도를 참조할 것.

직종으로 업무 이양이 되어 있는지(막대그래프)를 표시한 것이 [그림5-1]부터 [그림5-3]이다. 이 중 [그림5-1]과 [그림5-2]는 간호보조자에게 이양 가능한 업무를 나타내고 있다.

① 배식 잔반 체크 침상 정리

[그림5-1]은 입원환자의 생활에 직접적으로 관련된 '배식', '잔반 체크', '침상 정리'의 분담 상황을 나타낸 것이다. 간호보조자에게 이양 가능한 업무라고 하더라도 많은 병원에서 간호사가 담당하고 있는 실태가 잘 나타나 있다.

예를 들어 배식을 보면 '의료법인·개인'의 96.2%에서 간호사가 이 업무를 하고 있고 간호보조자를 포함해 타 직종에게 모두 맡기는 병원은 3.8%에 그치고 있다. 간호사가 배식을 하는 병원은 '기타 사적(학교법인 제외)'이나 '도도부현·시정촌'에서도 90%를 넘기고 있으며 '사립학교법인'(62.5%)을 제외한 대부분의 병원에서 간호사가 배식을 맡고있는 상황이다.

'사립학교법인'은 샘플 수가 24개로 적기 때문에 유의할 필요가 있지만[7] 이것을 포함한 모든 병원에서 간호사가 담당하는 비율이 높은 것이 잔반 체크다. 80%대 후반에서 90%를 약간 상회하는 병원에서 간호사가 잔반 체크를 하고 있으며 타 직종에게 전부 맡기는 병원은 10% 전후이다. 한편 그림에는 나타내지 않았지만 타 직종 중에서도 영양사에게 전부 잔반 체크를 맡기는 병원은 '기타 사적(학교법인 제외)'이 가장 많다.(전체의 9.6%)

[그림5-1]의 3가지 업무 중에서 비교적 다른 직종으로 이양이 된 것은 침상 정리라고 할 수 있다. '사립학교법인'에서 40%를 상회하고 '기타 사적(학교

---

7   샘플 수가 적기 때문에 후생노동성의 대분류 기준과 같이 '기타 사적'에 포함해서 계산하는 것도 가능하지만 '사립학교법인'과 '기타 사적'은 그 실태에 있어서 큰 차이가 나기 때문에 여기서는 따로 표시하기로 했다.

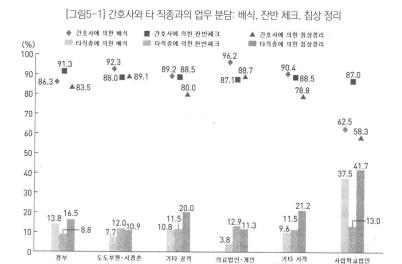

[그림5-1] 간호사와 타 직종과의 업무 분담: 배식, 잔반 체크, 침상 정리

*1: '기타 공적'에는 '지방독립행정법인', '일본 적십자사', '제생회', '북해도 사회사업협회', '사회보험 관련단체'가 포함된다.(그림5-2~4도 동일)
*2: '기타 사적(학교법인 제외)'에는 '공익법인', '사회복지법인', '의료생협', '회사', '기타 법인'이 포함된다.(그림5-2~4도 동일)

법인 제외)'과 '기타 공적'에서 20% 정도가 타 직종에 침상 정리를 맡기고 있다.

② 사무작업 입원시 안내(오리엔테이션)

배식이나 잔반 체크, 침상 정리 등과 마찬가지로 많은 병원에서 간호사가 담당하고 있는 것이 사무 관련 업무다. [그림5-2]를 보면 '서류작성'이나 '서류·전표정리'의 경우 '사립학교법인'을 제외한 병원 80~90%에서 간호사가 담당하고 있으며 그 이상으로 '입원시 안내(오리엔테이션)'를 간호사가 하고 있는 실태(모든 개설자의 90% 이상)가 잘 나타나고 있다.

③ 각종 운반·운송업무

지금까지 업무와 달리 많은 병원에서 간호보조자를 포함한 타 직종에서 담당하고 있는 것이 각종 운반·운송 업무이다. [그림5-3]을 보면 '정부'나 '의료

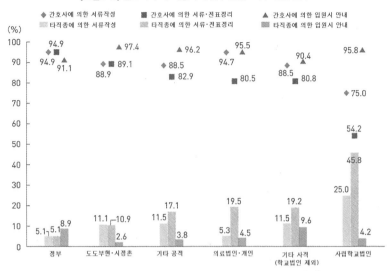

[그림5-2] 간호사와 타 직종과의 업무 분담: 사무 관련 업무

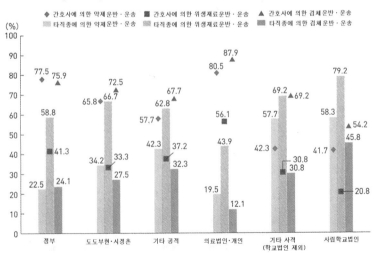

[그림5-3] 간호사와 타 직종과의 업무 분담: 각종 운반·운송 업무

[그림5-4] 간호사와 타 직종의 업무 분담: 약제 관련 업무

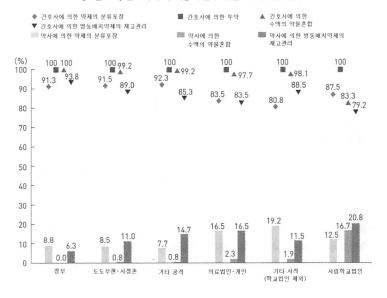

◆ 간호사에 의한 약제의 분류포장　　　■ 간호사에 의한 투약　　　▲ 간호사에 의한 수액의 약물혼합
▼ 간호사에 의한 병동배치약제의 재고관리
▨ 약사에 의한 약제의 분류포장　　　■ 약사에 의한 수액의 약물혼합　　　■ 약사에 의한 병동배치약제의 재고관리

법인·개인'에서 타 직종이 '약제 운반·운송', '검체 운반·운송'을 담당하는 수치는 상대적으로 낮게 나타나고 있는 정도이며 전체적으로 볼 때 다른 많은 병원에서 운반·운송 업무를 타 직종에 맡기고 있는 것을 알 수 있다. 특히 '위생재료의 운반·운송'을 간호사가 담당하는 병원은 매우 적다.

④ 약제 관련 업무

마지막으로 약사에게 이양 가능한 약제 관련 업무에 대해서 나타낸 것이 [그림5-4]이다. '사립학교법인'의 '병동배치약제의 재고관리(20.8%)'와 '기타 사적'에서의 '약제의 분류포장(19.2%)' 등 병동 약사에게 모두 이양하는 병원이 일부 있지만 대부분의 병원에서는 약제에 관한 업무를 간호사에게 맡기고 있다는 것을 알 수 있다.

특히 '투약'은 모든 병원에서 100% 간호사에게 맡기고 있다. 또한 '수액의 약물 혼합'에 관해서도 '사립학교법인(16.7%)'을 제외하면 병동 약사에게 이

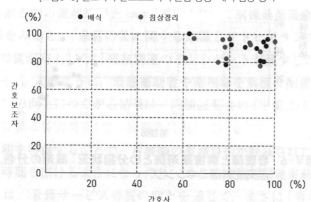

[그림5-5] 간호사와 간호보조자의 분담 상황: 배식 침상 정리

양하는 병원은 3%도 미치지 못하는 상황이다.

2. 협동하는 간호보조업무와 간호사가 주로 하는 약제 관련 업무

지금까지 살펴본 바와 같이 각종 운반·운송를 제외하고는 약사에게 이양 가능한 업무뿐만 아니라 간호보조자에게 이양할 수 있는 업무까지도 간호사가 담당하고 있는 실태가 확인되었다. 독자 여러분 중에는 특히 간호보조 업무에 대해서 '이 정도까지 간호사가 담당하고 있을까'라며 의아해할 수도 있다.

하지만 간호사가 타 직종 업무를 담당하고 있다고 하더라도 간호보조업무와 약제 관련 업무 사이에는 그 참여 방법에 있어서 큰 차이가 있다.

① 간호보조 업무

많은 병원에서 간호사가 하고 있는 배식이나 잔반 체크, 침상 정리는 실제로는 간호보조자도 동일하게 또는 간호사 이상으로 하고 있다.

[그림5-5]는 개설자의 분류를 조금 더 세분해 배식과 침상 정리에 대해서 간호사가 이러한 업무를 하는 병원 비율과 간호보조자가 하는 병원 비율을

[그림5-6] 간호사와 병동 약사의 분담 상황: 약제의 분류포장, 수액의 약물 혼합

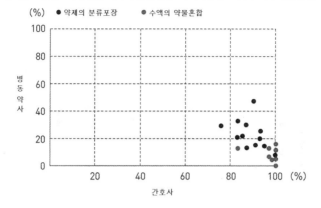

산포도로 그린 것이다. 잔반 체크는 간호보조자만이 아니라 영양사나 업무위탁처 직원이 하고 있는 곳이(완전한 이양은 아니지만) 많아서 여기서는 제외했다.

예를 들어 보조자 부재시간에만 간호사가 담당한다거나 혹은 서로 동일하게 담당한다는 등 간호사와 간호보조자 간의 구체적인 분담내용까지는 알 수가 없지만 배식 및 침상 정리는 모두가 담당하고 있는 것으로 나타난다([그림5-5]의 우상향 배식 및 침상 정리 모두 100%에 가깝다). 한편 간호사가 담당하는 비율은 60%~100%이고 보조자의 비율은 80%~100%로 나타나 보다 많은 병원에서 간호보조자 쪽이 담당하고 있다는 것을 알 수 있다.

또한 간호사가 하는 사무작업으로써 '입원시 안내'에 대해서도 실제로는 사무직원도 담당하는 병원이 늘어나고 있다[8]. 간호보조자가 이러한 사무 관련 업무를 하는 병원은 아직은 적은 상황이지만 2016년도 수가개정에서 간호보조자의 업무범위에 서류·전표의 정리, 작성 등의 사무작업이 명시되었기 때문에 앞으로 간호보조자에게 이양될 가능성이 높다.

---

8   사무직원이 담당하는 병원의 비율에 대해서는 서류작성: 31.6~95.7%, 서류·전표정리: 35.7~87.0%, 입원시 안내: 17.9~51.6%로 개설자에 따라 크게 차이가 있다.

② 약제 관련 업무

한편 간호보조 업무와 모양새가 전혀 다른 것이 약제 관련 업무다. [그림5-6]은 약제의 분류포장과 수액의 약물 혼합에 대해서 간호사와 병동 약사와의 분담 상황을 산포도로 그린 것이다.

[그림5-6]을 보면 분포 위치가 우측 하단에 집중되어 있다. 즉 대부분의 병원이 약제의 분류포장이나 수액의 약물 혼합을 간호사에게 맡기고 있으며 병동 약사가 분담·협력하는 병원의 수는 적다는 걸 알 수가 있다. [그림5-4]에서 병동배치약제의 재고관리 일부는 약사로 이양되고 있음이 관찰되었지만 투약업무는 모든 병원에서 간호사가 하고 있다는 점을 감안하면 많은 약제 관련 업무가 간호사에게 맡겨져 있고 분담이나 협력이 진전되지 않은 상황이라고 말할 수 있다.

|C| 왜 간호사가 약제 관련 업무를 주로 담당하는가

간호사 업무 부담의 경감 등을 이유로 간호보조자나 약사를 병동에 배치함으로써 수가가산을 획득할 수 있게 된 것은 'A-1 간호사의 업무 내용을 반영하지 않는 수가와 가산의 효과'에서 설명한 것과 같다.

이러한 상황이라도 여전히 많은 병원에서는 타 직종에 이양 가능한 업무를 간호사가 담당하고 있는 실태가 확인되었다. 특기할 점은 간호보조자에게 이양 가능한 업무는 분담해서 협동하고 있는 반면에 약제 관련 업무에 한해서는 분담이 진행되지 않고 있으며 간호사가 주로 담당하고 있는 실태가 확인된다.

[표5-1] 간호보조자에게 업무 이양함으로써 업무시간이 증가한 업무(수간호사 조사)

(복수 회답, n=1082)

제1위	간호기록	64.7%
제2위	입원환자에 대한 관찰 빈도 증가	53.2%
제3위	컨퍼런스 실시	51.8%
제4위	환자, 가족과의 커뮤니케이션	51.1%
제5위	베드사이드 케어	50.4%

(중앙사회보험의료협의회 수가개정결과검증부회 '2016년도 수가개정 결과검증에 관한 특별조사', p.149에 의함)

[표5-2] 병동 약제업무를 실시하는 것에 따른 효과(약사 조사)

(복수 회답, n=726)

제1위	간호직원의 업무 부담 경감	68.97%
제2위	의사의 업무 부담 경감	61.7%
제3위	환자 약과 관련된 지식과 복약순응도 향상	61.3%
제4위	약물치료의 질 향상	60.9%
제5위	약제사고 감소	46.7%

(상동, p.171에 의함)

1. 타 직종 업무 이양으로 간호서비스 생산성(의) 상승

간호보조자나 약사에게 업무를 이양할 수 있다면 간호사의 업무 부담이 경감하는 것뿐만 아니라 간호서비스의 질도 향상한다는 사실은 전국조사에서도 확인할 수 있다. 예를 들어 앞의 설문조사와 같은 시기에 실시한 중앙사회보험의료협의회 수가개정결과검증부회 '2016년도 수가개정 결과 검증에 관한 특별조사'의 '수간호사 조사'(n=1082)에 의하면 간호보조자가 배치된 병동에서 간호보조자에게 업무를 이양함으로써 '입원환자에 대한 관찰 빈도의 증가'나

'환자 가족과의 커뮤니케이션', '베드사이드 케어'에 종사하는 시간이 늘어 간호서비스 질을 높이고 있는 것으로 나타났다[표5-1].

또한 같은 특별조사 내의 '약사 조사'(n=726)에서 병동 약제업무를 실시하는 것에 따른 효과를 보면 '업무 부담의 경감' 외에도 '환자의 약과 관련된 지식과 복약순응도 향상'이나 '약물치료의 질 향상', '약제 사고 감소' 등의 효과가 있는 것으로 나타났다[표5-2]. 이렇게 간호보조자나 약사를 병동에 배치하는 것이 간호서비스 질 향상으로 이어진다는 결과는 같은 검증부회의 '2018년도 수가개정결과 검증에 관한 특별조사'에서 더욱 현저하게 나타나고 있다[9].

타 직종에 업무를 이양함으로써 간호사의 업무 부담이 감소된 만큼 환자 및 가족을 케어할 시간을 확보하게 되고 질 높은 투약업무와 간호서비스 질 향상을 통해서 '간호(서비스) 생산성'을 높이는 것이 된다.

하지만 간호보조자와의 업무 분담이나(특히 운반·운송 업무) 이양은 진행되는 반면에 약사와는 업무 분담이나 이양이 진행되지 않고 있다. 이유는 무엇일까?

2. 노동생산성을 높이기 힘든 병동 약사

약사를 병동에 배치하는 대신 간호사가 약제 관련 업무를 담당하는 이유는 약사의 노동력을 투입해도 이익을 확보하기 어려운 즉 '노동생산성'이 증가하지 않기 때문이다 (이 경우의 노동생산성은 간호사뿐만 아니라 간호서비스 생산에 필요한 노동자 전체의 생산성을 말한다).

간호보조자를 병동에 배치함으로써 얻을 수 있는 수가의 가산수입으로 간호보조자 인건비는 충당할 수 있지만 약사를 병동에 배치해서 얻을 수 있는

---

9   중앙사회보험의료협의회 수가개정결과검증부회(2019)의 p.179 p.183을 참고할 것.

수가의 가산수입으로는 약사의 인건비를 충당하기 힘든 구조다.

구체적으로는 2020년도 수가개정에서 예를 들어 50대1 급성기간호보조체제 가산의 경우는 1일 200점, 25대1 급성기간호보조체제 가산(간호보조자 50% 이상)은 1일 240점을 입원하는 환자 수만큼(입원일수 14일 한도로) 획득할 수 있다. DPC대상병원에서는 추가적인 '기능 평가계수Ⅰ'을 제외하고도 50대1 급성기간호보조체제 가산에서 일반 병상이용율 76.2%일 경우[10] 1일 76,200엔의 가산수입이 단순하게 시설로 들어온다. 한편 병동약제업무실시 가산1에서는 주 1회 120점, 응급실 입원료나 특정집중치료실 관리료 등의 고도급성기에 해당하는 병동(따라서 1병동당 환자 수도 적다)이 신청가능한 병동 약제업무실시 가산2는 1일 100점에 불과하다[11].

이와 같은 수가가산에 대해서 각각에 들어가는 인건비(2017년도)는 연간 상여금이나 수당 등도 포함해 1인 1일당 금액으로 환산하면 간호보조자 12,083엔 약사 10,607엔(가산요건의 주 20시간 이상 근무 1일 4시간으로 계산)이다[12].

시설 경영 측에서 본다면 매우 적확(的確)한 업무 분담의 실태인 셈이다. 즉 시설이 이익을 확보하고자 한다면 인건비 지출을 최소화하기 위해 간호보조자의 배치에 따른 수가가산이 설정되어 있지 않은 부문에는 간호사로 하여금 그 업무를 담당하도록 하는 것이 최선의 방법이다. 이는 약제 관련 업무에

---

10 2018년 병원의 일반 병상 이용률을 사용했다.(후생노동성 '2018년 의료시설(동태)조사 · 병원 보고의 개황' p.20)

11 2020년도의 수가개정에서는 병동약제업무실시 가산2의 대상병동으로 집중치료실(HCU:high care unit)입원의료관리료를 받는 병동도 포함되었다.

12 후생노동성 '임금구조기본통계조사(2017 · 2018년 각 제3권)'을 이용해 간호보조자, 약사의 평균임금을 계산하면 2017년도 시점에서 1시간당 순서대로 1,510엔, 2,652엔이 된다. 이 금액에는 초과근무 수당이나 야근수당 1시간당으로 환산한 연간 상여금 등도 포함된다(구체적인 산출방법은 제4장의 D-2 임금 식을 참조). 한편 2020년도의 수가개정에서는 병동에 배치하는 약사의 상근 요건이 완화되어 비상근이라도 일부 가능하게 되었다.

서의 실태에서도 마찬가지다.

한편 산업 전체의 인력 부족으로 인한 노동자의 임금 상승은 간호보조자 고용 확보에 필요한 인건비를 높이게 되고 그 결과 노동생산성은 낮아지게 된다. 결국 노동생산성의 감소를 피하기 위해 간호보조자의 고용을 억제할 수밖에 없을 것이고 그 결과 간호보조자가 하던 업무는 간호사에게 전가된다[13].

그렇다면 실제로 간호보조자나 약사의 배치에 따른 수가가산을 취득하는 경우와 취득하지 못한 경우에서는 업무 담당의 상황에 차이가 있을까?

|D| 가산 취득 상황에서 본 업무 분담의 차이

저자가 2017년도에 실시한 설문조사에 따르면 약사 배치에 따른 '병동약제업무실시 가산'을 취득하는 병동은 비교적 적으며 간호보조자의 배치에 따른 가산취득율과는 통계적으로 유의한 차이를 확인할 수 있다[14].

여기서는 동일한 설문조사를 이용해 실제로 간호보조자나 약사를 배치해 가산을 취득하는 병동일수록 업무의 분담이나 이양이 진행되고 있는지에 대해서 명확하게 밝혀보고자 한다.

우선 간호보조자를 배치해서 얻을 수 있는 가산의 취득 유무에 따라 간

---

13 엄밀히 말하면 보조자가 하는 업무를 외주에 맡기거나 ICT기기 등을 기자재(물적자원)로 대체하는 편이 비용이 저렴하다면 간호사에게 맡길 필요가 없을 것이다. 또한 2020년에 들어서 확산된 COVID-19에 의한 경기후퇴의 영향으로 인력부족 완화나 실업의 증대에 따라 간호보조자를 채용하기 쉽게 될 가능성도 있다.

14 급성기간호보조체제 가산이나 간호보조 가산을 취득한 병동은 유효응답 전체의 83.3%를 차지하는 한편 병동약제업무실시 가산을 취득하는 병동은 63.3%였다.(유효응답은 전부 548표. 그중 가산취득 상황의 응답은 442표). 이러한 취득율에는 McNemar검증에 의해 통계적으로 유의한 차이가 있다(0.1% 유의수준).

호보조자와의 업무 분담·이양의 상황이 달라지는가 검증해 보자. 분석에 앞서 한 가지 밝혀둘 사항은 '75대1 급성기간호보조체제 가산'을 취득하고 있는 병동은 9개로 샘플 수가 적어 유효한 검증을 하기 위해 '50대1 급성기간호보조체제 가산'을 취득한 병동(157개소)과 합산하고 있다는 점이다. 본 설문조사에서 가장 많은 병동에서 취득되고 있는 것이 '25대1 급성기간호보조체제 가산'이고 또한 가산을 취득하지 않은 병동이 간호보조 가산 1·2·3(급성기 이외에 적용) 중 하나를 획득한 병동보다도 많다.

1. 환자와 관련된 업무: 가산의 효과는 미비

① 배식·침상 정리

우선 '배식'에 대해서 간호사와 간호보조자의 업무 담당 상황을 본 것이 [그림5-7]이다. 간호보조자에 관한 가산을 전부 취득하지 않고도 80.0%의 병동에서 간호사와 간호보조자가 배식을 분담하고 있다. 다만 급성기간호보조체제 가산을 취득한 곳은 85% 이상으로 높고 간호보조 가산(1·2·3)을 취득한 곳과 합쳐서 보면 간호보조자에게 전부 배식을 맡기는 병동이 비교적 많다(6.5%~6.9%). 한편 가산을 취득하지 않은 경우에는 간호사만 배식을 하는 병동이 14.1%로 높고 간호보조 가산 취득과 업무 분담 이양과는 관계가 있는 것으로 통계적으로 유의하게 확인된다(5% 유의수준)[15].

또한 거의 유사한 실태에 있지만 '침상 정리'도 간호보조자에게 전부 이양된 병동에서보다 많다(12.1%~21.7%). 그러나 이것은 가산을 취득하지 않은 병동에도 해당되며(14.1%) 가산에 따른 분담·이양의 영향은 보여지지 않

---

15   독립성 검증(카이제곱검증)을 실시, 보조가산의 취득과 업무 분담·이양과의 관련성이 없다고 하는 귀무가설(帰無仮説)이 5% 유의수준에서 기각되었다. 가산취득과 업무 분담·이양 간의 관련성은 이 이후 모두 카이제곱검증이나 피셔의 직접확율검증을 통해 검증하고 있다.

는다.

② 잔반 체크

[그림5-8]은 '잔반 체크'에 대해 관찰한 것이다. 간호사와 간호보조자가
분담하는 병동이 추가 수당을 획득하지 않는 곳도 포함해서 50%~70% 가까이
있지만 [그림5-7]과는 다르게 간호사만으로 잔반 체크하는 병동이 많다. 특히
급성기간호보조체제 추가수당을 획득하는 병동일수록 간호사가 잔반 체크하
는 경향이 보이고 있다. 그 결과는 통계적으로 유의한 수준이며(5% 유의수준) 가
산의 취득이 업무 분담·이양에 영향을 미치지 않는 것으로 나타났다. 따라서
다른 요인 예를 들어 급성기간호보조체제 추가수당을 취득하는 병동은 중증
환자의 입원이 많기 때문에 '간호보조자가 아닌 간호사가 잔반 체크할 필요성
이 높다'라는 가능성을 고려해야 한다.

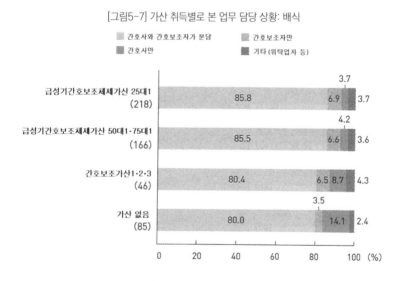

[그림5-7] 가산 취득별로 본 업무 담당 상황: 배식

- 간호사와 간호보조자가 분담
- 간호보조자만
- 간호사만
- 기타 (위탁업자 등)

급성기간호보조체제가산 25대1 (218)	85.8	6.9 / 3.7 / 3.7
급성기간호보조체제가산 50대1·75대1 (166)	85.5	6.6 / 4.2 / 3.6
간호보조가산1·2·3 (46)	80.4	6.5 8.7 / 4.3
가산 없음 (85)	80.0	3.5 / 14.1 / 2.4

0   20   40   60   80   100 (%)

*: ( )안의 수치는 각 병동수를 표시하고 있다. [그림5-8~13]도 마찬가지이지만 유효 응답수를 반
영하고 있어 ( )안의 수치에는 차이가 있다.

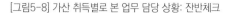

[그림5-8] 가산 취득별로 본 업무 담당 상황: 잔반체크

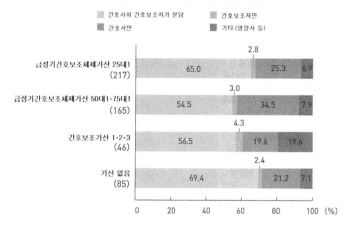

2. 각종 운반·운송업무: 가산의 효과가 뚜렷

급성기간호보조체제 가산이나 간호보조 가산을 취득하고 있는 병동일 수록 간호보조자와의 분담·이양이 명확하게 진전되며 통계적으로도 유의한 차이가 있는 것이 각종 운반·운송 업무다(모두 0.1% 유의수준).

① 약제 및 검체의 운반·운송

우선 '약제 운반·운송'에 관한 업무 담당 상황을 본 것이 [그림5-9]이다. 가산을 취득하지 않은 병동의 경우 40.4% 간호사와 간호보조자가 분담하고 있으며 간호사만이 담당하는 곳은 이 43.5%이다. 한편 가산을 취득한 병동의 경우 50% 이상에서 분담하고 있다. 게다가 급성기간호보조체제 가산 25대 1을 취득한 병동의 경우 30.3%에서 간호보조자가 약제의 운반·운송을 담당하고 있다.

'검체 운반·운송'에서는 간호사와 간호보조자가 분담하는 경우가 많지만 (가산을 취득하지 않은 병동은 54.1%, 50대1·75대1의 가산취득 병동에서는 69.3%) 전반적으로 약제 운반·운송과 비슷한 상황이다.

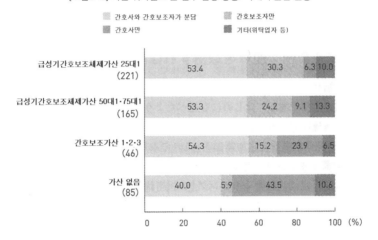

[그림5-9] 가산 취득별로 본 업무 담당 상황: 약제의 운반·운송

간호사와 간호보조자가 분담   간호보조자만
간호사만   기타(위탁업자 등)

	간호사와 간호보조자가 분담	간호사만	간호보조자만	기타
급성기간호보조체제가산 25대1 (221)	53.4	30.3	6.3	10.0
급성기간호보조체제가산 50대1·75대1 (165)	53.3	24.2	9.1	13.3
간호보조가산 1·2·3 (46)	54.3	15.2	23.9	6.5
가산 없음 (85)	40.0	5.9	43.5	10.6

0   20   40   60   80   100 (%)

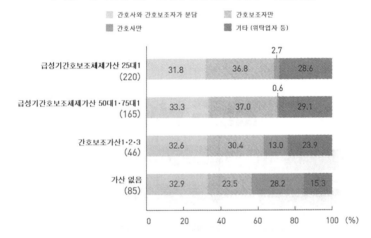

[그림5-10] 가산 취득별로 본 업무 담당 상황: 위생재료의 운반·운송

간호사와 간호보조자가 분담   간호보조자만
간호사만   기타 (위탁업자 등)

	간호사와 간호보조자가 분담	간호사만	간호보조자만	기타
급성기간호보조체제가산 25대1 (220)	31.8	36.8	2.7	28.6
급성기간호보조체제가산 50대1·75대1 (165)	33.3	37.0	0.6	29.1
간호보조가산1·2·3 (46)	32.6	30.4	13.0	23.9
가산 없음 (85)	32.9	23.5	28.2	15.3

0   20   40   60   80   100 (%)

② 위생재료의 운반·운송

간호보조자와 분담·이양하는 것뿐만 아니라 위탁처의 직원이 한다든지 운반·운송기기를 이용하는 업무가 [그림5-10]의 '위생재료의 운반·운송'이다.

[그림5-10]을 보면 어떤 병동이든 간호사와 간호보조자가 위생재료의 운반·운송을 분담하고 있는 곳은 적고 상대적으로(그만큼) 간호보조자에게 모두 이양하는 곳이 늘어나고 있다. 급성기간호보조체제 가산 50대1·75대1을 취득하는 곳에서 가장 높은 37.0%가 간호보조자에게 모두 맡기고 있으며 또한 가산을 취득한 다른 병동도 포함해 운반·운송기기의 이용이나 위탁처 직원이 담당하는 곳도 많다. 한편 가산을 취득하지 않은 병동의 경우 간호사에게 모두 맡기는 곳이 28.2%이며 간호보조자만 담당하는 곳도 23.5%나 차지하고 있다.

3. 약제 관련 업무: 가산을 취득하면 업무 분담·이양이 진행

지금까지 소개한 업무와는 달리 대부분의 병동에서 간호사가 담당하고 있는 것이 약제 관련 업무다. 초반부에서도 설명했듯 처음 약제업무실시 가산을 취득한 병원의 수는 간호보조 가산을 취득한 병원과 비교하면 그 수가 적고 유효응답도 적은 경향이 있다.(병동약제업무실시 가산2는 이것만 단독으로 취득할 수 없다).

① 수액의 약물 혼합과 투약

[그림5-11]은 '수액의 약물 혼합'의 담당 상황에 대해 병동약제업무실시 가산1 또는 1과 2를 취득한 병동과 가산을 취득하지 않은 병동으로 나누어 관찰한 것이다. 가산을 취득한 곳이라도 90%를 상회하는 병동에서 간호사만으로 약물 혼합을 하고 있고 가산을 취득하지 않은 곳에서는 100%에 가까운 98.2%의 병동에서 간호사만이 이를 담당하고 있으며 통계적으로 유의한 차이를 보이고 있다(1% 유의 수준)[16].

---

16   일부 샘플 수가 적어 유효한 검증을 위해서 병동약제업무실시 가산의 취득 여부로 검증하고 있다.

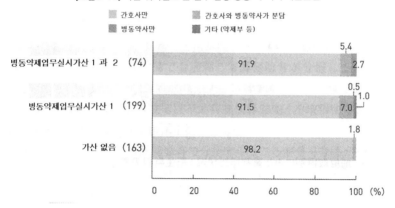

[그림5-11] 가산 취득별로 본 업무 담당 상황: 수액의 약물혼합

간호사만   간호사와 병동약사가 분담
병동약사만   기타 (약제부 등)

병동약제업무실시가산 1 과 2 (74)   91.9   5.4 / 2.7
병동약제업무실시가산 1 (199)   91.5   7.0 / 0.5 / 1.0
가산 없음 (163)   98.2   1.8

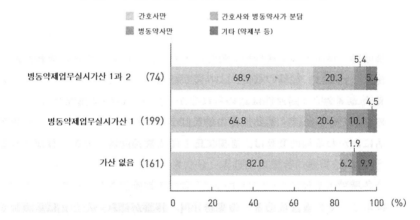

[그림5-12] 가산 취득별로 본 업무 담당 상황: 약제의 분류포장

간호사만   간호사와 병동약사가 분담
병동약사만   기타 (약제부 등)

병동약제업무실시가산 1과 2 (74)   68.9   20.3   5.4 / 5.4
병동약제업무실시가산 1 (199)   64.8   20.6   10.1 / 4.5
가산 없음 (161)   82.0   6.2   9.9 / 1.9

또한 간호사와 병동 약사가 약물 혼합을 분담하는 병동은 병동약제업무실시 가산1을 취득한 병동에서 7.0% 수준이다. 그리고 병동 약사에게 모든 맡기는 곳도 소수이긴 하지만 존재한다(가산1은 0.5% 가산1과 2는 2.7%).

[그림5-4]에서 확인한 바와 같이 모든 병원에서 간호사가 하고 있는 '투약'업무에 대해서도 병동 약사와 분담하는 곳이 몇 군데 있으며 병동약제업무

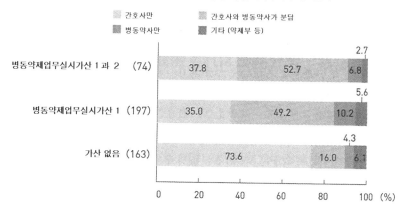

[그림5-13] 가산 취득별로 본 업무 담당 상황: 병동배치약제의 재고관리

- 간호사만
- 간호사와 병동약사가 분담
- 병동약사만
- 기타 (약제부 등)

	간호사만	간호사와 병동약사가 분담	기타
병동약제업무실시가산 1과 2 (74)	37.8	52.7	6.8 / 2.7
병동약제업무실시가산 1 (197)	35.0	49.2	10.2 / 5.6
가산 없음 (163)	73.6	16.0	6.1 / 4.3

실시 가산1과 2를 취득한 병동의 경우 9.6%의 병동에서 병동 약사와 분담하고 있는 것으로 나타났다[17].

② 약제의 분류포장

약제 관련 업무 중에서도 병동 약사와의 분담이나 이양이 비교적 진전되고 있는 업무가 [그림5-12] '약제의 분류포장'이다. 가산을 취득하지 않은 병동에서는 82.0%에서 간호사만이 약제의 분류포장을 담당하고 있으며 간호사와 병동 약사가 분담하는 곳은 6.2% 그리고 9.9%에서는 약제부 등에 이양하고 있다. 하지만 가산을 취득한 병동에서는 분담이나 이양이 보다 진전되고 있어 통계적으로 유의한 차이를 보이고 있다(0.1% 유의수준). 구체적으로는 병동약제업무실시 가산1을 취득한 병동의 64.8%, 1과 2를 취득한 병동의 68.9%에서 간호사가 약제의 분류포장을 하고 있으며, 20% 이상이 병동 약사와 함께 분담하고 있다. 게다가 병동약제업무실시 가산1을 취득한 병동의 10.1%에서

---

17 구체적으로는 병동약제업무실시 가산 1과 2를 취득한 곳에서 9.6%, 가산1을 취득한 곳에서 3.0%, 가산이 없는 곳에서 1.3%라는 결과이며 통계적으로 유의한 차이를 보이고 있다(1% 유의수준).

는 병동 약사에 전부 이양되었다.

③ 병동배치약제의 재고관리

'병동배치약제의 재고관리'는 병동 약사와 분담·이양이 진전되고 있으며 가산의 취득 여부에서 큰 차이가 관찰되는 업무다(0.1% 유의수준에서 통계적으로 유의한 차이). [그림5-13]을 보면 가산을 취득하지 않은 경우에는 73.6%의 병동에서 간호사만으로 병동배치약제의 재고관리를 하고 있는 반면 병동약제업무실시 가산1을 취득한 병동의 49.2% 그리고 가산1과 2를 취득한 병동의 52.7%에서 간호사와 병동 약사가 이 재고관리를 분담한다. 특히 병동약제업무실시 가산1을 취득한 병동의 10.2%에서는 병동 약사에게 재고관리가 전부 맡겨지고 있다.

4. 약사와의 업무 분담·이양을 위해

지금까지 간호보조자나 약사를 병동에 배치해 얻을 수 있는 수가가산의 취득과 업무 분담·이양과의 관련성을 분석했다. 환자의 입원생활에 직접 관계되는 배식업무에 대해서는 가산의 취득에 따른 차이가 관찰됐지만 침상 정리나 잔반 체크에서 관련성이 없던지 오히려 반대의 관련성이 관찰됐다. 이 결과를 보면 환자의 입원생활과 관계되는 보조업무의 경우는 가산의 효과가 낮으며 굳이 가산을 설정하지 않더라도 필요에 따라 간호보조자에게 분담·이양되는 것으로 파악되고 있다.

그러나 각종 운반·운송 업무에 대해서는 모두 유의한 차이가 확인됐다. 따라서 가산을 설정함으로써 간호보조자와의 업무 분담·이양이 진전될 것이다. 업무 분담·이양이 진행되어 간호사의 노동시간이 단축된다면 노동력 투입에 드는 비용은 그만큼 감소돼 노동생산성을 상승시키게 된다. 이외에도 간호사의 노동력이 환자나 가족의 케어 등 간호사 본연의 업무에 집중할 수 있다면 간호서비스 질의 향상 나아가 간호서비스의 생산성 개선으로도 이어진다.

한편 약제 관련 업무에 관해서는 약사를 배치해 가산을 취득한 병동은 상대적으로 적은 것으로 나타났다. 하지만 가산을 취득하고 있는 병동에서는 통계적으로 유의한 수준에서 약사가 분담하고 있으며 그 경향은 특히 약제의 분류포장이나 병동배치약제의 재고관리에서 명확하게 나타나고 있다.

따라서 간호서비스 질의 향상을 목표로 할 때 약제 관련 업무 측면에서도 우선은 간호보조자 배치에 대한 가산과 비슷한 수준 즉 약사 인건비를 충당할 수 있는 수준만큼 가산수입의 증액을 정책적으로 검토하지 않으면 안 된다. 2020년도 수가개정에서는 의료종사자의 부담 경감을 도모하는 관점에서 약사의 병동배치에 대한 가산이 인상되었다. 이에 따라 업무의 분담·이양이 얼마만큼 진전되는지 계속 조사할 필요가 있다[18].

|정리|

본 장에서는 입원기본료를 비롯해 업무를 고려하지 않은 간호수가의 지불구조부터 간호사가 타 직종 업무를 담당하는 메커니즘에 대해 설명하고 그 실태를 살펴보았다. 그리고 간호보조자와 약사를 병동에 배치해서 얻을 수 있는 수가가산이 업무의 분담·이양에 어떠한 영향을 주는지에 대해 분석했다. 그 결과 간호보조자가 담당하는 업무에 대해서는 비교적 분담과 이양이 진전되는 반면 약제 관련 업무는 여전히 간호사가 담당하고 있는 실태

---

18   병동약제업무실시 가산 1과 2는 2018년도 수가개정 때보다 모두 20점씩 증가했다. 또한 'task·sharing', 'task·shifting'을 추진한다는 관점에서 급성기간호보조체제 가산은 각각 30점씩 간호보조 가산에 대해서는 12점씩 증가했다.

가 밝혀졌다.

간호보조자와 약사 등 타 직종이 그 전문 업무를 담당한다면 간호사의 업무 부담을 경감시킬 뿐 아니라 간호서비스 질 향상으로도 이어질 것이다. 이는 가산제도를 시행하는 목적의 하나이기도 하다. 특히 약사가 병동에 배치된다면 'C-1 타 직종 업무 이양으로 간호서비스 생산성 상승'에서도 설명했듯이 환자가 약에 대한 지식이나 복약순응도의 상승이 기대된다. 또한 약물치료의 질이 상승하고 약제사고가 감소한다는 점에서 볼 때 서비스의 질을 높일 수 있다.

더불어 타 직종에 업무를 이양한 만큼 간호사는 환자의 관찰과 베드사이드 케어 등 본래의 업무에 그 노동력을 투입할 수 있어 간호서비스 질 더 나아가 환자의 심신의 건강상태와 QOL의 개선 즉 간호서비스 생산성의 향상으로 이어진다. 역으로 말하면 간호사가 타 직종의 업무를 담당한다는 것은 본래 지향하는 간호서비스의 질을 낮추는 요인이 된다고 말할 수 있다.

일반적 상품·서비스의 경우라면 가격은 그대로인데 품질이 하락한 서비스를 소비자는 선택하지 않는다. 따라서 생산자 측은 품질의 유지·향상에 힘쓰게 된다. 그렇게 함으로써 소비자에게 선택받을 수 있으며 기업이 존속하기 위해서는 품질의 유지·향상은 필수 불가결한 것이다.

하지만 간호서비스 경우는 정보 비대칭성이 존재하기 때문에 서비스 질의 감소에 따른 심신의 건강상태나 QOL에 미치는 영향을 알 수가 없기 때문에 질이 낮은 서비스라고 하더라도 소비자는 선택해 버리고 만다. 간호사가 타 직종 업무를 담당함으로써 간호서비스의 생산성이 감소하고 있다고 해도 그 서비스가 소비자에게 선택되는 한 시설은 존속할 수 있고 또 그러한 점이 현재의 수가제도에서는 이익을 확보할 수 있는 구조로 되어 있다.

참고문헌

1) 川村治子(2018). 医療安全(系統看護学講座) 第4版. 医学書院.

2) 中央社会保険医療協議会診療報酬改定結果検証部会(2017). 平成28年度診療報酬改定の結果検証に係る特別調査(平成28年度調査) 夜間の看護要員配置における要件等の見直しの影響及び医療従事者の負担軽減にも資するチーム医療の実施状況調査報告書.

3) 中央社会保険医療協議会診療報酬改定結果検証部会(2019). 平成30年度診療報酬改定の結果検証に係る特別調査(平成30年度調査) 医療従事者の負担軽減働き方改革推進に係る評価等に関する実施状況調査報告書(案).

4) 角田由佳(2002). なぜ他職種の業務も背負い込むのか?(第2回 看護師の働き方を経済学から読み解く). 看護管理12(5):388-393.

5) 角田由佳(2013). 看護師が他職種業務を担うメカニズムと現状分析. 山口経済学雑誌 62(4):303-320.

6) 角田由佳(2019a). 看護職員による他職種業務分担の実態―看護管理者 に対するアンケート調査(2017年度)から. 山口経済学雑誌67(5):437-460.

7) 角田由佳(2019b). 看護補助者や薬剤師との業務分担の実態―独自調査から見えてきた現状と課題(看護×経済学―経済学で読み解く看護サービスと医療政策⑦). 看護管理29(7):658-663.

8) 角田由佳(2019c). 加算の取得状況から見た業務分担の違い―独自調査から見えてきた現状と課題・2(看護×経済学―経済学で読み解く看護サービスと医療政策⑧). 看護管理29(8):774-778.

9) 日本看護協会(2019). 看護チームにおける看護師・准看護師及び看護補助者の業務のあり方に関するガイドライン及び活用ガイド. 日本看護協会.

10) 兵藤好美・細川京子(2012). 医療安全に活かすKYT(危険 予知 トレーニング). メヂカルフレンド社.

11) 福井トシ子・齋藤訓子編(2018). 診療報酬・介護報酬のしくみと考え方―改訂の意図を知り看護管理に活かす第4版. 日本看護協会出版会.

무시할 수 없는 결혼과 출산·육아

간호사의 노동공급

6장

제4장과 제5장에 걸쳐 간호서비스 생산에 대한 수가의 지불구조가 간호사의 노동에 큰 영향을 준다는 것을 밝혔다. 즉 기능이 높은 간호사에 대한 임금을 감소시켜 기능 향상의 인센티브를 줄이고 타 직종의 업무를 간호사에게 대체시키는 등의 영향이었다. 그리고 간호사의 경우 보다 좋은 노동 조건이나 환경으로 옮기고 싶어도 가족이 있다면 실행하기 어렵고 더구나 병원의 수가 적은 지방의 도시라면 생각보다 전직이 힘들다는 것을 제4장에서 지적했다.

|A| 노동공급이란

사람에게는 누구나 1일 24시간, 1주일에 168시간 평등하게 시간이 주어 진다. 이 한정된 시간 안에서 어느 정도의 노동과 여가로 나누어 쓰고 있을까?

자신에게 주어진 시간을 노동력의 제공(노동공급)에 많이 배분할수록 보다 많은 소득을 얻을 수 있지만 반대로 취미활동 등 좋아하는 것을 하며 보낼 여 가시간은 적어진다. 그렇다고 해서 주어진 시간을 개인적인 여가활동에 많이 써버린다면 노동력을 제공할 시간이 줄어들어 소득이 감소한다.

여기서는 노동자의 일하는 방식과 기업의 채용 행동 등을 연구 대상으로 하는 '노동경제학'의 분야 중에서 일반적인 노동공급 이론에 대해 간호사를 염 두에 두고 설명하고자 한다.

1. 1인 가구의 노동시간 결정

간호사가 가족과 함께가 아니라 혼자 생활하는 경우 노동력을 제공하는 시간(노동시간 또는 노동공급 시간)을 어떻게 정하는지 경제학의 그래프를 이용해 서 설명해 보자.

전제조건으로 우선 간호사는 자신에게 주어진 시간 내에 자기 자신의 효 용(만족)을 최대한 높이는 쪽으로 노동시간과 여가시간을 나눌 수 있다고 가정 한다. 실제로는 병원과 진료소 등 노동력의 수요 측인 고용주가 근무시간을 정하기 때문에 간호사는 이를 바탕으로 자신의 노동시간을 조정하고 있다. 이 러한 현실적인 상황을 감안한 경우 노동시간 결정에 대해서는 차후에 설명하 기로 하고 우선은 가장 간단한 결정모델부터 설명하기로 한다.

그리고 여가시간은 노동 이외의 시간 전부를 포함해 논의를 단순화 한 다. 즉 수면이나 식사시간, 취미활동에 소요되는 시간은 물론이거니와 소득이

[그림6-1] 소득의 제약과 노동공급 시간의 결정(1인 생활의 경우)

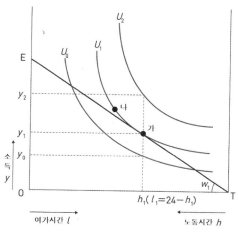

발생하지 않는 가사노동 등도 여가시간에 포함한다.

① 소득 제약과 효용

[그림6-1]은 간호사의 시간 배분에 따른 소득과 얻게 되는 효용의 상태를 나타낸 그림이다.

예를 들어 1시간당 임금(임금율) w = 2,000엔을 벌 수 있는 간호사가 1일 8시간 노동한다고 하면 1일 2,000엔×8시간 = 16,000엔의 소득 y를 획득할 수 있다. 만약 노동시간 h를 1시간 더 늘린다고 하면 1일에 획득할 수 있는 소득은 2,000엔×9시간 = 18,000엔으로 늘어나게 된다. 즉 간호사가 획득할 수 있는 소득은 다음과 같다.

$$Y = w×h$$

[그림6-1]에 따르면 이 공식은 노동시간 h가 증가함에 따라 소득 y가 증가하는 직선 TE로 나타난다. 경제학에서는 이 공식을 '소득 제약식' 직선 TE를 '소득 제약선'이라고 부른다.

1일을 기준으로 해 공급하는 노동시간이 정해지면 그에 따라 여가시간

l은 24-h로 결정된다. 이때 만약 여가시간 l을 늘린다면 l을 노동시간에 투입했을 때 획득할 수 있는 소득 Y = w×l을 포기하게 된다. 즉 시간당 임금 w는 여가시간을 소비하기 위해 지불하는 가격이라는 의미도 있어 포기한 소득 Y = w×l은 여가의 '기회비용'으로 파악된다[1].

[그림6-1]의 U_0, U_1, U_2는 일정 수준의 효용이 획득 가능한 여가시간과 소득의 조합을 나타낸 곡선으로 경제학에서는 '무차별곡선(등효용곡선)'이라고 부르고 있다. 동일한 무차별곡선 상의 소득과 여가시간의 조합은 모두 같은 효용 수준을 가지는 것을 의미하기 때문에 예를 들어 U_1 상의 점 '가'와 점 '나'는 같은 효용 수준(만족도)를 나타내고 있다. 같은 효용 수준을 유지하기 위해서는 여가시간이 증가하면 소득은 감소하게 되고 반대로 소득이 증가하게 되면 여가시간은 감소하게 된다. 따라서 무차별곡선은 모두 우하향의 형상으로 나타난다(여가: 점 '가' > 점 '나' 소득: 점 '나' > 점 '가')[2].

게다가 각각의 U_0, U_1, U_2에 대해서 노동시간이 h_1일 때의 소득을 보면 $y_0 < y_1 < y_2$라는 것을 알 수 있듯이 원점 0에서부터 멀리 떨어진 무차별곡선일수록 보다 높은 효용 수준을 얻을 수 있는 것이 된다.

---

1   이와 같이 다른 선택을 희생해 어떠한 선택을 한 경우, 다른 선택을 했다면 얻을 수 있었던 이익을 경제학에서는 '기회비용'이라고 부르고 있다.

2   여가시간 1단위(예를 들어 1시간) 증가에 따른 효용의 증가분을 여가의 '한계효용' 그리고 소득 1단위 증가에 따른 효용의 증가분을 소득의 '한계효용'이라고 부른다. 무차별곡선 상에서는 같은 효용 수준이 유지되도록 여가시간의 증가에 따라 얻게 되는 한계효용과 소득의 감소에 따라 잃게 되는 한계효용은 일치한다(반대로 여가시간의 감소에 의해 잃게 되는 한계효용과 소득의 증가에 따라 얻게 되는 한계효용도 일치한다). 이 여가의 한계효용과 소득의 한계효용과의 비율을 '한계대체율'이라고 한다.(무차별곡선의 접선에서의 경사로 표시됨). 여가시간과 소득에 대한 개인의 선호도 차이는 무차별곡선의 형상의 차이로 나타난다. 예를 들어 여가시간을 상대적으로 소중히 여기는 사람의 경우, 여가를 희생하기에는 평균적인 다른 사람보다도 더 많은 소득의 증가가 있어야만 한다. 따라서 여가와 소득의 한계효용의 비율인 '한계대체율'은 커지고 급경사의 무차별곡선을 나타낸다. 반대로 여가시간보다 소득이 더 중요하다고 여기는 사람의 경우 한계대체율은 작아지고 완만한 무차별곡선을 나타낸다.

[그림6-2] 임금율 상승시 노동공급 시간의 결정(1인 생활의 경우)

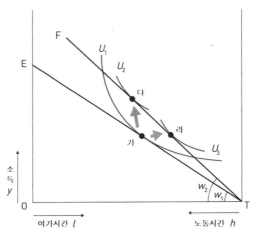

② 보다 높은 효용 수준을 찾아가는 행동

인간은 가능한 한 보다 많은 소득과 여가시간을 획득해 높은 효용 수준을 얻고 싶어 할 것이다. 하지만 노동자는 제시된 임금율에 근거한 소득 제약이라는 상황하에서 가장 높은 효용 수준을 선택할 수밖에 없다.

그러면 [그림6-1]에서 간호사가 소득 제약선 TE에서 표시된 소득 제약 하에서 가능한 한 원점 0에서 멀리 떨어진 높은 효용 수준의 무차별곡선을 선택하고 가능한 많은 소득과 여가시간을 얻고자 하는 경우를 생각해 보자. 이 경우 소득 제약선 TE와 무차별곡선 U_1이 접하는 점 '가'가 선택된다[3]. 이 점 '가'에서의 노동시간은 h_1이다. 보다 높은 효용 수준을 나타내는 무차별곡선 U_2는 소득 제약선보다 위에 있기 때문에 선택할 수 없고 소득 제약선보다 밑에 있어 선택 가능한 U_0은 U_1보다 낮은 효용 수준밖에 얻지 못하므로 선택될 수 없다.

그러면 간호사에게 제시된 임금율이 예를 들어 [그림6-2]에 표시된 것

---

3   이 소득 제약선과 무차별곡선과의 접점에서 소득 제약선의 경사인 임금율w과 여가시간과 소득간의 한계대체율이 똑같아진다.

처럼 w_1에서 w_2로 상승한다고 하면 공급하는 노동시간은 어떻게 변화할까?

[그림6-2]에서 임금율의 상승은 소득 제약선이 TE에서 TF로 상승하는 것을 의미한다. 때문에 간호사는 U_1보다도 높은 효용 수준으로 옮겨가게 된다. 예를 들어 새로운 소득 제약선 TF와 무차별곡선 U_2가 만나는 점 '다' 또는 무차별 곡선 U_3와 만나는 점 '라'의 효용 수준으로의 이동이다. 이때 간호사가 선택한 수준이 점 '다'의 경우 노동시간은 다소 증가하였지만 그 이상으로 소득의 상승이 크기 때문에 전체적인 효용 수준은 높아진다. 그리고 점 '라'의 경우 소득의 증가는 아주 미약하지만 여가시간이 큰 폭으로 증가(즉 노동시간이 큰 폭으로 감소)함으로써 전체적인 효용 수준은 높아지게 된다.

임금율이 상승할 때 점 '다'와 점 '라' 중에서 어디를 선택할 것인가는 이전과 비교해서 노동시간 증가(여가시간 감소)와 높은 소득을 얻을 것인지 또는 노동시간 감소(여가시간 증가)와 미약한 소득 증가를 얻을 것인지는 개인의 선호에 따라 달라진다[4]. 예를 들어 소득을 보다 중시하는 사람은 점 '다'를 선택할 것이고 여가를 보다 중시하는 사람은 점 '라'를 선택할 것이다.

2. 가족과 동거시 노동시간 결정

다음은 간호사가 가족과 함께 생활을 영위하는 경우 노동시간을 어떻게 결정하는지 경제학의 그래프를 이용해 확인해 보자.

---

[4] 임금율 상승에 따른 노동시간(혹은 여가시간)의 변화에는 두 가지 경로로 관찰된다. 이는 '대체효과'와 '소득효과'로 설명되고 있다. ①대체효과: 임금율 상승과 함께 여가의 가격(기회비용)도 올랐기 때문에 여가시간을 노동시간으로 대체(즉 노동시간을 늘림)함으로써 소득을 높이고자 한다. ②소득효과: 임금율 상승에 따라 이전과 같은 시간을 일해도 소득은 증가하므로 여가시간을 더 많이 확보하기 위해 노동시간을 줄인다. ①과 ② 영향의 정도에 따라 노동시간은 변동한다. 즉 ①과 같이 여가시간을 줄이고 노동시간을 늘리는 '대체효과'쪽이 강하다면 임금율 상승에 따라 노동시간이 증가하게 될 것이고 반대로 ②와 같이 소득증가로 인해 여가시간을 더 많이 확보하고자 하는 '소득효과'쪽이 강하면 노동시간은 단축된다. [그림6-2]의 U_2는 대체효과 쪽이 소득효과보다도 강한 경우고 U_3는 소득효과 쪽이 대체효과보다도 강한 경우다.

[그림6-3] 소득의 제약과 노동공급 시간의 결정(가족과 생활하는 경우)

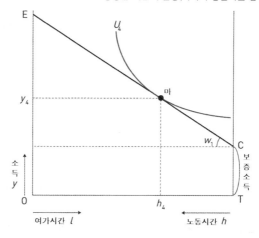

간호사가 기혼여성으로 자녀가 있는 경우 취업할 것인지 안 할 것인지의 선택 그리고 얼마만큼의 시간을 노동에 투입할 것인지 등 노동공급 행위는 남편의 소득수준과 자녀의 연령 등 가족 구성원의 제반 상황의 영향을 받기 쉽다. 이때 간호사는 주어진 시간 내에서 가족의 제반 상황도 고려해 가며 자기 자신의 효용을 가장 높일 수 있도록 노동과 여가에 시간을 배분할 수 있다고 가정한다. 여가시간에 대해 노동 이외의 시간을 모두 포함한다는 전제는 1인 가구의 경우와 같다.

① 가족의 소득이 있는 경우 효용 수준과 노동시간

예를 들어 남편이나 부모의 소득 혹은 재산소득 등 간호사가 취업하지 않아도 얻어지는 세대 소득을 노동경제학에서는 '보증소득'이라고 한다[5]. [그림6-3]은 보증소득이 있는 경우 간호사의 소득 제약선과 무차별곡선을 나타내고 있다.

---

5   나중에 기술할 '유보임금율'의 의미를 비롯해 노동공급 이론의 자세한 설명은 히구치(樋口) (1996)를 참고하길 바란다.

[그림6-3]에서 간호사가 취업하지 않아도 얻을 수 있는 보증소득은 TC로 표시된다. 보증소득이 있을 때 간호사가 직면하는 소득 제약선은 노동시간 h = 0이 되는 점 C에서 시작하는 직선 CE로 그려진다.

결과적으로 이 간호사가 가장 높은 효용을 얻는 것은 보증소득 TC만큼 위쪽으로 올라간 소득 제약선 CE와 무차별곡선 U_4가 만나는 점 '마'이고 노동시간은 h_4가 된다.

② 시장 임금율과 유보 임금율

혼자서 생활하고 스스로 돈을 벌지 않으면 소득이 없는 경우[그림6-1] 설령 낮은 임금율이 제시되어도 그보다 높은 임금율을 제시하는 고용주가 달리 없다면 낮은 임금율에서 일할 수밖에 없다.

하지만 가족과 함께 생활하고 있고 취업하지 않아도 얻게 되는 소득(보증소득)이 충분한 경우 자신이 원하는 수준보다 낮은 임금율이 제시된다면 일하지 않는 선택도 가능하다. 보증소득이 높을수록 취업을 결정하게 되는 임금율도 높아질 것이다. 또한 육아 중인 어린 자녀가 있거나 개호가 필요한 부모가 있는 경우에는 육아나 개호에 필요한 비용을 충당할 수 있을 정도의 높은 임금율이 아니면 취업을 결정하지 않을 것이다. 이와같이 취업을 결정하는 최저 임금율을 경제학에서는 '유보 임금율'이라고 한다.

간호사는 물론 모든 노동자는 각자의 유보 임금율을 기준으로 자기 자신이 직면하고 있는 임금율 즉 '시장 임금율'(w_1이나 w_2)이 높을 때 취업을 선택하고 시장 임금율이 보다 낮을 때에는 취업하지 않는 것을 선택한다. 그리고 보증소득이 있는 경우에는 그 보증소득만큼 유보 임금율이 높아진다.

3. 고용주 측에 의해 노동시간이 정해져 있는 경우

지금까지 제시된 임금율을 바탕으로 간호사 자신이 공급하는 노동시간

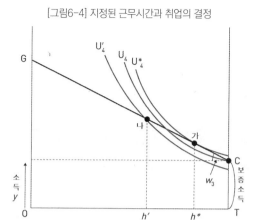

[그림6-4] 지정된 근무시간과 취업의 결정

을 자유롭게 선택할 수 있다는 가정하에서 설명했다.

　하지만 실제로 파트타임이나 비상근·계약직원 등으로 일하지 않는 한 고용주 측이 정한 근무시간을 지키지 않으면 안 되기 때문에 간호사 자신이 자유롭게 노동시간을 조정한다는 것은 현실적으로 어려운 상황이다. 고용주 측에 의해 임금율과 근무시간이 정해져 있는 경우 간호사는 자신의 효용에 따라 그 조건 하에서 취업을 할지 혹은 취업을 하지 않을지(노동시간 h=0)를 선택해야 한다.

　[그림6-4]는 고용주 측이 근무시간 h′, 임금율 w^3으로 근무조건을 제시한 경우에 대한 간호사의 무차별곡선을 그린 것이다. 점 C는 취업하지 않는 상황이고 점 '나'는 그 간호사가 근무시간 h′, 임금율 w^3 의 근무조건을 받아들여 취업한 상태를 나타내고 있다. 이 간호사의 경우(취업하지 않은 상태의) 점 C를 통과하는 무차별곡선 U_4는(취업한 상태의) 점 '나'를 통과하는 무차별곡선 $U_4′$보다도 위쪽에 있기 때문에 높은 효용을 얻기 위해서는 취업하지 않는 것을 선택한다.

만약 근무하는 노동시간을 간호사 측이 자유롭게 정할 수 있는 예를 들면 '단시간 정직원제도'를 활용하는 경우를 생각해 보자. 이때 간호사는 h_4*만큼의 시간을 근무하게 되면(점 '가') 취업하지 않은 상태의 U_4보다도 위쪽의 무차별 곡선 U_4*의 높은 효용 수준을 실현할 수 있다. 이와 같이 단시간 정직원제도 등의 '일·가정 양립'시책을 실시한다면 노동자 본인의 효용이 높아짐과 동시에 고용주 측도 단시간이지만 노동자로 일할 수 있게 하는 것이 가능하다. '일·가정 양립'시책에 관한 설명은 제10장에서 자세히 다루겠다.

|B| 간호사의 대부분을 차지하는 여성의 노동공급 행동

간호사의 경우를 염두에 두면서 1인 가구인 경우와 가족과 동거하는 경우 그리고 고용주 측이 근무시간을 정하고 있는 경우에 노동시간의 공급이 어떻게 결정되는지에 대해서 설명했다.

최근 남성 간호사가 증가하고 있다고는 하지만 여전히 간호사의 대부분은 여성이 차지한다. 2016년 현재 취업자 총 수 121만 665명 중 93.0%가 여성이고 전전년도보다 0.5% 감소는 했지만 인원 수에서는 106만 8,351명에서 112만 6,472명으로 증가했다[6].

특히 가족이 있는 여성은 특유의 일하는 방식이 있다. 노동경제학에서는 기혼여성 특유의 일하는 방식과 그 구체적인 행동에 대해서 일반적인 노동

---

6   각 수치는 일본간호협회출판회 편(2020) '2019년 간호관계통계자료집' pp.8-9, pp.12-13에서 발췌, 산출했다. 간호사 남녀별 인원 수는 2년마다 조사되고 있기 때문에 전년 2015년과 비교할 수 없다.

공급 이론과는 다르게 접근하며 밝혀왔다. 이와 같이 특이한 '여성노동공급'은 전문직인 간호사에도 예외 없이 적용되고 있다. 간호사의 노동공급 행동을 명확하게 설명하기 위해서 먼저 여성노동공급에 대해서 설명해 보기로 한다.

1. 남편의 소득이 취업에 미치는 영향

여성 그중에서도 남편이 있는 기혼여성의 노동공급 행동은 통상적으로 '더글러스＝아리자와(有沢) 법칙'에서 설명하고 있다. 이 법칙은 노동자 개인이 아니라 가족과 함께 구성하는 세대(가계)의 관점에서 여성의 노동공급 행동을 설명하고 있다. 이 법칙은 다음의 3가지 관찰 사실로 형성된다.

- 제1법칙: 아내의 취업률은 남편의 소득이 낮을수록 높아진다.
- 제2법칙: 남편의 소득을 일정하게 둔다면 아내 본인에게 제시되는 임금율이 높을수록 취업률이 높아진다.
- 제3법칙: 남편은 그에게 제시되는 임금율과 관계없이 취업한다.

제1법칙은 아내에 비해서 남편의 소득이 낮다면 가계소득을 돕기 위해 취업을 할 것이며 반대로 남편의 소득이 높다면 가계소득을 도울 필요성이 약해져 취업하지 않는 경향이 있음을 나타내고 있다. 'A-2 가족과 동거시 노동시간 결정'에서 설명했듯이 남편의 소득이라고 하는 '보증소득'이 작아지면 아내가 취업을 선택하는 최저한의 임금율인 '유보 임금율'이 낮아지기 때문에 그만큼 낮은(시장)임금율이라도 취업을 선택하게 된다. 즉 여성노동자인 아내가 취업할지 말지의 의사결정은 본인이 공급하는 노동력의 가격(즉 임금율)보다도 남편의 소득 정도에 의해 결정된다는 것을 의미한다.

다음으로 제2법칙은 남편의 소득이 일정하다고 할 때 아내 본인에게 제시되는 임금율이 높다면 취업하는 확률도 높아진다는 것이다. 앞서 제시한 [그림6-4]에서는 보증소득이 있을 경우 무차별곡선 U_4 의 점 C에서는 간호사가 취업을 선택하지 않는 경우를 나타내고 있다. 만약 간호사 본인에게 제시된 임금율이 상승한다면 CG의 경사가 급격해지고 보다 높은 효용 수준의 무차별곡선과의 새로운 균형점에서 취업이 결정된다.

제3법칙은 아내의 노동공급 행동과는 직접적인 관계는 없지만 세대주가 되기 쉬운 남편의 경우 어떠한 임금율의 제시에도 설령 그것이 낮은 임금율일지라도 가계 소득을 얻기 위해서는 취업하는 경향이 있음을 설명한 것이다. 이것은 남자 노동자의 경우 취업을 결정하는 유보 임금율이 낮기 때문에 매우 낮은 임금율을 제시받더라도 취업을 선택하는 경향이 있음을 의미한다. 이 제3법칙은 여성노동자가 혼자서 생활하는 경우나 여성이 세대주로서 일하는 상황에도 동일하게 해당한다.

남편이 있는 여성의 노동공급 행동을 설명한 이 '더글러스＝아리자와 법칙'은 일본에서는 히구치(樋口)(19821991)나 히구치·하야미(樋口·早見)(1984) 등의 연구에서 검증되었고 최근에는 장(張)(2012)이나 나가쵸·유카미(長町·勇上)(2015) 등에서도 일본의 기혼여성의 행동에 적용가능하다는 것이 밝혀지고 있다[7]. 즉 일본에서도 남편 소득이 높은 세대일수록 아내의 취업률은 낮아지는 반면 남편 소득이 낮은 세대에서는 아내의 취업률이 상승한다. 남편과 소득이 동등하다면 아내에게 제시된 임금율이 높을수록 아내의 취업률은 상승한다. 또 미국에서는 여성의 학력이 취업률에 큰 영향을 미치고 있지만 일본에서는

---

7   장(張)(2012)은 타케우치(武内)(2004)의 연구성과를 바탕으로 여가를 보다 선호하는 여성은 고소득의 남성과 결혼한다고 하는 '매칭효과'를 검증해 더글러스·아리자와 법칙의 제1법칙을 부분적으로 설명할 가능성을 보여주었다. 또한 키시(岸)(2011)는 여성의 노동공급과 남편의 소득 간의 관계가 1990년대 이후 약해지고 있음을 검증했지만 다양한 선행연구 결과에 근거해 볼 때 남편의 소득변화의 영향도 받고 있음을 설명하고 있다. 남편의 소득에 의한 영향이 최근에 다시 강해지고 있다고 분석한 것이 나가쵸·유카미(長町·勇上)(2015)이다.

[그림6-5] 여성의 세대별로 본 연령계층별 노동력비율 추이(2013년)

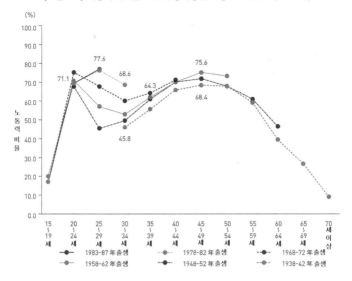

*: 연령계층별 노동력비율이란 각 연령층에 차지하는 각 노동력 인구(취업자 수+실업자수)의 비율을 나타낸 것이다. 또한 그래프가 번잡해지는 것을 막기 위해 1972~1978년생 이전의 그룹에 대해서 1세대 간격으로 표시하고 있다. 전 세대를 망라한 경우도 대체로 같은 경향이 확인된다.
(총무성 '노동력조사(기본집계)'
(연평균)에서 작성된 내각부(2013)의 그림 (p.13)을 일부 가공)

학력 등 본인 특성 보다도 가족의 상황이 여성 취업률에 영향을 미치는 것으로 나타나고 있다[8]. 그것은 다음에서 설명하는 자녀의 존재에 대해서도 마찬가지이다.

---

8   예를 들어 장(張)(2012)는 여성의 학력이 높을수록 취업률 노동시간이 함께 오르는 효과를 검증하고 있지만 키시(岸)(2011)에서는 학력의 효과가 세대에 따라 관찰되지 않고 있다. 여성노동공급에 대해 앞으로도 계속적인 분석이 기대된다.

2. 자녀의 존재가 취업에 미치는 영향

기혼여성의 노동공급 행동에 영향을 주는 것은 남편의 소득만이 아니다. 자녀 특히 유소년기 자녀를 가진 여성일수록 취업하기 힘든 상황이다. 이는 소위 'M자형 취로(就労)'에 의해 잘 나타나고 있다.

[그림6-5]는 세대별로 여성의 노동력비율 추이를 나타낸 것이다. 예를 들어 1938~1942년생 1948~1952년생과 같이 여성을 5년간의 출생연도 별 그룹으로 나누어 각각의 출생연도 별 그룹(경제학에서는 '코호트'라고 부르고 있다)이 각 연령계층에 도달했을 때의 노동력비율을 나타내고 있다[9].

[그림6-5]를 보면 어느 코호트의 노동력 비율도 20대 중반 이후 또는 30대 전반에 계곡을 이루는 M자형의 경향을 나타내고 있다. 이 추이는 여성의 라이프 사이클을 반영하고 있으며 예를 들어 20대 후반 이후의 노동력 감소는 여성노동자가 결혼이나 출산 육아를 계기로 일을 그만두는 경향이 있다는 것 그 후 노동력상승은 육아가 일단락되어 다시 일에 종사하는 것을 나타내고 있다.

또한 출생연도가 젊은 코호트일수록 M자의 계곡 부분이 얕아지는 것과 함께 우상향으로 이동하고 있다. 이것은 출산·육아기에도 일을 계속하는 여성노동자가 증가하고 있다는 점 그리고 미혼화와 만혼화의 영향으로 M자 계곡을 전체적으로 올리고 있기 때문이다. 예를 들어 [그림6-5]와 같은 자료에서 남편이 있는 여성으로 한정해 코호트별 노동력비율을 분석하면 출생연도가 젊은 코호트라고 하더라도 20대에서 30대에 걸쳐 노동력비율은 50%대 중

---

9 '코호트(cohort)'란 어느 특정기간에 출생, 혼인 등의 이벤트가 발생한 사람을 그룹화한 것이고 코호트분석을 행함으로써 '코호트'간(예를 들어 본 책의 경우에는 세대간)의 행동차이에 대해서 알 수 있다. 또한 여기서 사용하는 조사는 조금 오래된 자료(총무성 '노동력 조사'에서 작성된 2013년의 내각부 자료)이지만 이 이후 이러한 출생연도 별 코호트 분석이 없기 때문에 이 자료를 사용해서 설명하고자 한다.

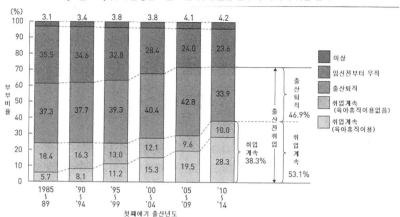

[그림6-6] 첫째 출생연도별로 본 첫째 출산 전후의 아내의 취업 변화

*: 대상은 첫째가 1살 이상 15살 미만의 초혼 부부. 제12회~제15회 조사의 부부를 포함해서 집계했다(개체수: 12,719). 취업 변화는 아내의 임신판명 때와 자녀가 1살일 때의 종업상 지위의 변화를 본 것이다.
(국립사회보장ㆍ인구문제연구소(2016) '제15회 출생동향기본조사 결과의 개요' p.52에서 발췌)

반수준으로 멈추고 있다.

여성노동자의 노동공급이 출생이나 육아에 큰 영향을 받고 있는 것은 다음 [그림6-6]에서도 확인할 수 있다.

국립사회보장ㆍ인구문제연구소가 5년마다 실시하는 '출생동향기본조사'에 따르면 첫째를 2010~2014년에 출산한 여성(조사 대상 12719명) 중 출산 후에도 육아휴직을 이용하는 등 퇴직하지 않고 계속해서 일을 하는 경우는 38.3%로 서서히 증가하고 있다. 한편 결혼을 이유로 임신 전부터 퇴직하는 경우는 감소하고 있지만 23.6%이다. 그리고 첫째 아이 출산을 계기로 퇴직하는 경우는 33.9%에 달하고 있다.

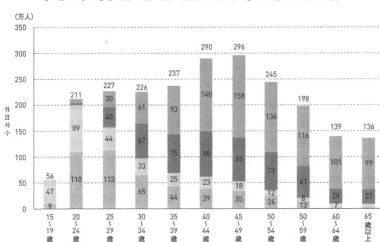

[그림6-7] 고용형태별로 본 미혼·기혼(유 배우자)여성의 취업자 수(2018년)

*: 자영업주 가족종사자 임원을 제외한 취업자 수다.
(총무성 '노동력조사(기본집계)' (2018년 평균)의 제1-4표(여)에서 저자 작성)

3. 남편의 소득과 자녀의 존재가 노동시간에 미치는 영향

지금까지 주로 여성노동자의 취업과 관련된 취업률에 대해 설명해왔다. 하지만 노동력공급의 양적 측면에는 '몇명이 취업하는가'라는 노동공급자의 숫자만이 아니라 '얼마나 일하는가'라는 노동시간의 공급도 포함해야 한다. 더글러스＝아리자와 법칙에 따르면 남편이 있는 여성노동자가 공급하는 노동시간은 남편의 소득이 증가할수록 감소하는 것으로 예측된다. 또한 자녀에 의한 영향도 받고 있으며 유소년기 자녀를 가진 여성노동자일수록 노동시간이 감소하는 것으로 예측된다.

[그림6-7]은 여성의 취업자 수를 연령계층별로 본 것이다. 우선 고등학교나 대학교를 다니는 연령대인 20세 전반 그리고 학교교육이 끝난 후 20세 중반 이후부터 30대에 걸친 연령계층에서 고용자수가 적은 상태인 것으로 관

찰된다.

게다가 20대를 정점으로 미혼 고용자수는 감소하고 기혼(유 배우자) 고용자수가 증가하고 있지만 그 대부분은 비정규고용인 것으로 나타났다. 구체적으로 30~34세 연령계층에서 44.9%(미혼인 경우 32.0%), 35~39세 연령층 51.1%(미혼인 경우 33.8%), 40~44세 연령층 56.5%(미혼인 경우 34.3%) 그리고 가장 고용자 수가 많은 45~49세 연령층에서 59.4%(미혼인 경우 31.0%)이다[10]. 출산·육아기에 있는 기혼여성은 원래 취업하고 있는 사람이 비교적 적지만 취업한다고 해도 비정규고용이 많고 40대에 들어서면 그 비율은 더욱 높아진다.

이와 같이 노동시간을 얼마나 줄이고 있는지에 대해서는 구체적으로 파악하기가 어렵지만 남편과 자녀가 있는 여성의 경우 노동시간을 조정하기 쉬운 비정규고용을 많이 선택하고 있다는 것은 알 수 있다.

|C| 간호사는 어떠한 노동공급 행동을 취하는가

그러면 지금까지 설명해 온 일반적인 노동공급 이론과 여성노동자의 노동공급 행동을 바탕으로 간호사의 노동공급 행동에 대해서 살펴보자.

1. 기존연구에서 본 간호사의 노동공급 행동

간호사의 노동공급에 관한 연구는 1970년대 이후 주로 미국에서 많이 이

10　이 수치들은 각 연령계층별·배우자 유무별로 본 취업자 수에 차지하는 정규·비정규고용자 비율이다. 따라서 자영업주 등을 제외한 [그림6-7]의 각 수치를 이용해서 산출한 비율과는 일치하지 않는다.

루어졌다. 그 배경에는 당시 미국에서도 사회문제가 된 Registered Nurse(이하 RNs)의 노동력 부족과 그 정책대응이었던 RNs 양성 규모확대 프로그램에 대한 의문과 비판이 존재했기 때문이다[11].

미국에서 주로 진행됐던 지금까지의 연구는 전문직인 RNs에 대해서도 여성노동자 일반의 노동공급 행위가 적용된다는 점을 명확히 했다. 즉 남편의 소득이 높을수록 RNs의 취업률은 감소하며 또한 유소년기 자녀가 있으면 RNs의 취업률은 감소한다. 이와 같이 남편의 소득 및 자녀의 영향은 RNs의 노동시간을 줄이거나 파트타임 노동을 늘리는 방향으로도 작용하고 있다.

한편 선행연구에 의하면 RNs 본인의 임금율 상승이 취업률에 미치는 영향에 대해서는 다양한 결과가 나오고 있지만[12] 노동시간에 미치는 영향에 대해서는 본인의 임금율이 상승할수록 노동시간을 늘리는 결과가 나오고 있다([그림6-2]에서 U_2의 경우). 하지만 어느 정도의 임금수준에 도달하면 반대로 임금율 상승이 상승할수록 노동시간이 감소한다. 이런 현상은 일반 노동자에게도 적용돼 어느 정도의 소득을 획득하게 되면 임금율이 상승할수록 소득보다도 여가시간을 선택하고자 하기 때문에 노동시간을 줄이려는 경향이 있다([그림6-2]에서 U_3의 경우)[13].

---

11 일본의 양성 규모 확대책을 비롯해 간호사 노동력 부족 문제와 관련된 정책의 역사적 전개와 효과 문제점에 대해서는 제7장에서 설명한다.

12 RNs의 임금율 상승에 대해 예를 들어 Condliffe et al(2020)은 취업률을 상승시키는 유의한 요소가 아니라는 것을 검증하고 있지만 Hanel et al.(2014)에서는 취업률을 상승시키는 영향으로 확인되고 있다.

13 미국을 시작으로 간호사의 노동공급 행동에 관한 선행연구의 성과는 츠노다(角田)(1994)나 Phillips(1995), Rice(2005) Condiffee et al.(2020)을 참고하기 바란다.

2. 일본 간호사의 노동공급 행동

미국을 중심으로 한 선행연구에 의해 전문직인 간호사의 노동공급 행동은 일반 여성노동자와 마찬가지로 가족 상황의 영향을 받는 것이 명확해졌다. 즉 남편의 소득이 높거나 유년기 자녀가 있으면 간호사의 노동력 공급이 감소한다. 그렇다면 일본 간호사는 어떤 노동공급 행동을 취하고 있는가?

① 일본 간호사 데이터의 한계

아쉽게도 일본에는 간호사의 노동공급 행동을 검증하기에는 한계가 있다. 왜냐하면 간호사 개개인의 데이터 이용에 제약이 있음과 동시에 간호사의 남편에 관한 조사가 충분하지 않기 때문이다.

그중에서도 하야미(早見)(1996)의 연구는 일본간호협회의 회원 조사를 이용해서 간호사의 노동공급 행동을 실증한 귀중한 사례이다. 하지만 이 연구에서도 남편의 소득 데이터가 없기 때문에 단지 남편의 유무에 따른 간호사의 취업률 변화를 분석하는 수준에서 멈추고 있다.

이 연구에 의하면 남편이 있으면 간호사의 취업률은 낮아지지만 통계상 유의하지 않다. 하지만 유년기 자녀가 있으면 간호사의 취업률은 낮아지는 것이 통계상 유의하게 확인된다.

한편 취업 중인 간호사에 대한 연구로 미야자키(宮崎)(2012a)의 연구가 있다[14]. 이 연구에서는 특히 40세 미만의 정규고용 간호사의 경우 남편의 존재가 '취업계속희망'에 마이너스 영향을 끼치는 것으로 분석된다. 또한 40세 이상의 정규 고용 간호사에게는 남편의 존재보다 유년기 자녀의 존재가 '취업계속희망'에 마이너스 영향을 미치는 것으로 검증되었다.

---

14   미야자키(宮崎)(2012a)에서는 총무성 '취업구조 기본조사'의 2002년과 2007년의 조사를 이용해서 개별데이터에서 여성간호사의 취업의식을 분석하고 '출산보다 결혼이 직장을 그만두거나 전직하는 계기가 되기 쉽다'(p.19에서 인용) 등의 결과를 도출하고 있다.

② 일본 간호사도 M자형 취로

일본 간호사의 노동공급 행동을 명확하게 하기 위해 여기서는 개개인의 데이터가 아니라 집계된 데이터에서 취업률의 추이 등을 분석해 보자.

후생노동성 '간호직원 취업상황 등 실태조사'에서는 2010년 8월부터 2011년 1월에 걸쳐 간호사 외에도 보건사, 조산사, 준간호사를 포함해 간호직 관련 면허를 가진 자들의 취업상황을 조사하고 있다. 구체적으로는 20세 이상 간호직 관련 면허증 소지자가 각 연령계층에 같은 수가 되도록 각 도도부현을 통해서 간호직 관련 교육기관에 협력을 의뢰, 졸업생을 대상으로 설문조사를 실시했다(조사 대상자수 39,134명 유효응답률은 52.1%로 20,388명. 그중 간호사 면허증 소지자는 94.4%). 이 조사결과로 각 연령계층의 간호사 면허증 소지자 중 간호직에

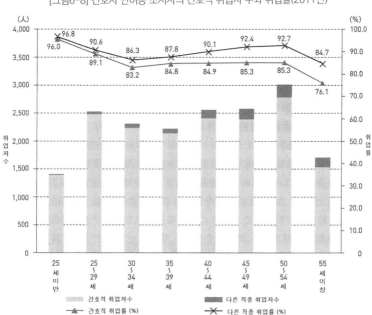

[그림6-8] 간호사 면허증 소지자의 간호직 취업자 수와 취업률(2011년)

(후생노동성(2011) '간호 직원 취업상황 등 실태조사)'의 p.2[표2]에서 저자 작성)

얼마만큼 종사하고 있는지 혹은 간호직이 아닌 다른 직종에 얼마만큼 종사하고 있는지를 나타낸 것이 [그림6-8]이다.

자료의 제약상 유효 응답수의 5.8%를 차지하는 남성을 제거하지는 못했지만 이를 감안하더라도 [그림6-8]의 막대그래프와 같이 각 연령계층의 면허보유자수에 대한 취업자 수는 결혼과 출산·육아를 맞이하는 30대에 일단 감소하고 육아가 일단락된 40대에 다시 증가하는 M자형 추이를 보이고 있다. 또한 연령계층이 올라감에 따라 간호직 이외의 직종에 종사하는 자가 늘어나는 것도 특징으로 꼽을 수 있다.

다시 한 번 [그림6-8] 상의 선 그래프에서 면허보유자의 연령계층별 취업률을 보면 특히 간호직 이외의 일에 종사하는 자도 포함한 경우 취업률이 30대에 하락(감소)한 후에 상승하는 추이가 명확해지고 있다. 또한 25세 미만 취업률이 매우 높은 것은 응답한 졸업자 수가 비교적 적고 그 대부분이 취업 중이기 때문이다.

이렇게 일반여성노동자에 비해 전체적으로 취업률이 높아지고 있지만 간호직에도 M자형 취로(就勞)가 관찰되어 일반 여성노동자와 마찬가지로 가족 상황의 영향을 받고 있는 것을 알 수 있다. [그림6-8]에서 관찰되는 취업자 수의 추이는 2년마다 취업자의 신고를 통해 파악되는 후생노동성 '위생행정보고 사례(취업의료관계자)'의 2018년 말 통계에서도 확인된다[15].

게다가 간호업무에 종사하고 있는 자를 100%로 해서 어떤 고용형태로 일하고 있는지 그 내역을 나타낸 것이 [그림6-9]이다.

---

15   이 보고사례에서 여성의 간호 직원 수를 보면 30대 전반에 취업자 수가 감소하고 그 뒤 40대에 접근하며 다시 증가하는 추이가 분석된다. 하지만 이 보고사례는 취업자에 의한 신고에 근거하여 파악된 수치이다보니 근무지에 신고하지 않고 간호업무에 종사하는 사람이 있을 가능성에 유의할 필요가 있다(츠노다(角田)(2015)를 참고). 한편 미야자키(宮崎)(2012b)는 간호 직원에 대해서 면허보유자 수와 잠재자 수를 치밀하게 추계한 뒤에 M자형 연령계층별 취업률을 분석한 중요한 연구이다.

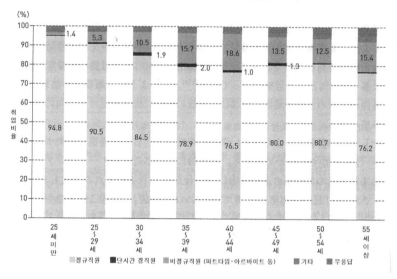

[그림6-9] 고용형태별로 본 간호직 취업상황(2011년)

(후생노동성(2011) '간호 직원 취업상황 등 실태조사'의 p.2[표2]에서 저자 작성)

　　결혼이나 출산, 육아기에 걸친 시기의 이직률은 [그림6-8] 중에서 30~34세에서 13.7%(100-86.3%), 35~39세는 12.2%(100-87.8%)로 다른 연령 계층에 비해 높으며 취업을 하더라도 비정규고용이 많은 것이 [그림6-9]에서 관찰된다. 구체적으로는 파트타임이나 아르바이트 파견사원이라는 비정규직의 형태로 종사하는 자는 30~34세는 10.5%로 비교적 낮지만 35~39세에서는 15.7% 그리고 40~44세에서는 18.6%까지 증가하고 있다. 이와 같이 간호사도 일반 여성노동자와 마찬가지로 결혼이나 출산, 육아 시기에는 근무시간을 조정하기 쉬운 비정규직의 노동 방식을 선택하는 사람이 많다는 것을 알 수 있다.

③ 이직의 가장 큰 이유는 '결혼', '출산·육아'

　　②에서 사용한 후생노동성의 실태조사에서는 이직한 자의 상황에 대

해서도 묻고 있다. 그 결과를 보면 이직자(2,025명) 중에서도 취업을 희망하지 않는 자(525명)의 가장 많은 이유는 '서둘러 취업할 필요가 없다'(26.3%)이고 '기타'(22.3%)에 이어 '본인의 건강문제'(17.0%), '가사·육아 때문에 일을 계속할 수 없을 것 같다', '가족의 건강문제·개호를 위해'(각 10.3%)로 조사되고 있다. 게다가 취업미정인 자(720명)에서는 '가사·육아 때문에 일을 계속할 수 없을 것 같다'(22.2%)가 가장 많고 '서둘러 취업할 필요가 없다'(17.1%) 그리고 '기타'(14.9%)에 이어 '간호 업무로부터 떨어져 있었던 것에 대한 불안감이 있다'(13.8%)로 나타난다.

주요한 이유를 한 가지 응답하는 형식의 설문으로 되어 있지만 다른 곳에서 수입이 있다거나 육아나 개호라는 가족의 상황이 있기 때문에 이직하는 자가 많은 것을 알 수 있다. 또한 간호직으로 일하고자 하는 희망을 가진 자(1,085명)이더라도 단시간 정직원을 포함해 근무시간의 조정이 가능한 근무형태를 희망하는 자가 67.4%, 주간 근무만을 원하는 자는 더욱 많은 85.2%로 집계된다[16]. 이와 같이 이직자의 결과에서도 간호사가 일반 여성노동자와 마찬가지로 가족 상황에 영향을 받는 경향이 있다는 것을 알 수 있다.

그리고 이러한 경향은 최신 조사보고인 일본간호협회 중앙 nurse center(2017)에서도 확인할 수 있다. 도도부현 nurse center에 등록한 간호사 중 조사 당시 미취업자로서 이전 직장의 퇴직 이유로는 20대부터 40대의 모든 연령대에서 1위가 '결혼' 그리고 '임신·출산'과 '육아', '이사'가 상위에 위치하고 있다[17]. '이사'의 경우도 결혼 혹은 남편의 전근에 의한 이유가 포함되어 있다고 추측할 수 있기 때문에 대다수 간호사의 노동공급 행동에는 가족 상황이 가장

---

16   이상의 이직자에 관한 수치는 모두 후생노동성(2011) '간호 직원 취직상황 등 실태조사'의 '결과 표B: 간호 직원으로 취업하지 않은 자에게 질문'에서 발췌 산출했다.

17   일본간호협회 중앙 nurse center(2017)의 '개요' pp.6-10을 참고했다.

크게 영향을 미친다고 생각된다.

제1위인 '결혼'은 앞의 '서둘러 취업할 필요가 없다'라는 점에서도 기술했듯이 남편의 소득이 있기 때문에 간호사 본인의 취업 필요성이 낮아 이직으로 이어진다고 파악할 수 있다. 따라서 남편 소득 수준이 아내 취업률에 영향을 준다는 더글러스＝아리자와의 제1법칙이 일본 간호사의 노동공급 행동에도 적용될 수 있음을 시사하고 있다.

|정리|

제6장에서는 일반 노동공급 이론이나 여성노동자의 노동공급 행동에 대해 설명한 후 여성이 90% 이상을 차지하는 간호사의 노동공급 행동에 대해 밝혀보았다. 그리고 간호사는 일반 여성노동자와 마찬가지로 가족 상황 즉 남편의 소득과 유소년기 자녀의 존재에 따라 노동공급 행동이 영향을 받는다는 것을 설명해왔다. 그것은 남편의 소득이 높거나 유소년기 자녀가 있거나 하면 간호사의 노동공급은 감소한다는 것이다.

최근의 간호사 노동력 부족의 배경으로 일·가정 양립 시책이 추진되어 출산과 육아를 하면서 계속 일할 수 있는 조건이나 환경은 개선되어져 왔다. 하지만 이러한 제도적 정비에도 불구하고 본 장에서 살펴본 간호직의 30대부터 40대에 걸친 취업률 감소나 이직 이유 그리고 비정규직 고용의 증대 등 문제는 계속해 남아있다. 이는 보다 면밀한 대책이 정비되지 않는다면 한층 더 가족의 상황에 의해 노동공급 행동이 좌우될 수 있음을 의미한다.

参考文献

1) 岸智子(2011). 女性の労働供給(第3章). 三谷直紀編著:労働供給の経済学. pp.100-123ミネルヴァ書房.

2) 厚生労働省雇用環境・均等局(2019). 平成30年版 働く女性の実情. (https://www.mhlw.go.jp/bunya/koyoukintou/josei-jitsujo/18.html)(検索日2020年3月23日)

3) 武内真美子(2004). 女性就業のパネル分析―配偶者所得効果の再検証. 日本労働研究雑誌527:76-88.

4) 多田隼士(2015). 女性の活躍促進のための新たなアプローチの必要性―ダグラス・有沢の法則の変化とその要因. ファイナンス(2015.4). 財務総合政策研究所.

5) 張世頴(2012). 既婚女性の労働供給と夫の所得. 季刊社会保障研究47(4):401-412.

6) 角田由佳(1994). 医療サービスの生産要素市場―看護婦の労働市場構造. 片岡一郎編:公私病院の生産構造に関する実証分析. pp.26-62医療経済研究機構.

7) 角田由佳(2015). 看護職員の不足解消に向けて:就業者数を正確に把握する必要性(そのデータから何が見える?経済学の視点から「看護職員需給見通し」を読んでみよう!⑤). 看護67(13):91-93.

8) 内閣府(2013). 平成25年版 男女共同参画白書. 新高速印刷.

9) 長町理恵子・勇上和史(2015). 労働時間統計の整合性と世帯の労働時間の分析. フィナンシャル・レビュー122:103-129.

10) 日本看護協会編(2019). 平成30年 看護関係統計資料集. 日本看護協会出版会.

11) 日本看護協会中央ナースセンター(2017). 平成28年度 ナースセンター登録データに基づく看護職の求職・求人に関する分析報告書. 日本看護協会.

12) 早見均(1996). 看護労働供給と労働時間制約―既婚女子の労働供給行動との比較. 漆博雄編著:看護労働市場の経済分析. pp.25-40統計研究会.

13) 樋口美雄(1982). 既婚女子の労働供給行動―横断面データおよび横断面・時系列のプール・データによる分析. 三田商学研究25(4):28-59.

14) 樋口美雄(1991). 日本経済と就業行動. 東洋経済新報社.

15)樋口美雄(1996). 労働経済学. 東洋経済新報社.

16)樋口美雄・早見均(1984). 女子労働供給の日米比較. 三田商学研究27(5)：30-50.

17)宮﨑悟(2012a). 女性看護師の就業意識に関する実証分析. 日本医療・病院管理学会誌49(3)：147-157.

18)宮﨑悟(2012b). 看護人材の就業率の推移—再検討した潜在者数推計方法による結果から. 同志社大学　技術・企業・国際競争力研究センター(ITEC)ワーキングペーパー 12-04.

19)Condliffe S. Link C. R. and Martinez S. Z. F. (2020). Factors Affecting the Labor Supply Decisions of Registered Nurses. Contemporary Economic Policy 38(1): 127-138.

20)Hanel B. Kalb G. and Scott A. (2014). Nurses' Labour Supply Elasticities: The Importance of Accounting for Extensive Margins. Journal of Health Economics 33: 94-112.

21)Link C.R.(1992). Labor Supply Behavior of Registered Nurses: Female Labor Supply in the Future? Research in Labor Economics 3: 287-320.

22)Phillips V.L.(1995). Nurses' Labor Supply: Participation Hours of Work and Discontinuities in the Supply Function Journal of Health Economics 14(5): 567-582.

23)Rice N. (2005). The Labour Supply of Nurses in the UK: Evidence from the British Household Panel Survey. Health The University of York Econometrics and Data Group (HEDG) Working Paper 05/10.

생산성에 부합하지 않는 임금과 노동력 부족

간호사의 노동수요와 시장구조

7장

제6장에서 간호사는 일반 여성노동자와 마찬가지로 남편의 소득수준과 유소년 자녀 존재 등 가족 상황에 의해 그 노동공급 행동이 영향을 받는다는 것을 밝혔다. 게다가 간호사는 전문직이기 때문에 일반적인 노동시장과는 달리 (제1장) 균형가격 메커니즘이 작동하기 어려워 간호사 노동시장은 이론적으로 불완전한 구조로 되기 쉽다는 것도 설명했다[1].

　　제7장에서는 노동력의 수요가 어떻게 결정되는지를 살펴본 뒤 불완전한 간호사 노동시장의 특징으로써 '수요독점시장'에 대해 설명하고 이에 근거해 간호사의 생산성과 맞지 않는 임금이 지불되는 구조가 형성되는 메커니즘을 밝히고자 한다. 그리고 그 불완전한 노동시장에서 발생한 간호사 부족 문제를 비롯해 다양한 노동력 부족에 대한 사례를 정리하고 정부가 지금까지 취해온 간호사 부족 문제에 대한 대책과 그 영향에 대해서 논의해 보기로 한다.

1　　일반 노동시장에서도 균형가격 메커니즘이 제대로 기능한다고는 말할 수 없다는 점이 지적되고 있다. 예를 들어 경기 악화로 노동력에 대한 수요가 감소해도 노동력의 가격인 임금이 충분히 내려가지 않고(임금의 하방경직성) 오히려 고용으로 조정된다는 것이다. 간호사 노동시장은 더군다나 불완전한 구조로 되기 쉽다는 점을 본 장에서 설명하겠다.

|A| 노동수요란

우선 고용주가 임금을 지불해서라도 고용하고 싶어 하는 노동력의 수요 즉 '노동수요'(labor demand)가 어떻게 결정되는지 설명하겠다. 간호사 노동수요는 의료서비스 혹은 간호서비스의 생산에 파생적으로 필요한 것으로써 기계·설비 등 다른 생산투입요소와 마찬가지로 '파생수요'로서의 파악도 가능하다.

1. 간호서비스의 생산과 간호사의 노동력

[그림7-1]은 경제학에서 설명하는 제품·서비스의 '생산력곡선'을 활용해 간호서비스의 생산량과 간호사의 노동력과의 관계를 나타낸 것이다.

논의를 단순화하기 위해서 세로축의 간호서비스 생산량(Q) 1단위를 '입원환자 1인×1일'로, 가로축의 간호사 노동력(L) 1단위를 '간호사 1명×1일'이라고 하자. 이 경우 예를 들어 간호사의 인원 수를 늘릴수록 보다 많은 환자를 간호할 수 있다는 사실에 근거해 보면 생산력곡선(Q)은 간호사의 노동력을

[그림7-1] 간호서비스의 생산량과 간호사의 노동력

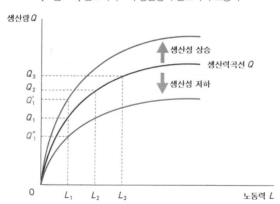

$L_1 \rightarrow L_2 \rightarrow L_3$로 많이 투입하면 할수록 간호서비스의 생산량 또한 $Q_1 \rightarrow Q_2 \rightarrow Q_3$로 증가한다.

다만 생산력곡선은 서비스의 생산량이 증가함에 따라 완만한 경사가 된다. 이것은 간호사의 노동력 투입을 늘릴수록 간호서비스 생산량도 전체적으로는 증가하지만 노동력 투입의 증가분보다는 점점 작게 증가한다는 것을 의미한다. 예를 들어 시설 규모가 일정한 채로 간호사의 인원 수를 늘린다고 해서 그에 비례해서 간호하는 환자를 똑같이 늘릴 수는 없기 때문이다.

보다 우수한 간호관리자가 경영하거나 좋은 기자재, 예를 들어 욕창예방매트 등 간호 관련용품을 보다 성능이 좋은 것으로 도입함으로써 간호사가 더 많은 환자를 간호할 수 있게 되었다고 하자. 이 경우를 [그림7-1]에서 보면 간호사의 노동력 L_1의 투입은 동일하지만 간호서비스의 양은 기존의 Q_1에서 Q'_1으로 증가하게 되므로(노동생산성 상승) 생산력곡선 Q 도 위쪽으로 올라간다.

혹은 보다 적은 시간의 투입으로 동일한 간호서비스를 생산할 수 있게 된 경우에도 절약된 시간을 다른 간호서비스의 생산에 투입할 수 있기 때문에 이 경우에도 생산력곡선Q는 위쪽으로 올라간다.

반대로 입원환자가 중증화하는 등의 이유로 지금까지와 같은 환자 수를 간호할 수 없게 된다든지, 충분하게 환자를 간호할 수 없게 된다면 같은 노동투입량 L_1에서도 간호서비스의 생산량은 Q_1에서 Q''_1으로 감소하게 된다(노동생산성 감소). 이때 생산력 곡선 Q은 아래쪽으로 이동한다[2].

---

2   다만 동시에 간호서비스에 드는 수가를 증액해 수익이 증가하는 경우는 이것에 해당하지 않는다. 제3장의 B-2에서 설명한 흔히 말하는 '단가'가 높은 서비스를 생산해 노동생산성을 상승시키는 ①-A와 같은 경우로 상정한 새로운 생산력곡선을 그릴 필요가 있지 않을까.

2. 간호사가 가진 생산성과 노동수요

노동력 1단위 증가에 따른 제품·서비스의 증가분을 경제학에서는 노동력의 '한계가치생산물'(혹은 가치한계생산력 value of marginal product)이라고 말한다. 노동력 1단위당 노동생산성의 추이를 나타낸 것이 [그림7-2]의 아래 그림이다. [그림7-1]과 [그림7-2]의 아래 그림에서 나타나듯이 노동력 투입의 증가에 따라 간호서비스 전체의 생산량은 증가하지만 한계가치생산물은 서서히 감소해 나간다. 따라서 [그림7-2]의 아래 그림과 같은 우하향 곡선으로 그려진다.

고용주에게 있어 가장 높은 이익을 올릴 수 있는 지점은 어디일까? 경제학 이론에 따르면 노동력 1단위당 노동생산성을 나타내는 한계가치생산물과 노동력 1단위 투입에 따른 비용(여기서는 인건비) 즉 '한계비용(marginal cost)'이 일치하는 지점이다. 이 지점에서 노동력의 투입량을 결정하면 가장 높은 이익을 달성할 수 있다.

따라서 고용주는 한계가치생산물과 한계비용이 일치하는 지점에서 노동의 수요량을 결정하고자 한다. [그림7-2]의 아래 그림에서 보면 한계비용 MC_3에서 가장 높은 이익을 올릴 수 있는 지점은 한계비용 MC_3과 한계가치생산물(즉 노동수요곡선 D)이 일치하는 점 A가 된다.

한계비용이 MC_3일 때 노동력을 L_4까지 고용해버리면 한계가치생산물보다도 한계비용 쪽이 높아져서(점B) 이익은 감소한다.

반대로 한계비용 MC_3보다도 한계가치생산물이 높은 지점 C에서 노동력 L_2만큼 고용하게 된다면 더 많은 노동을 투입해 얻을 수 있는 이익을 포기하는 것이 된다[3].

---

3   한계가치생산물과 한계비용이 일치할 때 고용주의 이익이 극대화되는 근거에 관해서 자세한 설명은 히구치(樋口)(1996) pp.279-280을 참고하면 좋다. 그 외에 참고가 되는 노동경제학 문헌으로 세이케(淸家)(2002) 오오타·타치바나키(太田·橘木)(2012) 등이 있다.

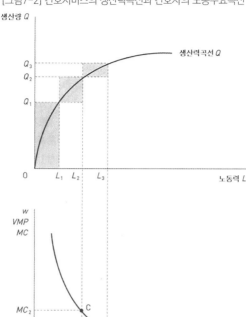

[그림7-2] 간호서비스의 생산력곡선과 간호사의 노동수요곡선

w:임금(률) VMP:한계가치생산물 MC:한계 비용 D:노동수요곡선
*1: 노동수요곡선을 그린 아래의 그림에서 세로축은 위 그림 세로축의 거의 2배로 그려져 있다.
*2: 노동력 1단위당의 노동생산성을 표시한 것이 한계가치생산물이고 이것은 위 그림의 색칠한 부분의 면적으로 나타나고 있다. 이 부분의 추이를 곡선으로 표시한 것이 아래 그림이다.

그렇다면 간호사 임금이 상승해 한계비용이 증가한다면 고용주는 어떠한 행동을 취할까? 예를 들어 한계비용이 MC_3에서 MC_2로 증가한 경우 가장 높은 이익이 달성되는 노동수요량은 한계비용 MC_2와 한계가치생산물이 일치하는 지점 C에서의 노동량 L_2가 된다. 즉 간호사 임금이 상승할수록 한계가치생산물곡선에 따라 노동수요량은 감소한다. 따라서 이 한계가치생산물곡선은 '노동수요곡선'과 동일하다. 간호사의 노동수요곡선(D)도 일반적인 제품·서비스의 수요곡선(제1장의 [그림 1-2])과 똑같이 가격(임금)이 오르면 수요는 감소하고 가격(임금)이 내리면 수요는 증가한다.

한편 생산력곡선([그림7-1]의 윗그림 Q)이 위쪽으로 이동한다고 하면 한계가치생산물 또한 그만큼 증가하는 것이 되기 때문에 노동수요곡선([그림7-1]의 아래 그림 D)도 위쪽으로 이동한다.

|B| 고용주에 의한 독점적인 노동시장의 형성

고용주는 간호사의 노동력을 어느 정도의 임금으로 얼마만큼 구입할 수 있을까? 이것을 알기 위해서는 간호사의 노동수요곡선만이 아니라 '노동공급곡선'도 볼 필요가 있다.

1. 시장 전체에서 바라본 간호사의 노동공급

시장에서의 노동공급곡선은 노동력의 가격인 임금과 노동자의 노동공급량(노동시간 × 노동자 수)과의 관계를 나타낸다. 즉 어느 정도의 임금으로 어느 정도의 간호사가 몇시간 노동력을 공급하는가를 나타내고 있다.

제6장에서는 간호사도 일반적인 여성노동자와 마찬가지로 가족 상황에 따라 그 노동공급 행동이 영향받기 쉽다는 것을 설명했다. 예를 들어 남편의 소득이 높으면 노동자 수나 노동시간의 양쪽 모두에서 간호사의 노동공급은 감소하고 또한 유소년 자녀가 있는 경우에도 마찬가지로 노동공급량이 감소한다.

한편 간호사 본인 임금의 관계만으로 초점을 맞춰보면 간호사 임금이 높아질수록 일하고자 하는 간호사가 늘어나며 노동시장 전체에서의 노동시간도 증가한다[4].

이러한 임금과 노동공급량 간의 관계를 그림으로 표시한 것이 [그림7-3] 에서의 노동공급곡선 S다. [그림7-2]의 아래 그림과 마찬가지로 가로축은 노 동력의 양을 그리고 세로축은 임금으로 나타내면 간호사 노동공급량은 임금 의 상승에 따라 증가하기 때문에 우상향 곡선을 그리게 된다.

이 곡선은 제1장의 [그림 1-2] 일반적 제품·서비스의 공급곡선과 마찬가 지로 가격(임금)이 오르면 공급량이 증가하고 가격(임금)이 내리면 공급량이 감 소한다.

2. 간호사의 노동력이 싼 가격에 팔리는 수요독점시장

그렇다면 간호사의 임금과 실제로 구입되는 노동력의 양은 노동력의 수 요 측인 고용주와 공급 측인 간호사의 행동에 근거해 볼 때 어떻게 결정되는 것일까?

독자 여러분들이 읽고 있는 이 책을 예로 들면 책이란 유형의 생산물 즉 '제품'의 형태를 이루고 있기 때문에 제1장에서 설명한 '서비스'의 특성과는 달 리 전국 각지에 배송되어 독자 여러분의 손에 있다. 그리고 독자 여러분은 이 책을 읽고 지식을 습득할 수 있다. 하지만 만약에 책이라는 제품의 형태가 아 닌 서비스의 형태로 이 책의 내용을 전달하는 경우를 생각해 보자. 그것은 저 자가 전국 각지를 다니며 책의 내용을 일일이 설명하는 형태이며 이는 꽤나 어 려운 작업이다. '노동력'이라는 서비스와 그것을 제공하는 '인간'은 분리할 수 없기 때문에 전국 각지에 '노동력'만을 배송해 이 책의 내용을 설명할 수는 없

---

4   노동시간 수가 임금의 상승에 의해 반드시 늘어난다고 한정 지을 수 없는 점에 대해서는 제6장을 참고하길 바란다.

다. 반드시 저자(인간)가 가야만 한다.

본래 공급 측과 수요 측이 모여 노동력을 거래하는 곳이 '노동시장'이다. 노동시장은 이동이 가능한 지역권별로 성립하기 쉽다. 주로 세대주를 형성하는 남성노동자와는 달리 가족 상황의 영향을 받기 쉬운 여성노동자와 간호사의 경우 보다 높은 임금이나 양질의 노동 조건을 제시하는 고용주가 다른 지역에 존재한다고 하더라도 가족과 생활하는 지역을 떠나 이동한다는 것은 매우 곤란하다[5].

게다가 간호사의 경우 일반 여성노동자와는 달리 전문직이기에 고용주가 의료시설로 한정되기 쉽다. 의료와 관련 없는 타 직종에 고용된 간호사는 매우 적으며[6] 병원근무 간호사의 비율 69.4%(2016년 현재)에서 엿볼 수 있듯이[7] 대부분의 간호사는 병원에서 근무하고 있다.

따라서 병원이 많은 도시권을 제외한 병원이 적은 지역에서는 병원 측이 간호사의 노동생산성보다도 싼 가격으로 간호사 노동력을 구입하는 것이 가능하다. 기혼의 가족이 있는 간호사의 경우는 특히 임금이나 노동 조건이 더 나은 병원을 목표로 해 지역을 이동하기가 어렵다. 결국 간호사의 임금은 그 노동생산성보다도 낮게 책정이 된다.

이렇듯 고용주 측이 노동자의 고용에 지배력(market power)을 가지는 구조를 경제학에서는 '수요독점시장'(혹은 '구매자독점시장')이라고 부르고 있으며 간호사의 노동시장이 이와 같은 불완전한 구조에 있다는 것은 지금까지 많은 선

---

5   여성노동자나 간호사가 세대주로 취업하는 경우에는 남성 노동자와 마찬가지이다.

6   제6장에서 간호사의 M자형 취업을 그림으로 나타냈었다[그림4-8]. 그때 간호와 관계없는 일반 사업주에게 고용된 간호사자격증 소지자는 연령계층이 상승함에 따라 증가하고 있지만 전체적으로는 4.8%이다. 후생노동성(2011) '간호 직원취업상황 등 실태조사결과표'를 참조할 것.

7   수치는 일본간호협회출판회 편(2020) '2019년 간호관계통계자료집' pp.8-9에서 발췌했다.

행연구에서 검증되어 왔다[8].

3. 왜 수요독점시장이 형성되었는가

[그림7-3]은 간호사의 노동력이 싼값에 팔리는 수요독점시장을 그래프 화한 것이다. 간호사의 노동수요곡선 D와 노동공급곡선 S 그리고 간호사를 고용할 때 소요되는 비용(인건비)으로써 노동력을 1단위 늘릴 때 증가하는 비용의 증가분, 그 추이를 나타내는 한계비용곡선 MC가 그려져 있다.

통상적으로 완전경쟁 상태를 상정한 일반적인 노동시장에서는 각각의 개별기업(혹은 사업소)이 노동자의 임금에 영향을 미칠 수 없다. 왜냐하면 노동 수요를 가진 기업이 많이 존재하기 때문에 한 기업에서 임금을 낮추게 되면 노동자는 상대적으로 임금이 높은 다른 기업으로 옮겨 결국 임금을 낮춘 기업에서는 노동자가 줄어든다. 반대로 임금이 높은 기업에서 고용을 희망하는 노동자가 많아져 임금을 낮추는 것도 가능하다. 하지만 임금을 계속 낮추게 된다면 다른 고임금 기업으로 노동자가 옮겨가기 때문에 고용할 노동자는 감소한다.

이와 같이 일반적인 노동시장에서는 임금이 일정한 수준으로 균형을 유지하게 되고(시장 임금율) 이것을 기준으로 기업은 노동수요량을 결정하게 된다. 이때 개개의 개별기업이 직면하는 노동공급곡선은 임금에 대해 우상향 곡선과는 달리 일정한 수준에서 수평의 직선 상태가 된다[9].

---

8   이 선행연구의 성과는 츠노다(角田)(1994a 1994b)에서 밝히고 있다. 또한 츠노다·나카니시(角田·中西)(1995)는 일본의 간호사 노동시장에 관해 수요독점구조를 분석한 연구다. 최근 연구로 서는 Staiger et al(2010)를 들 수 있다. 한편 일본의 연구에서 처음으로 간호사 노동시장에 수요 독점구조를 적용해 분석한 것이 니시무라(西村)(1992)이다.

9   많은 기업이 존재하는 시장 전체에서 보면 노동공급곡선은 [그림7-3]과 같이 임금에 대해 우상향 의 형상이 된다.

[그림7-3] 간호사의 노동시장(수요독점구조)

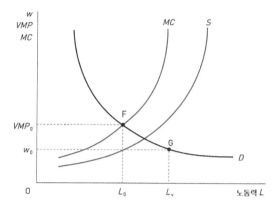

w: 임금(률) VMP:한계가치생산물 MC:한계비용(곡선)
D: 노동수요곡선(=한계가치생산물곡선) S:노동공급곡선

간호사의 노동시장은 어떠한가. 간호사 노동의 수요 측은 병원이다. 병원이 적은 지역에서는 고용주인 병원 측이 간호사 임금 결정에 영향력을 미칠 수 있다. 즉 높은 임금이나 좋은 노동 조건을 찾아 다른 지역으로 이직할 우려가 적은 간호사에 대해서 병원 측이 임금을 설정하거나 바꿀 수 있다. 따라서 개별 병원의 우상향 노동공급곡선 S가 그대로 그 지역의 간호사 노동시장 전체의 노동공급곡선이 된다.

간호사 노동력을 1단위 증가함에 따른 추가적인 비용의 추이를 그린 한계비용곡선 MC는 노동공급곡선 S보다도 급경사의 우상향 곡선이 된다. 이것은 예를 들어 새롭게 간호사를 늘리기 위해서 임금을 인상하게 되면 기존의 고용된 간호사의 임금도 증액해 지불해야하기 때문에 그만큼 노동력 1단위당의 한계비용은 기존의 임금보다도 높아지기 때문이다. 병원 측이 스스로 임금을 설정할 수 있는 수요독점시장의 경우 가장 많은 이익을 달성하는 지점의 임금 수준에서 노동공급을 희망하는(즉 취업하고자 하는) 간호사를 고용하게 된다. 따라서 새롭게 간호사의 고용을 늘리고자 한다면 임금을 올려야만 한다. 일반적인 노동시장에서는 한계비용곡선 MC와 노동공급곡선 S가 일치하기 때문에 개별기업이 고용에 영향력을 미치지 못하며 시장임금수준을 보고 고용량을 결정하면 된다[10]. 하지만 수요독점시장의 경우는 상황이 틀리다.

그렇다면 간호사의 고용은 어느 수준에서 결정될까? 병원이 고용량을 정할 때는 간호사의 한계가치생산물과 한계비용이 일치하는 지점 즉 노동력 1단위당 노동생산성과 비용이 일치하는 [그림7-3]의 점F이다. 하지만 이때 간호사에게 지불되는 임금은 그 노동공급량 L_0와 노동공급곡선 S에 대응하는 W_0이며 이는 한계가치생산물 VMP_0보다도 낮은 수준이다. 고용주인 병원이 고용에 영향력을 행사해 간호사에 대해 노동생산성에 미치지 않는 낮은 임금을 지불하는 구조는 이렇게 그래프화되어 증명이 된다.

|C| 간호사에게서 보이는 다양한 노동력 부족

간호사 노동시장에서 고용주 측이 고용에 지배력을 가지는 수요독점구조의 그래프는 다음 D항목에서 설명할 1980년대 후반부터 1990년대 중반에 걸쳐 발생한 '간호사 부족' 문제에서 특히 고용주 측이 호소하는 '부족'의 원인을 잘 설명해 주고 있다,

노동력 부족이라고 해도 실제로는 다양한 의미가 있고 발생 메커니즘도 각각 다르다. 따라서 노동력 부족에 대한 정책적인 대응에 있어서는 노동력

---

10 일반적인 노동시장에서는 노동자의 고용수준(고용량과 임금)은 노동수요곡선과 노동공급곡선(=한계비용곡선)의 접점으로 결정된다. 노동수요곡선은 한계가치생산물곡선과 동일하기 때문에 본문 중에서 설명하는 간호사와는 달리 일반 노동자의 경우에는 한계가치생산물과 같은 즉 노동생산성에 맞는 임금이 지불된다.

부족이 어떻게 해서 발생하는지를 파악하는 것이 중요하다. 고용주 측이 호소하는 간호사 부족을 비롯해 노동시장에서의 노동력 부족의 발생 메커니즘을 설명하고자 한다.

1. 니즈에 대한 노동력 부족

간호사의 입장에서 볼 때 환자에게 가장 좋은 간호를 제공하거나 의료과실 등의 위험 없이 안전하게 24시간 간호를 제공하는 데에는 인력이 부족하다는 생각이 들 것이다. 노동시장의 상황과 관련 없는 기준 예를 들면 간호나 의료의 임상적 기준으로 노동력이 부족한 경우 이 노동력 부족은 '니즈(needs)'에 대한 부족으로 파악되며 경제학에서의 노동력 부족과는 구별된다.

[그림7-4]는 니즈에 대한 노동력 부족을 나타낸 그래프이다. 논의를 단순화하기 위해 여기서의 노동시장은 고용주 측이 비교적 고용에 영향력을 가지고 있지 않는 일반적인 노동시장구조를 상정하고 있다. 즉 병원이 많은 도시권에 해당한다. 따라서 앞에서 설명한 수요독점시장과는 달리 노동공급곡선과 한계비용곡선이 일치한다[11].

[그림7-4]에서는 간호나 의료의 임상 상의 수준에서 최적의 노동력 양을 L_m으로 두고 있다. 이때 니즈에 대한 노동력 부족은 노동수요곡선과 노동공급곡선이 교차하는 고용수준인 L_e 를 니즈에서 뺀 부분 즉 $L_m - L_e$가 된다.

2. 정(태)적인 노동력 부족

제품이나 서비스를 거래하는 시장에서는 통상적으로 제1장에서 설명한

11　똑같이 상정하고 있는 그림 이 제4장의 [그림4-4](129p)이지만 수요독점시장이라고 하더라도 제4장의 D의 결론에는 변동이 없다. 즉 기능이 축적된 노동생산성(한계가치생산물)이 높더라도 그 한계비용이 높은 것뿐만 아니라 동일한 수가점수 하에서는 이익을 올리기 어려운 간호사에 대한 노동수요가 감소해 결과적으로 임금은 하락하게 된다.

[그림7-4] 니즈에 대한 노동력 부족

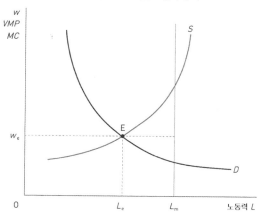

w: 임금(률) VMP:한계가치생산물 MC:한계비용
D: 노동수요곡선(=한계가치생산물곡선) S:노동공급곡선

바와 같이 제품·서비스의 부족이 발생한 경우 가격이 상승함으로써 균형가격 메커니즘이 작동해 수요와 공급이 일치하게 돼 부족은 해소된다.

그러나 [그림7-4]에서 시장 균형상태에서의 임금 w_e에 미치지 못하는 낮은 임금수준에서는 노동공급을 초과한 노동수요가 발생하게 되며 노동력 부족의 상태가 된다. 이때 시장 균형상태의 임금보다도 낮은 임금이 결정되도록 하는 어떠한 법률이나 규제 등이 존재하는 경우에는 균형가격 메커니즘은 기능하지 못하게 되며 노동력 부족이 해소되지 않은 채로 남게 된다. 이러한 노동력 부족을 '정태적 (靜態的) 부족'이라 부르고 있다.

3. 동(態)적인 노동력 부족

2006년도 수가개정에서 간호 직원의 배치 기준을 높이는 '7대1 입원기본료'를 신설하자 간호사의 노동수요가 증가함에 따라 노동력 부족이 발생하였다.

[그림7-5]는 노동수요의 증가에 대응할 수 있을 정도로 임금이 상승하지 않아 노동력 부족이 발생하고 있는 시장의 상황을 나타내고 있다. 여기서도 논의를 단순화하기 위해 병원이 많은 도시권과 같이 고용주 측이 비교적 고용에 영향력을 가지지 못하는 일반적인 노동시장구조를 상정하고 있다.

어떠한 환경변화에 따른 노동수요의 증가는 노동수요곡선 자체를 위로 끌어올린다. 즉 [그림7-5]에서 보면 노동수요곡선이 D→D'으로 위로 상승하게 된다. 노동수요가 증가하기 이전에는 노동수요(D)와 노동공급(S)이 일치하는 지점 E에서 임금은 we 노동력은 Le 로서 균형을 이룬다.

이때 노동수요가 증가하게 되면 새로운 노동수요(D')와 노동공급(S)이 일치하는 지점으로 점E에서 점E'로 균형점이 이동한다. 그리고 새로운 균형상태 E'에서는 임금이 we에서 $w'e$까지 상승하게 된다.

하지만 새로운 균형상태의 임금수준으로 상승하지 못하는 경우가 있다. 예를 들어 국립병원 등 국가공무원 의료직 봉급표에 따라 간호사 임금을 지불하고 있는 의료시설의 경우에는 노동수요의 증가에 대응하는 임금수준 $w'e$까지 바로 임금을 인상하는 것은 어렵다. 혹은 신규 졸업자가 노동시장에 참가해 노동공급량이 증대할 때까지 임금 인상을 미루는 의료시설도 있을 수 있다. 이때 시장에서의 임금이 $w'e$까지 상승하지 못하고 예를 들어 w_1에서 머물게 된다면 $L'e - L_1$의 노동력 부족이 발생하게 된다.

이와 같이 노동수요와 노동공급이 균형상태를 이루는 지점까지 임금이 인상되지 않아 발생하는 노동력 부족을 '동태적(動態的) 부족'이라고 부른다.

4. 수요독점 구조하에서 고용주가 호소하는 노동력 부족

간호사의 고용주 측이 고용에 지배력을 가지는 경우 간호사에게 지불되는 임금은 그 노동생산성보다 낮은 수준에서 멈추고 있다. 다시 한 번

[그림7-5] 동태적(動態的) 부족

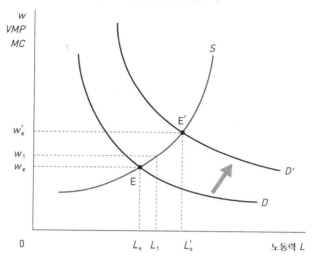

w:임금(률) VMP:한계가치생산물 MC:한계비용
D:노동수요곡선(=한계가치생산물곡선) S:노동공급곡선

[그림7-3]을 보자.

간호사에게 지불되는 임금은 한계가치생산물 VMP_0보다도 낮은 w_0이
다. 이때 병원이 더 큰 이익을 얻고 싶다면 현재의 낮은 임금 w_0을 유지한 채
보다 많은 간호사를 고용하는 것 즉 임금 w_0 = 한계가치생산물이 되는 점 G까
지 간호사 노동력을 구입하는 것이 병원 입장에서는 합리적인 행동이 된다.
이를 위해서 병원 측은 현재 노동력 양 L_0는 부족하다고 정부 등에 호소하게
된다. 수요독점시장의 논리 안에서 가능한 이야기이다.

이와 같이 점 G에서의 노동력 양 L_V 에서 실제 고용량 L_0 를 뺀 노동력 양
$L_V - L_0$ 은 병원 측이 임금을 올릴 의사가 없는 채로 부족하다고 정부에 호소
하는 노동력 부족 부분이 된다. 이를 '(시장) 균형 하의 결원(equilibrium vacancy)'
으로 부르고 있다.

|D| 노동력 부족을 해소하기 위한
정책 전개와 그 영향

일본에서는 1945년 태평양전쟁에서 패한 이후 2006년도 수가개정에서의 간호 직원 배치 기준이 인상되기까지 '간호사 부족'이 사회문제로 표면화된 시기가 세 번 있었다. 그때마다 정부는 일관되게 간호사의 노동공급량 늘리는 것을 목표로 한 정책수단을 취함으로써 노동력 부족 문제에 대응해 왔다.

여기서는 세 번의 간호사 부족 문제가 발생했을 때 시행된 정책에 대해 경제학적 관점에서 정리하고 그 영향에 대해서도 고찰해 보도록 한다.

1. 노동력 부족 문제의 표면화와 대응책

① 첫 번째 노동력 부족 - 패전 후 의료체제 정비기

1948년 당시 의료관계자의 자질에 관한 반성에서부터 '보건부 조산부 간호부 법'(현 '보건사 조산사 간호사법' 이하 '보조간법(保助看法)'이라 함)가 공표되었다.

보조간법은 간호사를 비롯한 간호직의 자질을 전국적으로 균일한 수준으로 향상시키고 이에 따라 의료와 공중위생의 보급·수준 향상을 도모하는 것을 목적으로 간호직 면허제도를 정비함과 동시에 그 업무를 규정한 법률이다. 면허제도를 통해 간호사로 일하는 노동자의 시장진입을 규제함으로써 노동력 공급량을 제한해 노동력의 질을 보증하는 기능을 가지고 있다. 게다가 면허제도에 의한 간호사 직무의 독점적 규정으로 인해 그 노동수요는 간호사에 대해서만 발생하기 때문에 간호사 직무를 다른 노동자의 노동력으로 대체할 수 없게 되었다.

우여곡절 끝에 면허취득요건이 완화되어[12] 간호사 노동공급량의 제약은 약해졌지만 1946년 이후의 미군정(연합군총사령부)의 지도에 의해 병원·병상이 증설됨에 따라 간호사의 노동수요가 증가하여 1950년 전후의 간호사 노동력 부족이 표면화했다. 또한 같은 시기에 '완전간호'의 시행(1950년)[13]에 의해 처음으로 간호직의 배치에 대해 수가점수의 가산 즉 병원 수익이 증가하는 구조가 포함됨으로써 간호사의 노동수요를 증가시키는 인센티브 체계가 마련된다[14].

당시의 노동력 부족을 해결하기 위해 1951년부터 1960년에 걸쳐 간호사 수급계획이 제시된다. 하지만 구체적인 정책수단으로는 '인사원승인'(1949년)에 의한 노동시간의 단축만이 보여질 뿐이다. 국립의료기관에 교대제로 근무하는 간호사의 노동시간을 주 54시간에서 48시간으로 단축한다는 이 정책수단은 실질적인 임금인상으로 이어지게 되면서 장시간 노동으로 이직했던 간

---

12 당시의 보조간법(보건사 조산사 간호사법)은 '간호부'에 대해 갑종과 을종의 두 가지를 설정해 갑종에는 국가시험의 합격을 의무화했다. 하지만 이미 일하고 있던 간호부로부터 지위감소 우려에 따른 반발을 받고 결과적으로 간호자격의 일체화와 준간호부 제도의 설립이 1951년 4월에 시행되었다. 또한 이미 일하고 있는 간호부에 대해 국가시험의 수험 대신에 당시 후생대신 혹은 도도부현 지사의 인정을 받은 강습 수료가 의무화 되었지만 이 인정강습의 수료라는 요건도 같은 해 11월의 일부개정에 의해 폐지되었다. 또한 이 보조간법의 개정의 흐름을 시작으로 D-1항목의 상세한 내용은 츠노다(角田)(1997)을 참조하면 좋겠다.

13 역자주 '완전간호(完全看護)'의 시행에는 당시(태평양전쟁 패전 후의 일본)의 시대적 상황이 배경에 있다. 당시의 '간호사'는 의사의 보조로 일하며 단순히 환자를 돌본다는 인식이 지배적이다 보니 간호체계도 정비되지 않은 상황이었다. '간호는 간호사의 손으로'란 슬로건 하에 간호체계를 정비하고자 1950년 '완전간호'가 실시된다. 여기서는 '간호사에 의한 간호'의 실시를 위해 간호 서비스가 사회보장에 의해 처음으로 독립적으로 수가점수화된다.('완전간호'의 구체적인 내용은 하단의 각주18을 참조하기 바람)

14 1950년도부터 실시된 '완전급식', 1953년 이후 실시된 '완전침구설비'와 합쳐 '완전간호 완전급식 혹은 완전침구설비의 기준'이 1957년 4월에 고시되었다. 한편 '완전간호'에서의 간호 직원 배치 기준은 의료법시행규제 제19조에 의거, 입원환자 4명에 대해 간호 직원 1인 이상, 외래환자 30명에 대해 간호 직원 1인 이상이다. 이 시행 규칙을 준수하고 3교대의 근무형태도입 등 승인기준을 만족시킨다면 병원은 수가점수를 4점을 획득할 수 있었다.(갑지역에서는 1점이 11엔, 을지역에서는 1점이 9엔)

호사들의 취업을 촉진시키며 결과적으로 노동공급량을 증가시키는 기능으로써 평가받게 된다.

1955년에는 '사회보장 5개년 계획'이 책정되어 병상 증설이나 산간벽지에 대한 의료대책이 정비되면서 간호사에 대한 노동수요는 더욱더 증가하게 되었다. 이를 위해 지방자치단체(지자체)에 의한 간호사 양성기관설치에 국고보조금 교부나 1957년에는 '준간호부'부터는 '간호부'자격을 얻기 위한 2년 과정의 교육제도가 도입된다.

② 두 번째 노동력 부족 - 기준간호제도의 제정과 전국민보험의 달성

1958년 '기준간호'(基準看護: 간호 급식 및 침구설비 기준)[15]의 제정에서는 '완전간호'의 생각을 그대로 계승하면서 입원환자에 대한 간호직의 배치 인원 수 규정과 함께 배치의 구성 비율도 정했다. 여기서는 간호직의 면허를 가지지 않은 '간호업무보조자'가 구성원으로 새로 추가되어 배치 인원 수와 구성 비율(간호부:준간호부:간호업무보조자 = 5:3:2)의 두 기준을 모두 충족시키면 가산이 지불된다. 앞서 설명한 1950년 '완전간호'때보다도 노동수요에 더 강한 인센티브 체계가 되었다.

기준간호제도의 제정 후 1961년 '전국민보험'의 달성에 의해 의료서비스 수요가 증가하면서 간호부의 노동수요도 같이 증가하게 된다. 이는 패전 후 두 번째의 노동력 부족 문제로 표면화된다. 이때에는 병원의 전근대적 경영이나 노동 조건에 대한 반발 등 병원파업이 전국 각지에서 발생했다는 배경도 작용하고 있다.

당시의 노동력 부족 문제에 대한 정책수단으로는 첫 번째 노동력 부족

---

15   역자주 완전간호'에서 '완전(完全)'이 '입원환자 전체를 간호사가 돌봐야 한다'는 식의 오해를 불러 의료현장에 혼란을 야기하는 등 문제가 빈번하게 발생했다. 이에 표준적인 간호체계를 정비해야 할 필요에 의해 1958년에 '기준간호'제도가 시행된다.(구체적인 내용은 본문을 참조하기 바람)

때와 같이 '노동시간의 단축' 그리고 '노동공급량의 증가' 정책으로 대응했다. 구체적으로는 국립의료기관에 근무하는 간호 직원에 대한 주 44시간제 도입 등 노동시간 단축 정책 그리고 1962년 간호부양성 2년 과정의 정시제 도입 및 1964년에 고등학교 위생간호과 개설 등 간호사의 양성 규모 확대를 통한 노동공급량 증대 정책을 펼쳤다.

1972년 당시 후생대신(지금의 후생노동성 장관) 사설자문기관으로 학식경험자를 중심으로 한 '간호제도개선검토회'가 설치되며 여기서 제출한 1973년의 보고서에 의해 많은 정책수단이 실행에 옮겨지게 된다. 구체적으로는 면허를 보유하면서 간호직에 종사하지 않는 자를 위한 취업알선사업(nurse back), 국가공무원 의료직 봉급표의 전면개정, 원내보육사업 운영비조성(모두 1974년) 등이 있다. 또한 1975년에는 간호부양성 3년과정에도 야간제가 도입되었다.

③ 세 번째 노동력 부족 - 의료법 개정에 따른 '서두른 병상 증설'

1985년 3월 후생성(지금의 후생노동성) 건강정책국장이 '간호제도검토회'를 발족하고 간호사 노동력은 충족했으므로 그 질을 향상시키기 위한 간호제도 개정에 대해 2년 후에 보고한다는 계획이 세워졌다. 하지만 같은 해 12월의 의료법 개정에 따라 '지역의료계획'이 책정됨으로써 병원에서는 서둘러 병상을 증설하는 소위 '서두른 병상 증설'이 전국적으로 번지며 간호사 노동력 부족에 대한 양적 대책이 다시 요구되었다. 즉 병상 증설에 따른 간호사의 노동수요가 급증하는 반면에 (간호사)양성 규모는 일정한 수준에 머물러 있었기에 노동공급이 따라가지 못하는 상황이었다.

이에 후생성은 1989년에 간호직의 수급예측을 세웠지만 다음 해인 1990년에는 '보건의료·복지인력 대책본부'를 설치하고 1991년에는 수급예측을 다시 수정하게 된다. 1992년 6월에는 '간호부 등의 인재 확보의 추진에 관한 법률'(간호부등인재 확보법)의 성립과 함께 12월에 '간호부 등의 확보를 추진하기 위한 조치에 관한 기본적인 지침'이 고시되었다. 하지만 새로운 구체적인 대책은 나오지 않았다.

세 번째의 노동력 부족 문제에 대해 정부는 이전과 마찬가지로 간호사 노동 조건의 개선을 위해 인사원권고에 따른 국가공무원 의료직 봉급표에서의 임금정체 부분의 해소(1987년)와 의료직 봉급표 특별개선(1991년) 등을 시행했다. 또한 1992년 이후 지자체가 설치한 간호계대학·단기대학의 재정을 지원하고 육성 규모 확대를 도모했다. 그 외에도 공립병원의 간호직채용시험 응모자격에서 일본국적요건을 삭제하고(1986년) 보조간법(보건사 조산사 간호사법)의 개정에 따른 보건부(保健婦)면허취득을 남성에게도 허용(1993년)하게 된 것은 결과적으로 간호사 노동시장으로의 진입규제를 완화함에 따라 노동공급량을 증대시키는 수단이 되었다.

또한 이 기간에 간호사 노동 조건의 개선을 목표로 간호서비스 수가인 '간호료'가 대폭 증액되었다. 예를 들어 1990년에는 수가점수 개정률 평균 3.7% 상황에서 간호료에 대해서는 10% 정도 인상 1992년에는 20% 정도 인상 그리고 야근 등 간호가산이 신설되었다[16].

한편 1994년 '기준간호'제도는 '신간호체계·신간호보조체계'로 변경되어 입원환자에 대한 간호 직원 수와 구성 비율을 결정하는 '신간호체계'와 입원환자 대비 간호업무보조자 수를 결정하는 '신간호보조체계'로 나누어진다[17]. 다만 이전과 마찬가지로 간호 직원의 배치 기준에 따라 수가가 지불되는 등 노동수요에 영향을 주는 방식에는 변함이 없고 오히려 1991년 개정된 '노인

16   자세한 내용은 이와시타·오쿠무라 외(岩下·奥村ほか)(1997)의 pp.81-98을 참조하면 좋다. 1992년 개정에서의 간호료 인상은 '간병간호'의 해소를 도모하는 의미도 포함하고 있다. (돌봄간호)'의 해소는 1994년 1월 결정, 1996년 4월 시행)

17   '기준간호'제도의 제정부터 '신간호체계·신간호보조체계'로의 변경까지 간호에 드는 수가의 전개에 관해서는 후쿠이·사이토 편(福井·斎藤編)(2018)를 참고할 것.

보건법'의 '노인방문간호제도(1992년 실행)'를 노동수요를 증가시키는 요인으로 꼽을 수 있다.

2. 노동력 부족에 대한 각종 정책수단의 영향

　노동력 부족의 문제를 계기로 간호사의 노동공급량을 증가시키기 위한 정책수단은 지금까지 수많이 시행되어 왔다. 그것은 '노동 조건의 개선'과 '양성 규모의 확대' 등 크게 두 가지로 나눌 수 있다.

① 노동 조건 개선책의 영향

　태평양전쟁 패전 이후의 의료체제정비기나 기준간호의 제정 의료법 개정 등으로 본 간호사 노동수요의 증대는 이전의 [그림7-5]에서 보았듯이 수요곡선 D의 우상향 이동 즉 D→D'로 나타낼 수 있다. 이때 새로운 노동수요 D'와 노동공급 S이 일치하는 노동력의 과부족이 없는 시장의 균형상태 E'는 임금이 we 에서 $w'e$ 로 상승하면서 실현된다.

　노동수요 증가에 따른 간호사 노동력 부족에 대응해 지금까지 시행되어 온 노동시간 단축이나 국가공무원 의료직 봉급표의 개선 등 노동 조건 개선책은 실질적인 임금인상을 의미하고 있다. 이 실질적인 임금인상은 노동공급량을 증가시키는 효과를 가지고 있다. [그림7-5]에서 확인할 수 있듯이 예를 들어 국가공무원 의료직 봉급표의 개선 등에 따라 시장 전체의 임금이 we 에서 $w'e$ 로 상승하게 되면 간호사의 노동공급량도 Le 에서 $L'e$ 로 증가해 시장은 균형을 이룬다.

　하지만 임금인상의 효과가 있는 노동 조건 개선책을 정부가 시행하지 않더라도 노동수요가 증대한다면 (제1장에서 설명한) 시장 메커니즘(균형가격 메커니즘)이 기능하며 임금은 자연스럽게 상승하게 된다. 시장 메커니즘에 맡기면 정부의 어떤 개선책보다도 더욱 효과적으로 임금이 상승할 가능성이 높다. 국가공무원 의료직 봉급표 개선을 비롯한 정부의 각종 정책수단이 오히려 시장 전체의 임금 상승을 방해하기도 한다. 이는 정부의 봉급표 개선이 시장변화를 즉각적으로 반영하지 못하기 때문에 초래되고 있다. [그림7-5]에서 노동수요 증가에 따라 임금이 w_e 에서 w'_e 로 상승하였지만 정부의 봉급표는 w_e 에서 w_1 만큼만 개선된 경우 노동시장은 오히려 균형을 잃게돼 $L'_e - L_1$ 만큼의 노동력 부족이 발생하게 된다.

[그림7-5]와 같이 병원이 많은 도시권과는 달리 수요독점구조에 있는 지방의 경우는 더욱 문제가 많다. 각종 정책수단을 통해 가령 수요와 공급이 일치할 때까지 임금이 상승한다고 하더라도 수요독점시장의 특성상 임금과 한계가치생산물과의 차이는 계속해서 남게 된다. 따라서 간호사에게는 노동생산성에 부합하지 않는 낮은 임금을 지불하게 되고 그 낮은 임금수준으로 더욱 고용을 늘리고자 하는 병원 측은 정부에 노동력 부족을 호소(균형 하의 결원)하는 악순환이 계속될 것이다. 이 문제를 해결하기 위한 정책수단은 명확하다. 즉 이러한 부족을 초래하는 수요독점구조를 수정하고 병원 등 고용주 측의 지배력을 약하게 하는 정책수단이다. 하지만 지금까지 그러한 정책수단이 강구된 적은 없다.

② 양성 규모 확대책의 영향

노동 조건을 개선해도 계속되는 노동력 부족에 대해서 간호사 양성 규모를 확대함으로써 대처하고자 할 때 어떠한 영향이 생길까?

간호사 양성 규모 확대책의 하나로 면허취득요건을 완화함으로써 노동시장에 새롭게 진입하는 간호사 수를 늘리는 방법이 이용되고 있다. 이것은 [그림7-6]에서 노동공급곡선 S 을 우측으로 S→S′ 으로 이동하는 것을 의미한다. 이때 새로운 노동공급 S′ 과 새로운 노동수요 D′ 가 일치하는 시장의 균형상태 E″ 에서는 임금이 w''_e 에서 결정되어 노동공급량을 늘리기 이전의

[그림7-6] 양성 규모 확대책에 따른 영향

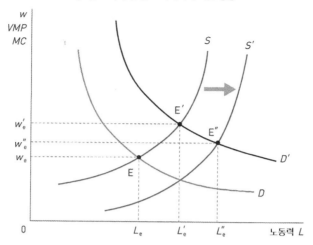

w: 임금(률) VMP: 한계가치생산물 MC: 한계 비용
D: 노동수요곡선(=한계가치생산물곡선) S: 노동공급곡선

임금 w'_e 보다도 낮은 수준이 된다.

노동 조건을 개선하는 정책수단을 취하게 되면 노동수요가 증가해 시장 메커니즘에 의해 간호사의 임금은 w'_e 까지 상승하며 노동공급량도 L'_e 까지 증가한다. 이때 양성 규모 확대책에 따라 한층 더 노동공급량을 증대시킨다면 임금 상승은 멈추게 된다. 즉 간호사는 양성 규모 확대책에 따른 노동공급량 증가가 없었다면 얻을 수 있었던 임금 w'_e 보다도 낮은 임금 w''_e 를 받는 결과가 된다.

더구나 기능과는 관계없이 같은 금액의 수가가 지불되는 수가제도 구조하에서는 양성 규모 확대책에 따라 양성기관을 갓 졸업한 간호사가 노동시장에 많이 진입한다면 병원 측은 상대적으로 임금이 낮은 신졸 간호사를 더 많이 고용할 것이다. 그렇게 되면 기능수준이 높은 베테랑 간호사는 신졸자의 신규진입이 없었다면 얻을 수 있었던 임금보다도 점점 더 낮은 수준으로 임금이 하락하는 상태가 된다.

③ 노동 조건의 개선을 위한 수가 인상이 가져온 영향

패전 후 세 번째 발생한 노동력 부족에 대응해 후생성은 이전의 정책수단과 함께 간호사의 노동 조건 개선을 위해 '간호료'를 대폭 인상했다. 병원 등 노동수요 측이 열심히 간호사 부족(균형 하의 결원)을 호소한 것도 영향이 있었음에 틀림없다.

하지만 간호사 배치 기준의 내용을 바꾸지 않고 간호료만을 인상한다는 것은 간호사 한 명당 획득할 수 있는 수가(병원 수익)의 증액을 의미하며 그것은 한계가치생산물의 증가 즉 노동수요의 증가로 직결된다.

게다가 제5장에서 설명한 간호 외의 타 직종 업무를 담당하는 노동자(간호보조자나 약사)에 대한 수가가 정비되지 않은 상황에서 간호사의 수가만 증액한다면 병원 측은 새로운 노동자(즉, 간호보조자나 약사)를 고용하지 않고 간호사에게 타 직종 업무를 담당하게 하는 편이 인건비가 들지 않으면서 이익이 증가하게 된다.

세 번째의 노동력 부족 때에는 바로 '헤이세이 호경기'(平成景気, 소위 버블경제) 때로 경제 전반적으로 노동력이 부족했던 시기였다. 노동력 부족으로 임금이 급증하던 시기에 병원이 수익을 높이기 위해서는 노동자를 새롭게 고용하는 것보다 간호료의 인상에 의해 더 많은 수익을 얻게 된 간호사로 하여금 타 직종 업무를 담당하게 하는 편이 합리적이었다.

이와 같은 상황에서 간호사 노동수요는 더욱 증가하면서 노동력 부족이 촉진되는 한편 타 직종 업무까지 담당하게 됨으로써 간호사는 더 바빠지고 간호노동력의 부족은 더욱 심화되는 결과가 됐다.

3. 노동시장의 수요독점구조를 개선하기 위해서는

그렇다면 노동생산성과 맞지 않는 간호사의 임금, 그러한 낮은 임금 상태에서도 노동력 부족을 호소하는 수요독점구조를 개선하기 위해서는 어떻게 하면 좋을까? 이전부터 제안되어 온 노동조합 활동을 통한 간호사 측의 교섭력 확보 외에도 다음에 설명하는 간호보조자의 행동에 그 힌트를 찾을 수 있다.

간호사와 마찬가지로 여성이 대부분을 차지하는 간호보조자도 가족이 있을 경우 스스로 좋은 조건을 찾아 도심으로 이동하는 것이 어렵다. 하지만 자격증이 없는 간호보조자의 경우에는 전문직이 아니기 때문에 거주하는 지역 내에서 병원만이 아니라 슈퍼나 식당, 호텔 등 좋은 조건을 찾아 전직할 수 있다. 채용하는 기업 측도 노동력을 확보하기 위해서는 그에 상응하는 임금 고용조건을 제시할 수밖에 없고 특히 경제 전반적으로 노동력이 부족한 시기에 기업 간의 노동력 확보를 위한 경쟁이 심화해 시장 메커니즘에 의한 임금 등의 조건이 상승한다. 이때 병원도 마찬가지로 간호보조자의 임금 등 고용조건을 높이지 않으면 간호보조자의 노동력을 확보하기가 어렵다.

간호사도 마찬가지다. 거주하는 지역 내에서 병원에 한정되지 말고 그 외의 의료시설이나 개호시설 방문간호스테이션 등에서의 근무를 선택지에 넣는 것이 좋을 것이다. 지금의 근무처인 병원이 간호사가 전직해버리면 곤란하다고 느끼게 되면 그 노동생산성에 상응하는 조건을 준비하지 않으면 안 된다. 즉 B-2에서 설명한 간호사의 고용에 대한 병원의 지배력 약화를 목표로 해야 한다.

|정리|

제7장에서는 병원 측이 간호사 임금 결정에 영향력을 가지고 있으며 간호사가 노동생산성에 맞지 않는 임금을 받게 되는 현실에 대해 경제이론을 통해 설명했다.

간호사는 일반 여성노동자와 마찬가지로 가족 상황에 따라 노동공급 행동이 좌우되고 있으며 좋은 조건을 찾아 지역을 이동하며 전직하는 것이 어렵다. 게다가 전문직이기 때문에 고용주가 병원으로 한정되기 쉽고 병원이 적은 지역에서는 전직할 가능성이 적은 간호사의 노동력이 싸게 팔리게 된다. 간호사의 낮은 임금으로 더 많은 노동력을 구입하고자 간호사 부족(균형 하의 결원)을 호소하는 병원도 있다.

또한 간호사 부족 문제를 계기로 시행해 온 노동력의 공급량을 증대시키기 위한 노동 조건의 개선책이나 양성 규모 확대책은 반드시 간호사의 고용환경을 개선하는 효과를 가지고 있다고는 할 수 없다. 노동공급량을 늘리고자 하는 정책수단만 시행되다 보니 간호사 노동시장의 저변에 깔려있는 수요독점구조를 개선한다거나 혹은 병원 등 노동수요 측의 강한 지배력에 대처하려고 하는 정책수단은 시행되지 않았다.

이 수요독점구조를 개선하는 한 가지 방법은 거주하는 지역에서 간호사가 근무처의 선택지를 병원으로 한정하지 않고 다른 시설도 포함하는 것이다. 전문직인 간호사가 전직할 수 있는 근무처로서는 무엇이 있을까.

다음의 제8장에서는 방문간호스테이션이나 노인보건시설 등 병원 이외의 시설도 포함해 간호사의 고용조건에 대해서 분석한다.

参考文献

1) 岩下清子・奥村元子ほか(1997). 診療報酬—その仕組みと看護の評価第2版. 日本看護協会出版会.

2) 漆博雄・角田由佳(1998). 医療スタッフの労働市場(第7章). 漆博雄編著:医療経済学. pp.127-149東京大学出版会.

3) 太田聰一・橘木俊詔 (2012). 労働経済学入門新版. 有斐閣.

4) 金子光編(1992). 初期の看護行政—看護の灯たかくかかげて. 日本看護協会出版会.

5) 清家篤(2002). 労働経済. 東洋経済新報社.

6) 角田由佳(1994a). 看護婦の労働市場—不完全市場仮説の日本への適用可能性. 医療と社会4(1):171-197.

7) 角田由佳(1994b). 医療サービスの生産要素市場—看護婦の労働市場構造. 片岡一郎研究者代表:公私病院の生産構造に関する実証分析. pp.26-62医療経済研究機構.

8) 角田由佳(1996). 看護サービスと看護婦の労働力(看護経済学　看護サービスの経済評価・9). 看護管理6(9):666-670.

9) 角田由佳(1997). 日本における看護婦政策の歴史的展開—経済学からの評価の試み. 医療と社会6(4):86-106.

10) 角田由佳・中西悟志(1995). 看護婦雇用の経済分析—生産構造の視点から. 生活経済学研究12:173-192.

11) 中西睦子ほか(2019). 医療施策と看護施策(第3章). 増野園惠編(井部俊子監修):ヘルスケアシステム論(看護管理学習テキスト第3版第1巻). pp.81-138日本看護協会出版会.

12) 西村周三(1992). 看護マンパワーの需給の現状と理論分析(第1章). 厚生省保険局編(看護問題研究会/座長西村周三):看護マンパワーの経済分析. pp.9-36財団法人社会保険福祉協会.

13) 日本看護協会出版会編(1995). 第4版・近代日本看護総合年表—1868年(明治元年)〜1994年(平成6年). 日本看護協会出版会.

14)樋口美雄(1996). 労働経済学. 東洋経済新報社.

15)福井トシ子・齋藤訓子編(2018). 診療報酬・介護報酬のしくみと考え方第4版—改定の意図を知り看護管理に活かす. 日本看護協会出版会.

16)StaigerD. O. SpetzJ. and PhibbsC. S.(2010). Is There Monopsony in the Labor Market? Evidence from a Natural Experiment. Journal of Labor Economics 28(2) : 211-236.

임금·노동 조건의 격차와 인적자본론

8장

대부분 여성으로 구성된 간호사는 노동공급 행동이 가족 상황의 제약을 받기 때문에 지역을 넘어선 노동이동이 어렵고 또 한편으로는 전문직이기에 고용주가 한정되기 쉽다. 따라서 노동력이 싼 가격에 팔리고 생산성보다도 낮은 임금이 지불되는 경향이 있다는 것은 지금까지의 장에서 설명한 그대로이다. 이런 수요독점구조의 노동시장 하에서는 고용주가 간호사에 대해 낮은 임금을 지불하는 것이 가능하다. 그럼에도 불구하고 실제로는 비교적 높은 임금이 지불되는 간호사가 있는가 하면 낮은 임금이 지불되는 간호사도 있다. 이러한 간호사 간의 임금 격차는 어떻게 해서 발생하는 것일까?

제8장에서는 간호사 간에 발생하는 임금을 비롯한 노동 조건의 격차에 대해서 그 실태를 밝히고 임금 격차에 대해서는 교육과 훈련을 통해 양성되는 기능의 차이로 설명하는 '인적자본론'을 통해서 고찰해 보기로 한다.

|A| 간호사 간의 격차는 어떻게 발생하는가

같은 간호사라는 직업 내에서도 연령계층에 따라 임금에 차이가 있고 시설 규모나 개설자 등 고용 측 특성에 의해서도 차이가 발생한다. 또한 임금뿐만이 아닌 다른 노동 조건에서도 고용 측의 특성에 따라 차이가 있다. 여기서는 임금을 중심으로 간호사 전체의 약 70%가 근무하는 병원을 비롯해 방문간호스테이션이나 개호보험시설의 노동 조건 실태에 대해서 알아보기로 한다.

1.근무하는 시설 규모에 따른 임금 격차

우선 병원을 비롯한 의료시설이나 개호노인보건시설 방문간호스테이션 등 근무처의 종류와는 관계없이 간호사가 근무하는 시설 규모에 따라 임금 차이가 어떻게 발생하는지 분석해 보자.

[그림8-1]은 후생노동성 '임금구조기본통계조사'를 이용해 직원 수 10인 이상의 시설[1]에 근무하는 간호사의 시간당 임금을 연령계층별로 나타낸 것이다. 임금 산출방법은 제4장에서 나타낸 식과 동일하다(아래 식 참조).

$$\text{임금} = \frac{[\text{규정에 따라 지급하는 현금급여액(월)}] \;+\; [\text{연간 상여금 기타 특별급여액/12}]}{[\text{소정근로시간수(월)}] \;+\; [\text{초과 근로시간수(월)}]}$$

위 식에서는 소정근로시간과 초과 근로시간을 합친 시간 수로 급여 전체를 나누고 있기 때문에 노동시간의 차이에 따른 급여액 차이를 제거할 수 있으며 연간 상여금과 특별수당도 시간당으로 환산한 임금액으로 산출된다.

[그림8-1]에서 보면 연령계층이 올라감에 따라 임금이 증가하는 것은 전

---

1   엄밀하게는 1개월 이상의 기간을 정해 고용한 노동자도 포함한 '상용노동자' 10인 이상의 기업(시설)이 본조사의 대상이다.

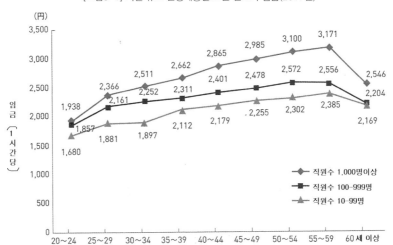

[그림8-1] 시설 규모·연령계층별로 본 간호사 임금(2017년)

(円)

임금 (1시간당)

20~24 25~29 30~34 35~39 40~44 45~49 50~54 55~59 60세 이상

◆ 직원수 1,000명이상
■ 직원수 100~999명
▲ 직원수 10~99명

*: 본 자료는 남성간호사의 조사인원 수가 실제 남녀 비율에 비해 많기 때문에 남녀 합계 임금(가중평균치)을 산출하지 않고 여성간호사의 수치만을 사용하고 있다. 60세 이상의 임금에 대해서는 60~64세, 65~69세 70세 이상의 각 간호사의 임금에 각 연령계층 조사인원 수(2017년 조사 시점)로 가중치를 부여해 평균임금을 산출했다.
(후생노동성(2018) '2018년 임금구조 기본통계조사' 제3권 후생노동성(2019) '2019년 임금구조 기본통계조사' 제3권을 기본으로 산출 작성. 조사 시점을 조정하기 위해 '연간 상여금 기타 특별급여액'만 후자를 채용했다.)

체 시설 규모에서 공통적으로 확인할 수 있다. 특히 직원 수 1,000명 이상의 시설에서는 임금 증가가 가파르다. 낮은 연령계층에서는 비교적 차이가 적지만 연령이 높아질수록 시설 규모에 따른 임금 격차는 확대된다.

2. 병원간의 임금 격차

많은 간호사들이 근무하는 병원의 임금에 대해서 알아보자.

통상적으로 어떤 병원에 근무하는가에 따라 노동 조건은 달라지게 된다.
[그림8-1]에서도 알 수 있듯이 규모가 큰 병원에 근무하는가 아니면 중소규모

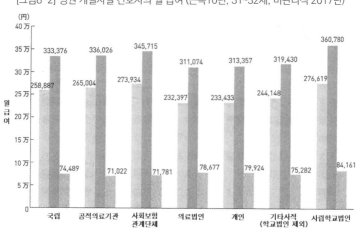

[그림8-2] 병원 개설자별 간호사의 월 급여 (근속10년, 31~32세, 비관리직 2017년)

*: '공적의료기관'에는 '공립', '일본적십자사', '제생회', '후생연', '북해도 사회사업협회'가 포함된다. 또한 '기타 사적(학교법인 제외)'에는 '공익법인', '사회복지법인', '의료생협', '회사', '기타 법인'이 포함된다. 각 평균 급여는 각각의 응답 병원 수로 가중치를 매긴 가중평균치이다.
(일본간호협회(2018) '2017년 병원간호실태조사' p.126를 참조해서 저자 작성)

의 병원인가에 따라 간호사 임금에도 차이가 발생한다. [그림8-2]는 일본간호협회 '2017년 병원간호실태조사'를 이용해서 병원 개설자별로 간호사 월 급여를 비교해 나타내고 있다[2].

간호사(근속10년 31~32세 비관리직)의 월 기본급을 보면 '국립', '공적의료기관', '사회보험관계단체'라고 하는 공적병원에서는 높고 '의료법인', '개인' 등 사적병원에서는 낮다. 하지만 사적병원 중에서도 규모가 큰 '사립학교법인'의 경우는 기본급이 제일 높으며 공적병원의 기본급과 비교하더라도 최대 4만 엔

2   개설자의 분류는 후생노동성 '의료시설 조사'(매년)의 대분류 구분을 참고했다. 일본간호협회(2018) '2017년 병원간호실태조사'에서는 병원의 병상 규모가 확대될수록 간호사의 급여가 상승하는 경향을 확인할 수 있다. (p.126)

[표8-1] 병원의 개설자별로 본 야근수당(2017년)

(단위:엔)

| 개설자 | 3교대 | | 2교대 |
	평균준야근 수당액	평균심야근 수당액	평균야근 수당액
국립	3,240	3,977	8,182
공적의료기관	3,413	3,890	7,747
사회보험관계단체	3,556	3,821	7,687
의료법인	5,147	6,573	12,286
개인	4,933	7,033	12,255
기타사적 (학교법인제외)	4,506	5,610	10,382
사립학교법인	3,809	4,433	8,290

*: 각 수당액은 각각의 응답병원 수로 가중치를 더한 가중 평균치다.
(일본간호협회(2018) '2017년 병원간호실태조사' p.118 p.120을 바탕으로 저자 작성)

이상 높은 수준이다.

통근·주택수당이나 야근수당 등 각종 수당을 포함한 급여총액에서도 비슷한 경향을 보이고 있지만 기본급보다는 공적과 사적 간 차이가 적다. 회색 막대그래프에서 나타나고 있는 것과 같이 사적병원은 기본급 이외의 부분이 크기 때문이다. 예를 들어 야근수당을 보면 [표8-1]에 나타난 바와 같이 사적 병원일수록 높다. [그림8-2]의 급여총액에는 초과근무 수당은 포함되어 있지 않고 야근 횟수의 경우는 모두 동일한 조건(3교대에서는 매달 야근 8회, 2교대에서는 매달 4회)에서 응답되었기 때문에 초과 근무시간과 야근 횟수의 차이에 따른 급여 차이는 반영되지 않고 있다.

3. 개호보험 관련 분야 임금 격차

다음으로 개호보험시설이나 방문간호스테이션의 임금을 보자. 일본간호협회(2017a)에서는 개호노인복지시설(특별요양노인홈), 개호노인보건시설, 방문간호스테이션에 근무하는 간호사 급여가 연령계층별로 조사되고 있다. 이 중에서 응답수가 적은 개호노인복지시설(이하 노복)과 개호노인보건시설(이하 노

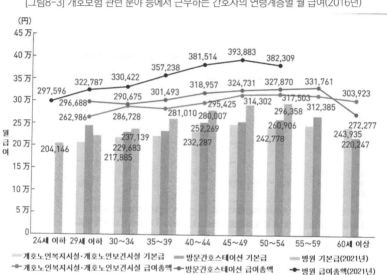

[그림8-3] 개호보험 관련 분야 등에서 근무하는 간호사의 연령계층별 월 급여(2016년)

*1: 개호노인복지시설(노복) ·개호노인보건시설(노건)의 각 급여는 각 연령계층의 응답자수에 가중치를 더한 가중평균치이다. 샘플 수가 적은 '24세 이하', '25~29세', '60~64세', '65세 이상'도 마찬가지로 가중평균치를 산출해 '29세 이하', '60세 이상'으로 표시하고 있다.(샘플 수는 노복 n=322, 노건 n=377, 방간n=773, 병원n=1077이다).

*2: 병원에 근무하는 간호사 급여는 일본간호협회(2017a)와 마찬가지로 일본간호협회(2014)의 수치를 이용하고 있다. 본래 같은 시기의 급여데이터를 채용해서 비교해야만 하지만 다른 급여조사에서는 근무처나 연령계층의 구분이 맞지 않는다는 문제가 있다. 따라서 방간이나 노복·노건의 급여는 2016년 11월 분, 병원의 급여는 2013년 1월분이다. 한편 병원에는 관리직이 포함되어 있지 않다.

건)을 합산해 하나로 하고 방문간호스테이션(이하 방간) 그리고 병원에 근무하는 간호사의 평균적인 월 급여를 비교한 것이 [그림8-3]이다.

우선 막대그래프로 나타내고 있는 월 기본급을 보면 병원에 근무하는 간호사의 급여가 대체적으로 높다. 노복·노건이나 방간에 근무하는 20대 60대의 샘플이 적기 때문에 상세한 부분까지 언급하는 것은 어렵지만 전반적인 경향으로 노복·노건보다 방간이 방간보다 병원의 기본급이 높은 것으로 확인되고 있다. 또한 연령계층이 높아짐에 따라 노복·노건이나 방간과 병원과의 급여 차이는 더욱 확대되는 경향에 있음을 알 수 있다.

다음으로 선 그래프로 표시되어 있는 월 급여 총액을 비교해 보자. 급여 총액에는 초과근무 수당이나 야간수당 등 각종 수당이 포함되어 있다.

기본급과 마찬가지로 노복·노건보다 방간에 근무하는 간호사 급여총액이 높으며 병원에 근무하는 간호사 급여 총액은 그보다 더 높은 수준에 있다. 또한 노복·노건이나 방간의 급여 증가폭이 작기 때문에 연령이 높아짐에 따라 병원의 급여 격차가 커져 최대 86,089엔(노복 · 노건의 40~44세 때. 기본급에서는 47,720엔)의 차이가 발생한다.

다만 전국 병원의 70% 가까이 차지하는 의료법인 설립병원의 급여와 비교하면 그 차이는 상당히 축소된다[3]. [그림8-2]에서 '의료법인'에 근무하는 31~32세 간호사 기본급은 232,397엔(같은 조사의 2016년 시점에서는 231,761엔) 야근수당 등을 포함한 급여총액이 311,074엔(상동 309104엔)으로[4] 30~34세 방간의 기본급과는 2,714엔 차이(상동 2078엔), 급여총액에서는 20,399엔의 차이(상

---

3   후생노동성(2018) '2017년 의료시설(정태(靜態) · 동태(動態)) 조사 · 병원보고의 개황'에 따르면 2017년 10월 1일 시점에 전국의 병원 8,412 시설 중 의료법인설립은 5,766개로 전체의 68.5%를 차지하고 있다. (p.8에서 수치 발췌)

4   2016년 시점에서의 각 급여는 일본간호협회(2017b) p.140에서 발췌했다.

동 18,429엔)이다. 노복·노건의 기본급과는 14,512엔(상동 13,786엔), 급여총액과는 24,326엔(상동 22,376엔)의 차이가 있다. 특히 대기는 있지만 야근이 없는 방간의 경우 급여총액에서 2만 엔 정도의 차이밖에 나지 않는다는 것은 근무환경도 고려해서 볼 때 결코 방간 간호사가 낮은 급여조건에 있다고 말할 수는 없지 않을까[5].

한편 월 급여뿐만 아니라 연간 상여금도 고려한 것이 [표8-2]이다. 후생노동성 '개호사업 경영실태조사'에서 월 급여총액에 연간 상여금의 한 달분을 합산한 금액을 보면[6] 노건에 근무하는 간호사의 급여가 가장 높고 다음으로 방간으로 나타난다. 이 조사에서는 직원의 평균연령이나 연령계층의 분포는 알 수가 없다. 하지만 앞의 일본간호협회 보고서에서 간호사 평균연령이 노복 50.0세, 노건 49.2세, 방간 46.3세인 점을 고려하면[7] 노건과 방간의 급여 차이가 있다고 하기는 어렵다. 오히려 노건에서는 야근이 있지만 방간에서는 야근이 없다는 점에서 보면 방간에 근무하는 간호사 급여가 비교적 높다고도 말할 수 있다. 개호요양형의료시설(병원)에 근무하는 간호사와 비교해서 보더라도 야근이 없는 방간의 급여가 조금 높은 것으로 조사되고 있다. 다만 병원에 근무하는 관리직 포함한 45~49세 연령대 간호사의 급여가 제일 높으며 상여금 포함해 한 달 504,448엔을 수령한다.

노복의 상근간호사는 방간의 급여보다 12,976엔이 적고 평균연령을 고려하면 그 차이는 더욱 커질 것으로 예상된다. 여기서 특히 주목하고 싶은 것

---

[5] 엄밀하게 같은 개설주체의 방간이나 노복·노건의 간호사 급여와 비교해야만 한다. 향후 방간이나 개호보험시설의 급여데이터가 정비될 것으로 기대한다.

[6] 구체적으로는 조사표 중에서 각 년도 4월의 급여지불액과 전년도 연간 상여금을 12로 나눈 금액을 각 시설에 질문했다.

[7] 일본간호협회(2017a) pp.55-56에서 발췌했다.

[표8-2] 개호보험 관련 분야 등에서 근무하는 간호사 월급(상여금 1개월 상당분도 포함)(2017년)

(단위: 엔)

시설·사업소의 종류	상근	비상근
개호노인복지시설	436,985	395,075
개호노인보건시설	470,993	364,092
방문간호스테이션(예방 포함)	449,961	386,194
간호소규모다기능형 재택개호사업소	381,612	301,046
개호요양형의료시설(병원)	449,007	366,031
참고: 병원(45~49세, 2012년)	504,448	–

(후생노동성(2017) '2017년 개호사업경영실태조사의 1시설·사업소 당 수지액 수지 등의 과목 (각 시설표)'에서 발췌. 다만 참고치의 병원에 대해서는 일본간호협회(2014)의 p.150의 45~49 세 연수입을 12로 나눈 금액을 게재했다.)

은 간호소규모다기능형 재택개호사업소(이하 간다기)의 낮은 급여다. 연간 상여금을 포함하더라도 월 381,612엔으로 노복과 비교해도 55,373엔의 차이가 있다.

4. 임금 이외 노동 조건의 격차

시설 간의 격차는 임금뿐만이 아니라 초과 근무나 유급휴가의 취득 등 다른 노동 조건에서도 보여진다. 하지만 이러한 노동 조건의 차이가 시설간 임금 격차를 보정하는 것은 아니다.

[표8-3]은 개호보험 관련 분야 및 병원에서의 2016년 시점의 각종 노동 조건을 정리한 것이다.

정규고용 간호사 1인당 평균 초과 근무시간을 병원 평균 6.6시간을 기준으로 비교해서 보면 노복과 노건은 그(이것) 보다 짧고 방간과 간다기는 그(이것) 보다 길다. 병원에 대해서는 간호부장이 응답하기 때문에 직원에게 직접 물어 보면 초과 근무시간이 더 늘어날 가능성도 있지만[8] 방간과 간다기의 초과 근무시간(양쪽 모두 8.2시간)은 사회보험관계단체설립과 사립학교법인설립 병원과 비슷한 수준(순서대로 8.3 8.5시간)이다.

병원 간에도 노동 조건에는 차이를 보이고 있다. 국립을 비롯한 공적병원에서는 초과 근무시간은 길고 유급휴가의 취득률은 낮은 반면 연간휴일 일수는 많으며 주 5일 근무제가 보다 정비되어 있다. 한편 사적병원은 연간 휴일 일수가 적고 주 5일 근무제의 정비도 미비하지만 그중에서도 의료법인과 개인설립병원의 초과 근무시간은 짧고 유급휴가 취득률은 높다. 노복·노건은 의료법인·개인설립병원의 상황과 비슷하지만 이 병원들과 비교해서 유급휴가 취득률은 낮은 편이고 주 5일 근무제는 잘 정비되어 있다. 방간은 초과 근무시간 이외에는 노건·노복과 비슷한 경향에 있다.

한편 개호보험시설 중에서도 야근이 있는 노건의 경우 2교대제로 월평균 4.6회 야근으로 조사되고 있어 거의 병원 수준의 야근(2016년 실태조사에서는 평균 4.5회)이다. 하지만 야근수당은 노건에서 1회당 9,853엔으로 병원의 1만 772엔 보다도 900엔 정도 적다. 노복과 방간에서는 on call체제(긴급시 호출)가 많이 채택되어 있어 노복에서는 월평균 5.2회, 방간에서는 8.0회 수당의 평균 액은 평일 기준으로 노복 1,540엔, 방간 1,825엔이다. 또한 실제로 대응한 경우에는 별도로 수당이나 할증임금 등 특별한 지급이 있는 곳이 전체의 55.4%

---

8   일본간호협회(2018)에 따르면 병원 이외 직원도 포함하고 있지만 '실제로 근무한 초과 근무시간의 합계'는 평균 18.8시간, '신고한 초과 근무시간의 합계'는 8.0시간이다 (pp.17-18에서 발췌. 그리고 p.75에서 응답자수 1,858명 중 병원 근무자는 1,638명으로 88.2%을 차지하고 있다).

[표8-3] 개호보험 관련 분야 및 병원의 급여 이외의 각종 노동 조건(2016년)

	정규직원 1인당 월평균 초과근무시간 (시간)	연간 휴일수 (일)	간호정규직원 유급휴가 취득율(%)	주5일근무제를 시행하는 시설비율 (4주에 8일휴일도 포함)(%)
개호노인 복지시설	5.0	113.1	51.1	74.7
개호노인 보건시설	3.9	112.9	44.2	69.7
방문간호 스테이션	8.2	114.1	51.1	72.1
간호소규모 다기능형 재택개호 사업소	8.2	111.7	36.7	65.1
병원(평균)	6.6	115.8	55.9	68.8
국립	8.0	124.6	45.5	98.6
공적의료기관	7.2	124.0	43.2	91.6
사회보험관계단체	8.3	122.0	49.4	82.9
의료법인	4.5	112.1	61.8	64.1
개인	4.8	108.1	66.9	56.4
기타사적 (학교법인 제외)	7.2	114.4	59.3	60.4
사립학교 법인	8.5	114.7	50.9	43.4

*1: 초과 근무(비관리직)에 대해 개호보험 관련 분야는 2016년 12월의 평균시간 수 병원은 2016년 9월의 평균시간 수이다.

*2: 연간휴일 일수는 유급휴가를 제외하고 주휴일 국경일 연말연시휴가, 여름휴가, 창립기념일 등 취직규칙에서 정하는 휴일의 합계이다.

*3. 유급휴가 취득률만 2015년도의 수치이다.

*4. 병원의 개설주체별로 본 각 노동 조건에 관한 수치는 각각의 응답병원수에 가중치를 곱한 가중평균치이다.

(일본간호협회(2017a) '개호시설 등의 간호 직원에게 요구되는 역할과 그 체제의 상태에 관련된 조사연구사업보고서'(2016년 후생노동성 보조금사업)p.46의 표7-2(시설 조사) 및 일본간호협회(2017b) '2016년 병원 간호실태조사'pp.30-32 pp.113-117을 바탕으로 저자 작성)

이다(방간만 공표)[9].

사립학교법인 설립병원은 기본급 등 급여가 높은 반면 다른 노동 조건은 낮으며 간다기는 급여도 낮고 노동 조건도 정비되어 있다. 간다기는 평균 초과 근무시간 수, 연간휴일일수, 유급휴가 취득률 그리고 주 5일 근무제 실시 비율의 모든 부분에서 가장 낮으며 특히 유급휴가 취득률(36.7%)은 다른 시설과 비교해서 상당히 낮은 수준이다. 초과 근무가 많고 휴일도 적고 유급휴가도 취득하기 힘들다면 간다기에서 일하고 싶다는 의욕이 있어도 실제로 일하게 되면 상당히 힘든 상황일 수밖에 없다.

|B| 임금 격차를 설명하는 인적자본론

임금 격차를 설명하는 경제이론이나 가설은 많이 존재한다. 그 이유는 임금 격차가 단순히 노동자의 생산성 차이에 의해서만 발생하는 것이 아니라 직종이나 연령, 인종, 성별 등 다양한 요인이 영향을 미치기 때문이다.

물론 앞의 'A 간호사 간의 격차는 어떻게 발생하는가'에서 살펴보았듯이 임금 이외의 노동 조건에도 격차는 존재한다. 하지만 경제학에서는 다른 노동 조건도 포함해 '임금'이라는 금전적 보수를 지표로 하는 경향이 있다. 이는 임금 이외의 노동 조건을 금전 상당액으로 환산하고자 하는 노력에 의해 가능하게 되었다[10]. 간호사의 경우는 비교적 임금이 낮은 중소규모의 사적병원이나

---

9   이상 노건 등 개호보험 관련 분야의 수치는 모두 일본간호협회(2017a) pp.43-45에서 발췌했다. 노건의 야근은 정확하게는 응답한 시설이 81.1%이고 그 외는 당직제나 on call제 등을 채용하고 있다(p.43). 병원의 수치는 일본간호협회(2017b) p.34 p.40에서 발췌했다.

10   구체적인 설명은 라지아(Lazear)(1998)의 pp.407-439를 참고할 것.

개호보험시설 등에서 임금 이외의 노동 조건을 향상시킴으로써 전체 처우 수준의 격차를 축소하고자 하는 경향은 보이지 않았다.

일본의 간호사 간 임금 격차에 대한 분석에서는 인종이나 직종 차이가 없으며 주로 여성이기 때문에 성별 차이도 없다. 따라서 인종이나 직종, 성별 등 요인에 의한 영향은 고려하지 않아도 되기에 노동자의 생산성 차이에 의한 임금 격차 부분으로 한정될 수 있다. 이를 설명하는 경제학이론 중 하나가 교육과 훈련에 의해 양성되는 기능의 차이부터 임금 격차를 설명하고 있는 '인적자본론'(또는 '인적투자이론')이다[11].

1. 노동자의 생산성에 영향을 주는 '인적투자'

사람들은 장래에 도움이 될 것이라 기대하고 학교 혹은 직업훈련기관 등에서 교육이나 훈련을 받는다. 그리고 학교 졸업 후 기업에 취직한 뒤에도 직장 내에서 OJT(On the Job Training) 직장을 벗어나서 Off JT(Off the Job Training) 등 교육·훈련을 받고 지식과 기술, 경험 등 스킬(기능)을 쌓으며 자신의 생산성을 높여간다.

임금을 결정하는 요인으로써 노동자의 생산성(노동생산성)에 주목하고 생산성을 좌우하는 학교 교육과 취직 후 직장 등에서의 교육·훈련이 노동자의 임금에 미치는 영향을 설명하는 것이 인적자본론이다.

교육이나 훈련에 쓰이는 비용은 교육을 받는 기간 중에 지불되고 교육

---

11   그 외에도 임금 격차를 설명하는 이론으로 기업 측이 채용비용을 낮추기 위해 인종이나 성별 학력 등 노동자가 속한 집단의 과거 업무 행적을 기준으로 개별 노동자의 채용을 결정해 결과적으로 격차가 발생한다고 하는 '통계적차별이론'이나 여성의 직업선택 상의 선호도에서 특정 직업에 여성이 집중되어 과잉 노동공급에 따라 임금이 낮아진다는 'Crowding가설' 그리고 소위 3D(Difficult, Dirty, Dangerous)*와 같이 악조건의 업무환경이 임금을 인상시킨다고 하는 '보상임금가설' 등이 있다.
      * 3D(Difficult, Dirty, Dangerous): 본서에서는 3K(힘듦(きつい:kitsui), 더러움(汚い:kitanai), 위험함(危険:kiken)로 표현하고 있다.

기간이 종료하고 난 후에 높아진 생산성으로 그 이익을 획득함으로써 교육비용을 회수할 수 있다. 즉 기업이 비용을 지불하며 공장을 건설하거나 기계를 구입해 장래에 이익을 획득하고자 하는 투자행동과 같다. 기업의 공장이나 기계에 대한 투자를 '물적투자'로 교육·훈련에 대한 투자는 '인적투자'로 불리고 있다.

교육·훈련을 통해 획득한 기능은 그 내용에 따라 '일반적 기능'과 '기업 특수적 기능'으로 나뉜다. 일반적 기능이란 어느 기업에서도 통용이 되는 기능을 지칭하며 인적투자에서는 학교교육에 의해 습득되는 기능이 대표적인 예이다. 한편 기업 특수적 기능이란 근무하는 기업에서만 통용되는 기능을 지칭하며 인적투자에서는 근무하는 기업에서의 교육·훈련 예를 들어 OJT에 의해 습득되는 기능이 대표적인 예이다.

일반적 기능과 기업 특수적 기능에서는 각 기능을 습득하기 위한 교육·훈련의 비용(즉 인적투자비용)을 부담하는 방법 그리고 이익을 얻는 방식에 차이가 있다. 다음에서 그림을 사용하면서 설명해 보자.

2. 일반적 기능에 대한 투자와 임금과의 관계

① 일반적 기능에 투자하고 싶지 않은 고용주

노동자는 일반적 기능을 습득한 경우 어느 기업에서도 그것을 활용할 수 있기 때문에 기업을 옮기더라도 일반적 기능의 축적에 따른 임금을 받을 수 있다. 한편 기업의 입장에서는 노동자에게 일반적 기능의 습득을 위해 인적투자를 하더라도 다른 기업으로 이직해 버리게 되면 투자비용의 회수가 불가능하기 때문에 이익을 얻을 수가 없다. 오히려 손실을 입게 될 수가 있다.

따라서 일반적 기능을 위한 인적투자비용에 대해서 기업은 부담하고자 하는 인센티브가 작동하지 않는다. 따라서 어느 기업에서도 통용이 되는 일반적 기능에 대해서는 노동자 스스로 투자비용을 부담하고 습득한 기능에 부합하는 이익을 임금으로써 획득한다.

② 일반적 기능에 대한 투자와 회수

[그림8-4]는 일반적 기능에 대한 인적투자비용과 임금 그리고 기능의 축적을 반영하는 노동자의 생산성 즉 한계가치생산물(제7장에서 설명한 노동력 1단위당의 노동생산성)을 나타내고 있다.

일반적 기능을 획득하기 위한 인적투자의 예로 대학교육을 생각해 보자. [그림8-4]에서의 CDE는 대학교육을 받은 경우의 한계가치생산물의 추이를 나타내고 있다. 한편 직선 AB는 대학교육을 받지 않은 경우 즉 고등학교를 졸업하고 바로 취직한 경우의 한계가치생산물과 임금을 나타내고 있다.

대학에 진학하기 위해서는 입학금이나 수업료 등 비용이 들어간다. 그리고 고등학교를 졸업하고 바로 취직했을 때 벌어들일 임금도 포기하지 않으면 안 된다. 고등학교 졸업 후 취직을 선택했다면 대학을 선택함으로써 획득할 수 있을 이익(즉 임금소득)을 포기한 것이 된다. 이를 '기회비용'(opportunity cost)이라고 한다. 이러한 '기회비용'과 대학교육에 들어가는 수업료 등 합계가 일

[그림8-4] 일반적 기능에 대한 인적투자비용과 임금

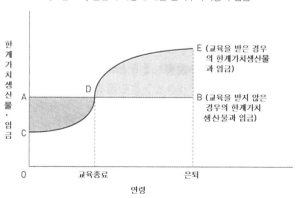

반적 기능을 획득하기 위한 총비용이다. 그림 중에 ACD로 표시된 비용에 대해서는 노동자가 전부 부담하게 된다.

대학졸업 후 얻을 수 있는 임금은 인적투자를 하지 않은 고등학교 졸업자의 임금보다 높아진다. 노동자 자신이 비용을 전부 부담한 인적투자를 통해 한계가치생산물이 높아지며 그에 상응해 임금도 높아진다. 만약 이에 맞는 임금을 기업 측이 지불하지 않는다면 이 노동자는 더 높은 임금을 획득하기 위해 다른 기업으로 옮겨가 버릴 것이다. 따라서 일반적 기능을 습득한 노동자에게는 EDB로 표시된 부분만큼 높아진 한계가치생산물과 일치하는 임금이 지불되기 때문에 이를 통해 인적투자에 쓰여진 비용을 회수할 수 있으며 초과이익도 획득할 수 있게 된다.

3. 기업 특수적 기능에 대한 투자와 임금과의 관계
① 기업 특수적 기능에 대한 투자비용의 분담

기업 특수적 기능의 경우에도 일반적 기능과 동일하게 그 기능을 습득한 노동자는 한계가치생산물이 향상하기 때문에 보다 높은 임금을 받게 된다. 따라서 노동자 입장에서는 기능습득을 위한 인적투자의 인센티브가 작동한다. 하지만 노동자가 기업 특수적 기능을 많이 습득해도 다른 기업으로 옮기면 활용할 수가 없다. 이것이 일반적 기능과 다른 점이다. 즉 다른 기업으로 옮기게 되면 기업 특수적 기능에 의한 한계가치생산물의 향상은 기대할 수 없기 때문에 임금의 상승도 없다. 기업 특수적 기능을 습득한 노동자가 다른 기업으로 옮기게 되면 오히려 임금이 하락하게 된다. 결국 다른기업에서 통용되지 않는 기능을 얻기 위해 노동자가 그 인적투자비용을 전액 부담하고자 하는 인센티브는 생기지 않는다.

그러나 기업 측에서는 회사에 필요한 기능이기 때문에 기업 특수적 기능의 양성을 위해 인적투자비용을 부담하고자 하는 인센티브가 작동한다. 하지만 회사에 필요한 기능의 습득을 위해 인적투자비용을 전액 부담할 경우에는 불안요소(risk)가 존재한다. 만약 그 노동자가 바로 회사를 그만두는 상황이 생긴다면 기업 측은 투자비용을 회수할 수 없게 되기 때문에 인적투자비용만큼 손실이 발생하게 된다는 점이다. 따라서 기업 측에서도 인적투자비용을 전액 부담하고자 하는 인센티브는 생기지 않는다.

결론적으로 말하면 기업 특수적 기능에 대해서는 노동자와 기업이 인적투자비용을 분담하는 것이 서로에게 유익하다. 함께 인적투자비용을 부담한다면 투자 후에 기업이 노동자를 해고한다든지 혹은 노동자가 회사를 그만두는 것에 따른 양측의 손실을 어느 정도 상쇄할 수 있다. 그보다도 오랜기간동안 근속하면서 오랜기간동안 이익을 회수하는 것이 기업과 노동자 양측에 가장 유익하다. 따라서 기업 특수적 기능이 양성되고 축적되면 은퇴 시가지 계속 일하며 서로 투자비용을 회수해 이익을 획득하는 것이 유리하기 때문에 장기간 고용관행이 정착된다.

한편 투자비용의 분담비율이나 이익배분 비율은 통상적으로 노동시장의 유동성에 의존한다. 즉 사회 전체적으로 노동자가 전직하기 쉬운 환경인지, 기업의 고용보장이 어느 정도인지 등에 따라 결정된다. 예를 들어 노동자가 전직하기 쉬운 시장환경(즉 노동시장의 유동성이 높은 상태)이라면 노동자의 투자부담비율과 이익배분비율은 높아진다. 반대로 노동시장의 유동성이 낮아 노동자가 전직하기 어려운 시장환경에서는 기업의 투자부담비율과 이익배분비율이 높아지며 그만큼 노동자의 투자부담비율과 이익배분비율이 낮아지게 된다. 즉 전직하기 어려운 시장환경에서는 노동자의 기업 특수기능에 대한 이익배분이 작아도 하는 수 없이 그 기업에 남으려고 할 것이고 이익배분이 작기 때문에 인적투자에 대한 인센티브가 약해져 투자부담비율도 작아지

[그림8-5] 기업 특수적 기능에 대한 인적투자비용과 임금

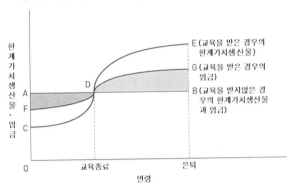

게 된다[12].

② 기업 특수적 기능에 대한 투자비용의 회수

[그림8-5]는 기업 특수적 기능에 대한 인적투자비용과 임금 한계가치생산물과의 관련을 [그림8-4]와 같이 나타낸 것이다. 기업 특수적 기능의 습득을 위한 인적투자를 받지 않는 경우의 한계가치생산물과 임금이 직선AB이며 반대로 인적투자를 받은 경우의 한계가치생산물은 CDE이고 임금은 FDG이다.

인적투자비용 ACD중 FCD 부분은 기업의 투자비용 AFD부분은 노동자의 투자비용에 해당한다. 즉 FCD 부분은 교육기간 중 그 노동생산성(CD)보다도 높은 임금(FD)을 지불하는 형식으로 비용의 일부를 기업이 부담하게 된다. 그리고 AFD 부분은 기업 특수적 기능의 교육을 받지 않았다면 획득할 수 있었던 임금(AD)보다도 낮은 임금(FD)을 받는 형식으로 비용의 일부를 노동자가 부담하는 것이다.

따라서 인적투자의 결과 향상된 한계가치생산물 EDB중 EDG는 기업이

---

12   히구치(樋口)(1996) pp. 172-173을 참고할 것.

그리고 GDB는 노동자가 이익으로써 회수하게 된다. 즉 EDG부분은 한계가치생산물 수준(DE)보다 낮은 임금(DG)을 지불하는 형식으로 기업이 이익(EDG)을 회수해 가져간다. 그리고 노동자는 기업 특수적 기능의 교육을 받지 않았을 경우의 임금(DB)보다도 높은 임금(DG)을 받는 형식으로 이익(GDB)을 회수하는 것이다.

|C| 간호사 간 임금 격차의 인적자본론적 분석

지금까지 인적자본론으로 설명해 온 인적투자비용과 임금과의 관계는 간호사에게도 적용되는 것일까?

간호사의 경우 동일한 국가자격이라 하더라도 전문학교나 단기대학, 대학 등 다양한 육성기관이 존재하고 교육 기간이 다르며 교육에 드는 비용도 제각각이다. 게다가 취직 후의 교육·훈련의 질과 양도 근무처에 따라 다양하다. 따라서 인적자본론이 설명하듯이 간호사 간의 임금 격차의 요인으로써 인적투자의 차이를 분석할 필요가 있다.

1. 학교교육에 드는 비용과 임금과의 관계

앞에서 설명한 인적자본론에 의하면 간호사가 되기 위해서 수료해야 하는 전문학교 등에서의 간호사양성 과정은 어느 근무처에서도 통용되는 (간호사에게 있어서는 필요불가결한) 일반적 기능의 습득을 위한 인적투자기간에 해당한다. 그리고 이 이론이 적용된다면 3년 과정의 전문학교나 단기대학보다도 교육기간이 긴 4년제 대학을 수료한 간호사 쪽이 일반적 기능의 양성이 많아 높

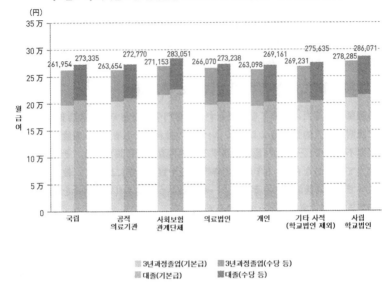

[그림8-6] 학력별로 본 신규졸업 간호사의 월 급여(병원 개설자별 2017년)

(円)

	국립	공적 의료기관	사회보험 관계단체	의료법인	개인	기타 사적 (학교법인 제외)	사립 학교법인
3년과정졸업(기본급) / 대졸(기본급)	261,954	263,654	271,153	266,070	263,098	269,231	278,285
3년과정졸업(수당 등) / 대졸(수당 등)	273,335	272,770	283,051	273,238	269,161	275,635	286,071

■3년과정졸업(기본급)　■3년과정졸업(수당 등)
■대졸(기본급)　■대졸(수당 등)

*1: 급여총액에 초과근무 수당은 포함되어 있지 않다. 또한 모든 병원에서 야근 횟수를 동일하게 설정해 조사되었다.

*2: '공적의료기관'에는 '공립', '일본적십자회', '제생회', '후생연', '북해도 사회사업협회'가 포함된다. 그리고 '기타 사적(학교법인 제외)'에는 '공익법인', '사회복지법인', '의료생협', '회사', '기타 법인'이 포함된다. 각 평균 급여는 각각의 응답병원 수에 가중치를 곱한 가중평균치이다.(일본간호협회(2018) '2017년 병원간호실태조사' p.122 p.124에 근거해 저자 작성)

은 임금을 받게 된다[13].

실제는 어떨까?

진학하는 양성기관에 따라 지불되는 임금이 어떻게 다른지를 확인할 수 있는 자료는 아쉽게도 병원에 근무하는 신규졸업 간호사의 초봉 조사밖에 없다. 일본간호협회(2018)에 따르면 [그림8-6]과 [그림8-7]과 같이 전문학교보다

13　엄밀하게는 일반적 기능의 양성에 대해서 전문학교나 단기대학, 대학 간의 교육 커리큘럼의 차이까지 고려할 필요성이 있을지도 모르지만 여기서는 어디까지나 인적자본론에 기초해 해석하기로 한다.

[표8-4] 간호사 양성기관 별로 본 교육비(평균)

(단위: 엔)

	입학금	연간 수업료	연간 설비비·실습비	초년도	전 교육기간
전문학교 (주간)	203,000	625,000	201,000	1,029,000	2,681,000
대학 국립 공립 사립	282,000	535,800	0	817,800	2,425,200
	372,330	537,021	0	909,351	2,520,413
	272,576	1,075,238	631,321	1,979,135	7,098,813

*1: 교재비 보험 가입비 등 학교에 따라 계산의 방법이 다른 비용은 포함하지 않았다
*2: 대학(공립)의 입학금은 지역 외의 학생이 입학하는 경우에 지불하는 평균액을 표시하고 있다
(대학의 교육비에 대해서는 JS일본의 학교 '간호학교(대학·단기대학·전문학교)의 학비·장학금 소개'(검색일 2020년 2월 15일)의 각 대학 학비에서 산출 전문학교의 교육비는 도쿄도 전수학교각 종학교협회 '2019년도 학생·생도 납부금 조사'의 '간호'(검색일: 2020년 4월 20일)에서 발췌 일부 산출했다. 한편 각 대학의 교육비는 대략 2020년도의 수치이고 전문학교와 1년의 차이가 있다.

도 대학에 진학한 간호사의 급여가 졸업 후의 시점에서는 높다. 2년째 이후의 각 급여의 실태를 파악할 수는 없지만 대학을 졸업한 간호사일수록 직위가 올라가기 쉽다고 한다면 교육기관 별 임금의 차이는 훨씬 더 커질 것으로 예측된다.

한편 [그림8-6]을 보면 전문학교를 졸업해서 사회보험 관련 단체의 병원에 취직한 간호사와 대학졸업 후 공적의료기관에 취직한 간호사 간에는 임금 격차가 작고(1,617엔=272,770엔-271,153엔) 취직경로에 따라서 일반적 기능의 축적이 고임금으로 이어지지 않을 가능성도 있다.

그렇다면 이러한 일반적 기능의 양성에는 어느 정도의 교육비용이 드는걸까.

[표8-4]는 학교 수가 적은 단기대학을 제외하고 간호사 양성기관별로 입

학금이나 수업료 등 교육에 직접적으로 드는 비용을 정리한 것이다. 사립대학에 4년간 다닌 경우의 교육비는 평균 700만 엔이 넘는다. 그리고 교육기간이 3년인 전문학교(주간)의 교육비가 국공립대학의 4년간 교육비보다도 더 높다.

다만 인적투자비용은 'B-2 일반적 기능에 대한 투자와 임금과의 관계'에서 설명한 대로 직접적으로 드는 비용뿐만이 아니라 기회비용도 발생한다는 점에 주의할 필요가 있다. 대학이 아니라 3년 과정의 전문학교에 진학해 졸업해서 바로 일하면 받을 수 있는 1년간의 임금소득이 기회비용으로 발생한다. 구체적으로는 연간 약 356만 엔의 임금소득분과 직접적으로 들어간 교육비(국립대학: 약 599만 엔, 공립대학: 약 608만 엔, 사립대학: 약 1,066만 엔)의 합계액이 대학에서 일반적 기능을 양성하기 위해 들어간 인적투자비용이다[14]. 또한 5년과정의 일관교육(2년의 고등학교 전공과)에 진학해 졸업하고 일하는 경우와 비교하면 대학에 진학하는 데에는 2년간의 임금이 기회비용으로 발생하게 된다. 따라서 간호사 임금에 대해서 [그림8-6]과 [그림8-7]에 나타난 초봉 수준만을 놓고 비교해 보면 대학에 진학하면 전문학교를 졸업하는 것보다 높은 급여를 받을 수 있지만(졸업 후 1년째 추정 연봉 차이는 약 11만 엔) 인적투자비용을 들인 만큼의 보상에는 못 미친다고 할 수 있다.

2. 직장에서의 교육에 드는 비용과 임금과의 관계

그렇다면 간호사에게 있어서 기업 특수적 기능 즉 근무하는 시설 특유의 기능을 양성하기 위해 필요한 인적투자비용과 지불되는 임금과의 관련은 어

---

14 여기서의 간호사의 연간수입은 신규졸업 간호사의 평균 초봉(첫 봉급) 26만 6,041엔(급여총액)의 12개월분으로 평균기본급 20만 114엔의 1.85개월분을 연간 상여금 분으로 합산한 금액이다.(356만 2,703엔. 각 급여액은 일본간호협회(2018)에서 발췌. 연간 상여금의 월수는 후생노동성(2018) 또는 후생노동성(2019)에서 간호사(20~24세 연령층 규모합계)의 '연간 상여금 기타 특별급여액'을 '소정내급여액'으로 나눈 수치를 이용했다. 나중에 설명할 졸업 1년 차 연수입도 같은 방식으로 추계해 10만 6,519엔의 차이가 난다.

[그림8-7] 학력별로 본 신규졸업 간호사의 월 급여(병원의 병상규모별 2017년)

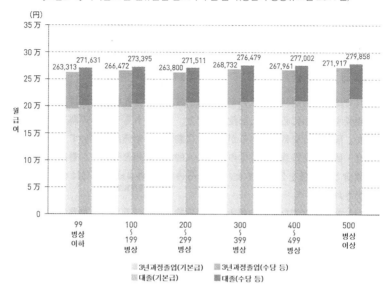

(일본간호협회(2018) '2017년 병원간호실태조사' p.122 p.124에 근거해 저자 작성)

떨까? 한정된 자료이지만 병원에 근무하는 간호사에 대해서 원내 간호부의 교육·연구비를 기업 특수기능의 양성을 위한 인적투자비용으로 상정하고 간호사에게 지불되는 임금과의 관계를 분석하면 [그림8-5]의 DG선과 같은 상승은 없으며 따라서 관련성은 발견되지 않는다[15].

하지만 병원뿐만이 아니라 진료소나 개호보험시설 방간 등 근무처를 넓게 잡으면 시설 특유의 기능 축적이 간호사의 높은 임금으로 연결될 가능성이 있다.

15 구체적으로는 1999년까지 일본간호협회 '병원간호기초조사'(현재의 '병원간호실태조사')에서 정기적으로 조사되었던 병원간호부의 교육·연구비를 이용해 1998년 실적치와 그때 교육을 받은 간호사의 약 10년 후의 기본급·급여 총액(근속 10년 31~32세 비관리직)을 병원개설주체 별로 나누어서 산포도를 그려봐도 관계성은 전혀 관찰되지 않는다(일본간호협회 '1999년 병원간호기초조사'(2001년 p.298)과 일본간호협회 '2008년 병원의 간호 직원 수급상황조사'(2009년 p.223에서 분석).

[그림8-8]은 [그림8-4]와 [그림8-5]를 바탕으로 간호사의 기능을 양성하는 인적투자비용과 임금과의 관계를 그린 것이다. 직선 AB는 고등학교 졸업하고 바로 취직한 경우의 한계가치생산물과 임금을 나타내고 있다. CDFE는 고등학교를 졸업하고 3년 과정의 전문학교 등 간호사 양성기관에 진학해 일반적 기능(간호사로 일하는데 필요불가결한)을 습득하는 경우를 나타내고 있다. 논의를 단순화하기 위해 [그림8-8]은 간호사로서의 일반적 기능을 습득한 경우의 인적투자비용과 한계가치생산물 임금과의 관련을 한개의 곡선으로 나타내고 있지만 예를 들어 간호대학이나 대학원까지 진학하는 등 더 높은 간호교육을 받은 경우에는 '간호사양성교육 종료' 시점을 경계로 보다 급격한 곡선을 그리게 될 것이다[16].

그리고 [그림8-8]에서 새롭게 그려진 FH는 병원 등에 취직해 OJT 등의 직장내 교육·연수를 받았을 때 획득할 수 있는 한계가치생산물의 증가를 나타내고 있다. [그림8-5]와 마찬가지로 시설 측은 교육·연수기간 중에는 간호사의 한계가치생산물(DF의 맨 아래곡선)보다도 높은 임금(DF의 중간곡선)을 지불하는 것으로 인적투자비용을 부담한다(DF의 하단, 옅은 회색부분). 교육·연수가 종료한 뒤에는 기능의 향상으로 인해 증가한 한계가치생산물(FH)보다도 낮은 임금(FG)을 지불함으로써 인적투자비용을 회수하며 이익을 획득해 나간다. 한편 간호사 측도 교육·연수 중에는 일반적 기능에 의한 한계가치생산물(DF의 맨 위곡선)에 비해 낮은 임금(DF의 중간곡선)을 받는 것으로써 투자비용을 분담한다(DF의 상단, 진한 회색부분). 교육·연수 종료 후에는 교육·연수를 받지 않았을 때보다도 높은 임금을 받음으로써 투자비용을 회수하며 이익을 획득해 나간다. 이는 [그림8-8]에서 GFE라는 임금의 증가분으로 나타낼 수 있다.

16   [그림8-8]에서 C가 보다 낮은(O에 가까운)수준에서 시작함으로 즉 보다 많은 인적투자비용을 본인이 부담해 보다 상승한 DFE에 따라 증가한 임금을 획득할 수 있다.

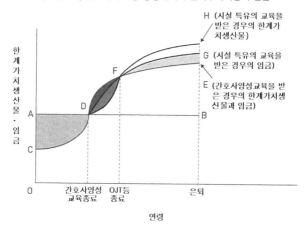

[그림8-8] 간호사의 기능 양성에서의 인적투자비용과 임금

시설 특유의 기능(기업 특수적 기능)에 의한 한계가치생산물의 향상을 위해서 시설 측은 교육·연수기간 중에는 간호사의 한계가치생산물보다도 높은 임금을 지불함으로써 인적투자비용을 부담한다(DF의 하단, 옅은 회색부분). 교육·연수가 종료한 뒤에는 기능의 향상으로 인한 한계가치생산물의 증가(FH)보다도 낮은 임금(FG)을 지불하는 것으로 인적투자비용을 회수하며 이익을 획득해 나간다. 한편 간호사 측도 교육·연수 중에는 그 일반적 기능에 비해 낮은 임금을 받는 것으로 투자비용을 분담하지만(DF의 상단, 진한 회색부분) 교육·연수에 의해 특수적 기능이 높아진 뒤에는 GFE라는 임금의 증가분을 얻을 수 있다.

간호사로서의 일반적 기능을 습득한 뒤 근무처 특유의 기능을 몸에 익히고 완만하지만 FE보다도 높은 수준의 FG의 임금을 받는 간호사는 주로 규모가 큰 사립학교법인이나 공적병원 등에 근무하는 경우가 많을 것으로 추측된다. 이는 "A 간호사 간 격차는 어떻게 발생하는가"의 병원시설간의 임금 격차에서도 살펴보았듯이 사립학교법인이나 공적병원 등이 비교적 높은 임금을 지불하는 시설에 해당되기 때문이다. 고도의 전문성이 높은 병원일수록 간호사에 대해 직장교육·연수를 충실히 제공, 시설 특유의 기능을 양성하고 한계 가치생산물의 향상에 따라 간호사에게는 보다 높은 임금을 지불하게 된다. 한 편 소규모의 사적병원이나 개호보험시설, 방간 등에서는 고도의 전문성보다 는 어떠한 증상의 환자나 이용자라도 간호할 수 있는 간호사의 일반적 기능 이 더욱 필요하다. 따라서 이러한 시설에서는 교육·연수의 기회도 비교적 적 고 임금도 그만큼 오르지 않는다. 만약에 고도의 전문성이 높은 병원에 근무 하던 간호사가 일반적인 소규모 의료시설이나 개호보험시설로 옮기게 된다 면 그때까지 양성된 시설 특유의 기능은 필요 없어지기 때문에 임금은 FE 수 준으로 하락하게 된다.

|정리| 간호사의 특수적 기능에 대한 임금 평가와 비용부담

제8장에서는 먼저 간호사 사이에서 발생하는 임금을 비롯해서 노동 조 건의 격차를 각종 통계자료를 이용해 분석했다. 결과 대규모 혹은 공적병원 에서 일하는 간호사에게 지불되는 임금은 비교적 높고 중소규모의 사적병원 이나 개호보험시설 등에서 일하는 간호사의 임금은 낮다는 것 또한 이 격차는 다른 노동 조건에서 보정되는 경향이 없다는 것을 밝혔다.

다음으로 간호사 간의 임금 격차에 대해서 인적자본론 관점에서 분석했 다. 간호사의 일반적 기능에서는 간호전문학교와 비교해 간호대학을 졸업하 는 것이 초봉은 더 높아지지만 대학진학에 필요한 인적투자비용의 차이까지 비교해 보면 비용을 회수할 정도의 초봉수준이 아니기 때문에 임금 평가로 이 어진다고 말하기는 어렵다. 한편 근무처 특유의 기능에 대해 규모가 큰 사립학교법인이나 공적병원에서 비교적 높은 임금이 지불되고 있기 때문에 임금 평가로 이어질 가능성이 보인다.

시설 특유의 기능 습득을 위해서는 시설 측이 교육·연수기간 중 인적투자비용의 일부를 부담한다고 설명했지만 현재의 수가제도하에서는 이 부담 비율이 클 것으로 추측된다. 제4장에서 보았듯이 간호사의 기능수준과는 상관없이 같은 금액의 수가가 지불되는 현 제도에서는 기능 축적이 낮아 인건비가 싼 간호사에 대한 노동수요가 증가하기 때문에 상대적으로 임금이 상승하게 된다. 만약 전문성이 높은 병원에서 시설 특유의 기능을 양성하기 위해 교육을 실시하지만 교육기간 중의 인적투자비용을 부담하지 않기 위해 임금을 줄이면 간호사는 타 시설로 옮기게 될 것이므로 시설 특유의 기능이 양성되지 못하면서 또한 고용도 줄어들 위험이 따른다. 따라서 고도의 전문성이 높은 병원에서는 시설 특유의 기능 양성을 위해 인적투자비용을 많이 부담하고 임금을 올릴 수밖에 없다.

하지만 교육 종료 후에는 한계가치생산물보다도 낮은 임금을 지불해 시설 측이 부담했던 인적투자비용의 회수와 함께 이익을 획득할 수 있다. 이때 시설 측이 큰 폭으로 임금을 억제한다 해도 자녀의 육아 등 가족의 영향을 받기 쉬운 연령층으로 진입한 간호사는 좋은 조건을 따라 다른 지역으로 이동하는 것은 어렵기 때문에 낮은 임금을 받아들일 수밖에 없다. 또한 다른 의료시설이나 개호보험시설 등으로 옮기고자 해도 그때까지 축적된 특수적 기능은 평가되지 않기 때문에 임금은 더 내려가게 될 것이다.

이 문제를 개선할 한 가지 열쇠는 지역 내의 다른 시설의 노동 조건에 있다. 본 장에서 비교적 좋은 노동 조건이 관찰된 방간을 비롯해 개호보험 관련 분야의 시설이 임금뿐만 이 아니라 일하기 좋은 조건을 정비해 간호사의 일하고 싶어 할 정도의 매력적인 직장을 지향한다는 것이다. 그렇게 하면 지금의 근무처가 자신의 전문적 기능을 낮은 임금으로 평가한다면 보다 좋은 근무환경의 다른 시설로 전직할 수 있는 가능성이 높아진다. 시설 특유의 기능을 가진 간호사가 전직하면 곤란해지는 근무처는 더 이상 임금을 억제할 수만은 없을 것이다.

참고문헌

1) エドワード・P. ラジアー著樋口美雄・清家篤訳(1998). 人事と組織の経済学. 日本経済新聞社.

2) 厚生労働省(2018). 平成29年賃金構造基本統計調査第3巻.

3) 厚生労働省(2019). 平成30年賃金構造基本統計調査第3巻.

4) 社会保障審議会介護給付費分科会(2017). 看護小規模多機能型居宅介護の報酬・基準について.

5) 人事院(2018). 民間給与の実態(平成30年職種別民間給与実態調査の結果). (https://www.jinji.go.jp/kyuuyo/minn/minnhp/min30_index.html)(検索日2020年6月10日)

6) 角田由佳(2019). 看護師の労働条件の違い―介護保険関連分野を中心として(看護×経済学―経済学で読み解く看護サービスと医療政策⑥). 看護管理. 29(6):542-547.

7) 日本看護協会(2014). 2012年病院勤務の看護職の賃金に関する調査報告書.

8) 日本看護協会(2017a). 介護施設等における看護職員に求められる役割 とその体制の在り方に関わる調査研究事業報告書(平成28年 厚労省補助金事業).

9) 日本看護協会(2017b). 2016年病院看護実態調査.

10) 日本看護協会(2018). 2017年病院看護実態調査.

11) 日本病院会「医業税制委員会」(2019). 平成30年度 医療人材確保と育成に係る費用について 会員病院調査報告書 (概要版). 日本病院会.

12) 樋口美雄(1996). 労働経済学. 東洋経済新報社.

간호사 간
임금 격차 발생
메커니즘

9장

제8장에서는 간호사 간에 보이는 임금이나 노동 조건의 차이에 대해서 인적자본론의 이론을 활용해 고찰했다. 그 결과 간호사가 근무하는 병원 특유의 기능이 평가되어 병원 간에 임금 격차가 발생하는 가능성을 지적했다.

하지만 그렇다고 하더라도 '다양한 연수에 참가해 경험을 많이 쌓았는데도 불구하고 왜 간호학교 시절의 친구보다도 급여가 낮을까'라고 생각하는 사람이 그중에는 있을 것이다. 또한 '감염 등 위험도가 높은 환자를 간호하거나 혹은 각종 위원회 활동에서 중요한 역할을 담당하는 경우에는 수당 등으로 좀더 보상해 줘도 되지 않을까'라고 생각하는 사람도 틀림없이 있을 것이다. 확실한 것은 임금에 대한 평가와 그 격차는 기능으로만 설명할 수는 없으며 다른 다양한 요인이 영향을 미치고 있다는 점이다.

제9장에서는 노동시장이 계층화함에 따라 기능을 축적해도 고임금 계층으로 이동하기 힘든 '노동시장의 이중구조' 그리고 기능을 비롯한 책임 작업조건 등으로 평가하는 '직무 가치'의 차이라고 하는 두 가지의 관점에서 간호사 간의 임금 격차를 분석해 보고자 한다.

|A| 임금 격차가 발생하는 노동시장의 이중구조

우선 노동자 전반의 임금 격차를 본 뒤에 일반 노동시장에서 성립하고 있는 이중구조와 각각의 임금 결정 메커니즘에 대해서 설명해 보자.

1. 일반 노동자에게서 보여지는 임금 격차

현재 일본의 일반적 노동시장은 기업규모나 학력, 성별 등의 요인에 의해 노동자에게 높은 임금이 지불되는 '제1차 노동시장'과 낮은 임금이 지불되는 '제2차 노동시장' 두 개로 나뉘어져 있는 것으로 해석하고 있다.

이러한 '노동시장의 이중구조' 하에서는 설령 각각의 노동시장에 속해있는 노동자 사이에 기능의 차이가 없어도 임금 격차가 존재하고 있다. 게다가 노동자가 그에 부합하는 기능을 갖추고 있다고 해도 제2차 노동시장에서 제1차 노동시장으로 이동하는 것은 어렵다.

예로서 기업규모별 노동자의 임금을 보자. [그림9-1]은 일반 노동자의 연령-임금 프로필을 나타낸 것이다. 여기서의 임금도 지금까지의 장에서 다루었던 것과 같이[1] 연간 상여금과 특별수당을 한 달 단위로 환산하고 노동시간의 차이에 따른 급여 차이를 제거한 시간급을 사용하고 있다.

[그림9-1]을 보면 젊은 연령계층에서는 기업규모별 임금 격차가 매우 작지만 연령계층이 높아짐에 따라 임금 격차는 확대하고 있다. 구체적으로는 40세 중반 이후 직원 수가 10~99명 규모의 기업에서 임금이 거의 변동하지 않고 100~999명 규모의 기업에서는 그 증가폭이 작아지기 때문에 기업 간 임금 격차는 50세 전반에서 가장 크게 벌어진다. 대기업에 근무하는 노동

---

1   제4장과 제8장을 참조할 것.

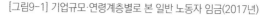

[그림9-1] 기업규모·연령계층별로 본 일반 노동자 임금(2017년)

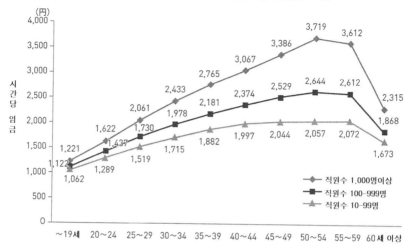

*1: 전산업 노동자에 관한 수치. 성별과 학력 관계없이 모든 노동자가 포함된다.
*2: 60세 이상의 연령계층의 임금에 대해서는 60~64세, 65~69세, 70세 이상의 각 노동자의 임금에 각 연령층 별 조사인원 수(2017년 조사 시점)에 가중치를 곱해 평균임금을 산출했다.
(후생노동성(2018) '2017년 임금구조기본조사' 제1권, 후생노동성(2019) '2018년 임금구조기본조사' 제1권을 바탕으로 산출 작성. 조사 시점을 조정하기 위해서 '연간상여 기타 특별급여액'만을 후자를 채용했다.)

자에게는 높은 임금이 지불되고 중소기업에 근무하는 노동자에게는 낮은 임금이 지불되고 있다는 일반적인 통설을 이 그림에서 확인할 수 있다.

또한 남성과 여성 그리고 학력 간에 보여지는 임금 격차는 기능의 차이뿐만 아니라 노동시장의 분단으로 인한 영향도 주요하다. 즉 남성노동자나 고학력층은 임금이 높은 제1차 노동시장으로, 여성노동자나 저학력층은 임금이 낮은 제2차 노동시장으로 속하기 쉬운 구조가 성별 임금 격차의 하나의 원인으로 설명되고 있다.

게다가 제1차 노동시장은 다시 '상위층'과 '하위층'으로 나뉜다. 즉 상위층에는 전문적, 기술적 또는 관리적 직업에 종사하는 기업 특수적 기능과 함께 범용성이 높은 기능까지 겸비한 노동자가, 하위층은 단순 기능의 생산노동자나 사무노동자가 구성하고 있다.

2. 제1차 노동시장과 제2차 노동시장의 서로 다른 임금 결정 메커니즘

높은 임금이 지불되는 제1차 노동시장에서는 사내·사외에 걸쳐 비교적 많은 교육·훈련의 기회가 노동자에게 제공되며 그에 따라 육성되는 기능에 대해 높은 평가를 받는 경향이 강하다. 따라서 제1차 노동시장에 진입하는 노동자는 임금을 비롯해 다른 노동 조건이나 임원으로의 승진 등도 포함해 넓은 의미에서의 '보수'가 높게 지불된다.

한편 상대적으로 낮은 임금이 지불되는 제2차 노동시장에서는 노동자에게 제공되는 교육·훈련의 기회가 적으며 육성된 기능에 대한 평가도 낮은 경향이 있다. 따라서 제2차 노동시장에 진입하는 노동자에게 지불되는 보수는 낮아진다.

이와 같이 제1차 노동시장에 속하는 노동자와 제2차 노동시장에 속하는 노동자는 임금 결정 메커니즘이 각각 다르다. 그리고 일단 제2차 노동시장에 진입하면 노동자가 설령 기능을 높인다고 하더라도 제1차 노동시장으로 진입이 어렵다고 하는 시장의 분단상태가 존재한다.

결과적으로 이런 노동시장의 계층성은 높은 임금을 얻을 수 있는 제1차 노동시장으로 가능한 유리하게 진입하기 위해 학력경쟁을 과열시킨다든지 기능에 의하지 않은 불공평한 소득격차가 계속적으로 발생하는 등의 문제를 일으키고 있다.

|B| 간호사 노동시장의 이중구조

노동시장의 계층성으로 인해 발생하는 문제를 없애기 위한 중요한 정책 수단으로 전문자격제도의 정비가 거론되고 있다.

전문교육·훈련을 거쳐 일정 수준의 기능을 획득한 전문자격자의 경우 그 기능이 어느 직장에서도 통용되기 때문에 고용주 측이 자발적으로 기능을 가지지 않은 미숙련 노동자를 교육·훈련시킬 필요성은 약해진다. 또한 노동자의 기능을 판별하기 어렵다고 하는 중도채용의 리스크도 줄어들기 때문에 채용 리스크를 임금인하로 상쇄시키는 필요성도 약해진다. 즉 전문자격제도를 갖춘 노동자는 기능 판별이 가능해 중도채용의 리스크가 낮아져 중도채용시에도 임금이 낮아지는 경우가 발생하지 않는다. 이러한 효과로 전문자격제도는 임금하락이나 노동 조건의 악화를 동반하지 않는 자유로운 계층 이동 그리고 유연한 채용을 가능하게 해 분단된 노동시장을 하나로 합쳐 불공평한 소득격차를 해소할 것으로 기대하고 있다.

그러나 대표적인 전문자격제도인 간호사의 노동시장에서 조차도 임금 격차가 발생하고 있다. 간호사 노동시장에서는 어떻게 이중구조가 형성되고 있는가?

1. 지속적으로 관찰되는 간호사 임금 격차

앞 장에서는 인적자본론을 설명하면서 근무하는 시설 규모나 병원 개설 자별 등에 의해 간호사에게 지불되는 임금에 격차가 있음을 고찰했다. 일반 노동시장에서의 이중구조의 개선책을 적용해 보자. 가령 전문직인 간호사에게 낮은 임금이 지불되더라도 기능을 축적해 고임금의 근무처로 이동하는 것이 가능하다면 시장 전체 임금의 격차는 해소될 것이다. 하지만 실제로는 그렇지 않다는 것을 [그림9-2]에서 확인할 수 있다.

[그림9-2]는 앞 장의 [그림8-1]의 시설 규모 간에서 가장 임금 격차가 컸던 50~54세의 간호사에 대한 격차의 연도별 추이를 나타낸 것이다. 구체적으로는 100~999명 규모의 시설에 근무하는 간호사의 시간당 임금을 100으로 했을 때 10~99명 규모와 1,000명 이상 규모의 임금 지수를 산출한 것이다.

[그림9-2]를 보면 2006년에 1,000명 이상의 대규모 시설에 근무하는 간호사의 임금지수는 가장 높은 137.9로 10~99명 규모 시설에서의 임금지수도 96.1로 100~999명 규모의 임금에 근접한 수준까지 상승하고 있다. 이후 대규모 시설과의 임금 격차는 조금씩 축소하는 경향을 보이고 있다. 하지만 2011년 이후 대규모 시설의 임금지수는 120 전후이며 다른 중소규모 시설과의 격차는 계속해서 발생하고 있음을 확인할 수 있다.

[그림9-2] 시설 규모 별로 본 간호사(50-54세)의 임금 격차 추이

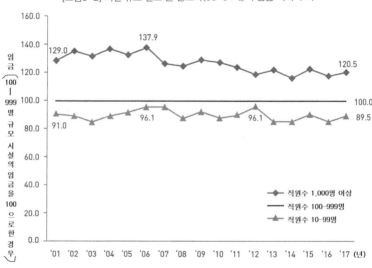

* : 각 임금지수를 산출하기 위한 1시간당 임금의 산출방법은 [그림9-1]과 같다.
(후생노동성 '임금구조기본통계조사'(각 연도) 제3권을 중심으로 산출 작성함)

[그림9-3] 일본에서의 간호사 노동시장의 이중구조

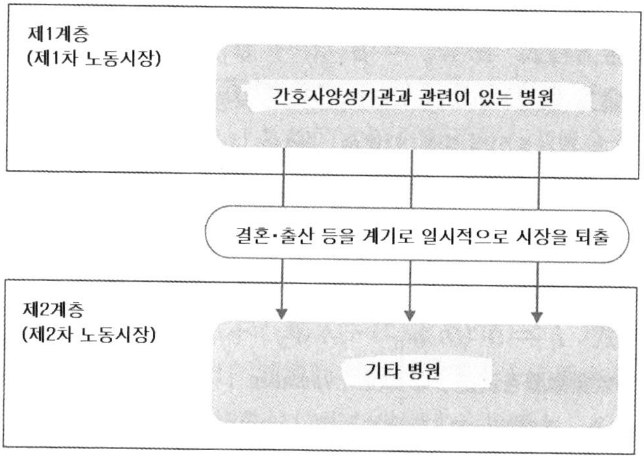

제1계층
(제1차 노동시장)

간호사양성기관과 관련이 있는 병원

결혼·출산 등을 계기로 일시적으로 시장을 퇴출

제2계층
(제2차 노동시장)

기타 병원

(츠노다 유까角田由佳(1994) 간호사의 노동시장–불완전시장가설의 일본에의 적용가능성 의료와 사회 4(1) : 171-197 에서 일부 수정)

이러한 임금 격차는 병원 개설자 간에서도 계속적으로 관찰되고 있으며[2] 전문직인 간호사라 하더라도 그 노동시장은 계층화 되어 있다. 그리고 임금이 낮은 계층에서 높은 계층으로 이동하기가 어렵다는 것이 지적되고 있다.

2. 관련 양성기관의 유무로 분단되는 시장

임금 격차 특징 그리고 종래의 간호사의 채용경로의 특징에서 볼 때 간호사의 노동시장은 이중구조에 있음을 저자는 지금까지의 연구에서 논했다. 구체적으로는 규모가 큰 학교법인설립병원이나 공적병원의 경우 부설학교나 교수의 추천 등 관련이 있는 양성기관을 통해 채용되는 경향이 뚜렷하게 보여

[2]   츠노다(角田)(2016) pp.8-9를 참조할 것.

진다는 점에서 볼 때 [그림9-3]에 나타난 것과 같이 이중구조에 있다.

　[그림9-3]을 보면 간호사 노동시장의 제1계층(제1차 노동시장)에서는 규모가 큰 학교법인설립병원이나 공적병원이라고 하는 간호사양성기관과 채용상 관련을 가진 병원이 고용주가 되어 신규졸업자나 계속근로자를 비교적 높은 임금으로 고용한다. 제2계층(제2차 노동시장)에서는 그 이외 중·소규모 병원이 고용주가 되며 결혼이나 출산, 육아 등으로 일단 이직하였다가 재취업하는 간호사들이 가족의 제약을 받아 근무지를 변경하기 힘들다는 점 등으로 인해 낮은 임금에 고용되고 있다. 예를 들어 동등한 기능을 가진 간호사라 하더라도 소속하는 계층에 따라 임금 격차가 발생하고 제2계층에서 임금이 높은 제1계층으로는 이동하기가 어렵다고 하는 시장의 분단상황이 생기게 된다.

　이와 같은 이중구조 가설이 병원만이 아니라 그 외의 의료·개호보험시설 등에 근무하는 간호사에까지 확대해 적용할 수 있는지를 고찰하기 위해서 가설의 검증 내용과 결과에 대해서 상세히 설명해 보기로 한다.

3. 이중구조 가설의 검증 방법
① Switching 회귀분석법에 의한 검증

　간호사 노동시장에서의 계층성을 증명하기 위해서는 인적투자에 의한 기능의 차이에 따른 합리적인 임금 격차를 제거한 후에도 격차가 존재하는지에 대해서 분석을 통해 확인하지 않으면 안 된다.

　노동자 간의 기능 차이에 의한 영향을 제거한 후에도 임금 격차가 존재한다고 하는 노동시장의 이중구조 가설을 검증하는 방법으로 'Switching 회귀분석법'이 있다. Switching 회귀분석법이란 노동시장의 제1계층과 제2계층의 '임금방정식'을 각각 1개 그리고 노동자의 소속 계층을 나타내는 'Switch방정식'을 1개 총 3개를 동시에 계산하는 방법이다.

각 계층의 임금방정식 중에는 기능을 나타내는 지표를 비롯해 직위 등 임금에 영향을 줄 것으로 예상되는 요인을 포함한다. 그리고 Switch방정식에는 어느 계층에 소속하게 되는지 소속 계층의 결정에 영향을 주는 것이 예상되는 요인을 포함한다. 앞서 설명한 이중구조의 특징에 의하면 간호사의 경우 Switch방정식의 요인으로 가족 상황을 또 제1계층에 고용된 경우에 기대되는 보수의 증가분도 고려할 필요가 있다. 게다가 이 보수 증가분은 계층 간의 임금 격차로 대리하는 것이 가능하다.

각 방정식을 구체적으로 기술하면 다음과 같다[3].

제1계층 임금방정식 $ln W_{1i} = \beta_{1i} X_i + \mu_{1i}$

제2계층 임금방정식 $ln W_{2i} = \beta_{2i} X_i + \mu_{2i}$

W_{ji} : 제 j계층에 있을 때의 간호사 i의 임금, ($ln W_{ji}$는 W_{ji}를 대수변환한 수치)

X_i : 임금에 영향을 미치는 간호사 i의 속성 그리고 근무하는 병원의 특성

β_{ji} : 제 j계층에서의 X_i 의 매개변수

μ_{ji} : 제 j계층 방정식의 오차항

스위치 방정식 $I_i = \delta ln W_{1i} - ln W_{2i} + y Z_i - \mu_i$

I_i : 간호사 i의 취업계층을 결정하는 latent variable

(I_i)0의 경우 간호사는 제1계층을 선택, I_i ≤0의 경우 간호사는 제2계층 선택)

Z_i : 취업계층에 영향을 주는 간호사 i의 속성

---

3   보다 구체적인 검증작업의 과정에 대해서는 나카니시·츠노다(中西·角田)(1996)를 참조할 것. 방정식 중에 '오차항'이란 X나 Z이라고 하는 설명변수로서 명시된 계통적인 요인 이외에 결정적인 크기는 아니지만 피설명변수에 영향을 미치는 인자(요인)의 변동이 일괄처리 된 것이다. 물론 오차항으로써 처리된 요인 중에는 결정적인 영향력을 가진 요인이 있다면 그것은 설명변수로서 명시한다.

δ: 계층 간의 임금 격차가 취업계층의 선택에 영향을 주는 매개변수

y: Z_i 의 매개변수

μ_i : 오차항

이상 3개의 방정식을 동시에 추정한 결과로 예를 들어보자. 첫 번째 제 1계층과 제2계층의 임금방정식이 같으며 기능 등을 나타내는 각 요인 X_i (설명변수)가 같은 영향력을 가지면서 임금(피설명변수)을 결정하는 경우(β_{ji}에서 나타내는 매개변수의 값과 부호를 보고 영향력을 판단할 수 있다) 간호사의 노동시장은 이중구조의 상태가 아니라 관찰되는 임금 격차는 기능의 차이에서 비롯한 요인에 의한 것이라고 결론지을 수 있다. 두 번째로 제1계층과 제2계층의 임금 방정식이 이질적이고, 기능 등을 나타내는 각 요인이 서로 다른 영향력을 가지고 임금을 결정하는 경우에는 간호사의 노동시장은 분단되어 있으며 간호사가 자유롭게 계층 이동할 수 없다고 결론을 내릴 수 있다.

여기서 가설의 검증에 사용하는 표본은 일본간호협회가 4년에 1번씩 회원을 대상으로 실시하고 있는 '간호 직원 실태조사'의 병원 근무자 개인표본 2,948표(1989년)이다. 이 표본은 1985년 의료법 개정 후 발생한 소위 '서두른 병상 증설'에 따른 간호사 노동력의 부족이 발생하고(제7장 참고) 시장이 유동화해 간호사가 근무처를 비교적 바꾸기 쉬운 시기의 것이다. 따라서 이 시기의 샘플을 사용함에도 불구하고 이중구조 가설이 검증된다면 간호사의 노동시장은 통상적으로 계층구조가 성립하고 있는 것으로 파악할 수 있다. 또한 각 방정식의 설명변수로 채용하고 있는 지표는 일본간호협회 조사항목으로 한정되어 있다

② 임금 결정에 영향을 주는 요인

그렇다면 기능의 지표를 비롯해 구체적으로 어떠한 요인으로 임금방정

식을 세울 수 있을까?

'간호 직원 실태조사'의 조사항목을 바탕으로 우선 간호사의 임금을 결정하는 기능의 대리지표로서 의무교육과정 등의 '일반교육년수', 간호사양성기관에 의한 '간호사전문교육년수' 그리고 '근속년수'를 채택한다. 구체적으로는 일반교육년수와 간호전문교육년수는 간호사의 일반적 기능을 대리하는 지표로, 근속년수는 간호사의 기업(병원) 특수적 기능을 대리하는 지표로 파악된다.

즉 앞 장에서 설명한 인적자본론에 의거해 일반교육년수와 간호사전문교육년수가 늘어날수록 기회비용도 증가하기 때문에 간호사에 대한 인적투자는 증대하며 따라서 교육 종료 후에 일하면서 얻게 되는 임금을 높이는 것으로 해석된다. 마찬가지로 병원에 근무하는 차수가 늘어날수록 그 병원 특유의 기능이 축적되어 임금을 높이는 것으로 해석된다. 기능의 축적이 임금을 상승시키는 효과를 가진다면 이런 기능변수 X_i의 매개변수 β_i는 플러스 값이 추정될 것이다[4]. 그리고 매개변수의 크기와 부호가 계층 간에 서로 다르다면 간호사의 노동시장에 이중구조가 성립하고 있는 것이 된다.

간호사의 임금에 영향을 주는 다른 요인에는 '연령', '직위' 그리고 병원특성인 '시설 규모'를 들 수 있다. 이 중 연령은 기능의 대리지표로서 연령계층이 높을수록 기능도 높아지는 것으로 임금분석을 해왔다. 그러나 일본간호협회 조사의 개인표본에서는 보다 적절한 지표로 일반교육년수와 간호사전문교육년수, 근속년수를 이용할 수 있기에 여기서는 기능의 지표로서 연령은 고려하지 않고 '연공급여체계'의 영향이 있는지를 파악하기 위한 목적으로 임금방정

4　그 외에 기능을 대리하는 지표로 '경력년수'를 들 수 있다. 하지만 이번에는 본론에서 설명하겠지만 임금방정식의 설명변수로서 '연령'을 채용하기 때문에 이것과 강한 상관관계에 있는 '경력년수'를 채용하지 않았다. 서로 강한 상호관계가 있는 변수를 동시에 채용하면 각 매개변수가 적절하게 추정될 수 없기 때문이다(다중공선성(多重共線性)). 이 다중공선성이라는 문제에 관한 구체적인 설명은 미노타니(蓑谷)(2003) 아사노・나카무라(浅野・中村)(2009)를 참조할 것.

식의 설명변수로 채택한다.

그리고 임금에 영향을 주는 직위에 대해서는 '간호 직원 실태조사'의 조사방법에 맞춰서 간호사가 비관리직이면 설명변수 X_i는 1의 값을, 관리직이면 X_i는 0의 값을 가지도록 한다. 이러한 변수를 '더미변수'라고 부르며 X_i=1의 값을 가지는 비관리직, 간호사가 X_i=0의 값을 가지는 관리직 간호사보다도 임금이 낮으면 마이너스의 parameter가 추정될 것이다. 그리고 시설 규모는 '병상 수'로서 대리한다.

③ 소속 계층의 결정에 영향을 주는 요인

제6장에서 밝혔듯이 간호사는 전문직이면서 그 노동공급 행동이 가족의 상황에 좌우되기 쉽고 결혼과 출산, 육아를 계기로 이직하는 간호사가 아직도 많다.

이러한 특성을 고려해서 [그림9-3]에서 그래프화한 것과 같이 계층을 결정하는 데 영향을 미치는 것이 예상되는 요인으로 switch방정식 중에 명시된 '임금 격차' 외에도 '혼인상태', '자녀 수', '경험직장 수'를 채택하기로 한다. 그리고 기능을 대리하는 두 가지 지표('일반교육년수'와 '간호사전문교육년수')와 '준간호사양성기관의 취학 경험의 유무'도 설명변수로 도입하기로 한다.

간호사의 '혼인상태'에 대해서는 미혼이면 Z_i=1, 기혼이면 Z_i=0의 값을 갖는 더미변수를 설정하고 있다. 이 매개변수가 플러스로 추정될 때 미혼의 간호사일수록 제1계층에 소속할 확률이 높다고 해석할 수 있다.

그리고 '자녀 수'와 '경험직장 수'에서는 만약 결혼해서 아이를 출산한다든지 혹은 직장을 바꿀수록 제2계층에 진입할 확률이 높아진다면 마이너스의 대리변수가 추정될 것이다.

기능을 대리하는 '일반교육년수'와 '간호사전문교육년수'는 이러한 교육년수가 많을수록 인적투자비용의 증대와 함께 일반적 기능이 높아지며

[표9-1] 전체 설명변수 평균치 등의 기록통계

설명변수	평균치	표준편차	최소치	최대치
병상수	439.68630	275.75466	35.00000	1000.00000
일반교육년수	11.90110	1.12383	9.00000	18.00000
전문교육년수	3.14809	0.74605	2.00000	7.00000
근속연수	9.97593	7.60982	1.00000	38.00000
연령	33.96337	9.03702	19.00000	59.00000
간호사 (인가, 아닌가) *1	0.82941	0.37625	0.00000	1.00000
직위	0.76975	0.42110	0.00000	1.00000
혼인상태	0.39665	0.48933	0.00000	1.00000
자녀 수	1.06960	1.12742	0.00000	4.00000
경험직장 수	1.39142	1.60940	0.00000	10.00000
준간호사양성기관 의 취학경험	0.48195	0.49980	0.00000	1.00000
임금률*2	1.38501	0.42360	0.50540	3.54150

*1: 표본에는 조산사나 준간호사 등 간호사 이외의 면허를 가진 자도 포함하기 때문에 간호사인가 아닌가도 구별하는 설명변수를 설정했다(간호사면 $X_i=1$ 간호사가 아니면 $X_i=0$의 값을 가지는 더미변수)

*2: 임금율은 시간당 임금(천 엔 단위)이다.

제1계층에 진입할 확률이 높아질 것으로 가정한 설명변수이다. 한편 '준간호사양성기관의 취학 경험'의 유무는 취학시의 장학금 대여와 채용 간의 관계를 보고자 하는 것으로 취학 경험이 있으면 Z_i는 1, 경험이 없으면 Z_i는

0의 값을 가지는 더미변수를 설정하고 있다.

　임금방정식과 switch방정식의 전체 설명변수에 대해 데이터의 평균치나 최소·최대치 등 '기록통계'는 [표9-1]에 나타내고 있다.

4. 이중구조의 성립을 나타내는 검증 결과

① 임금에 영향을 주는 공통 요인은 연령과 직위

　지금까지 설명해 온 변수를 각 계층의 임금방정식과 switch방정식에 대입해 '간호 직원 실태조사'에서 병원 근무자의 샘플을 사용해 계산한 결과를 [표9-2]에서 나타내고 있다. 이 결과에서 간호사의 노동시장이 기능의 차이에 따른 임금 격차를 제거하고도 격차가 존재하는 이중구조의 상태라는 것이 증명된다.

　즉 제1계층과 제2계층에서는 전혀 다른 메커니즘으로 임금이 결정되고 있으며 공통되는 요인은 연령과 직위뿐이다.

　각 계층의 간호사 임금 결정에 공통으로 영향을 주면서 영향력을 상당히 끼치는 것이 '연령'이다. [표9-2]에서 구체적인 추정결과를 보면 '연령'의 매개변수는 통계상 유의미한 값을 가지고 있고 제1계층의 간호사에게서는 0.6211, 제2계층에서는 0.5866으로 다른 설명변수의 매개변수와 비교해 볼 때 매우 큰 값이다. 따라서 어느 계층에 있어서도 간호사의 임금을 높이는 가장 큰 요인은 연령이라는 것을 알 수 있다.

　또 한 가지 두 계층의 임금 결정에 있어서 공통의 요인은 '직위'이며 관리직에 비해 비관리직 간호사의 임금이 낮다. 직위의 차이가 임금에 미치는 영향은 특히 제2계층에서 크다. 즉 제1계층의 매개변수는 -0.0823인 것에 반해 제2계층에서는 -0.2149의 값을 보여준다(두 계층 모두 통계상 유의).

　하지만 '연령'과 '직위' 이외의 요인에 대해서는 제1계층과 제2계층 간에

[표9-2] 이중구조가설의 검증 결과

〈임금방정식〉

변수	제1계층			제2계층		
	매개변수	표준편차	t값	매개변수	표준편차	t값
병상수	0.024531	0.008761	2.79968**	-0.035628	0.014152	-2.51759**
일반 교육 년수	-0.078193	0.057543	-1.35887*	0.306313	0.119451	2.56435**
전문 교육 년수	-0.076523	0.029303	-2.61148**	0.067422	0.060247	1.11909
근속 년수	0.074336	0.012356	6.01612**	-0.015946	0.019646	-0.811686
연령	0.621124	0.030068	20.6575**	0.586605	0.048529	12.0877**
간호사 (인가, 아닌가)	0.120248	0.023709	5.07179**	0.044011	0.038890	1.13167
직위	-0.082252	0.017831	-4.61283**	-0.214918	0.030799	-6.97807**

〈switch방정식〉

변수	매개변수	표준편차	t값
일반교육년수	2.53785	0.941473	2.69562**
전문교육년수	0.916463	0.315962	2.90055**
혼인상태	0.156368	0.097954	1.59633*
자녀 수	-0.090344	0.043035	-2.09934**
경험직장 수	-0.078144	0.055992	-1.39562*
준간호사양성기관의 취학경험	-0.215684	0.096667	-2.23120**
임금 격차()	6.10752	1.28355	4.75829**

*: 여기서는 경제학의 실증분석에서 채택하는 10% 수준 이상을 유의하다고 한다. * 는 10% 수준
**는 5%수준 이상에서 통계적으로 유의한 값이다.

임금에 미치는 영향력이 전혀 다르다.

② 계층 간 다른 기능의 평가

제1계층에서 일반적 기능을 대리하는 지표로 채용한 '일반교육년수'와 '간호사전문교육년수'의 매개변수를 보면 마이너스 값이 추정되고 있다. 이는 일반적 기능의 축적이 임금에 평가되지 않고 오히려 임금의 감소로 연결되는 결과다. 특히 5% 수준에서 통계적으로 유의한 매개변수가 추정되고 있는 간호사전문교육년수의 경우 전문교육년수가 늘어날수록 임금은 감소된다는 것을 의미하기 때문에 기능이 축적될수록 임금이 상승한다는 인적자본론의 이론과는 상반된 결과가 된다[5].

한편 근무하는 병원 특유의 기업 특수적 기능에 대해서 살펴보자. 이것을 대리하는 '근속년수'의 매개변수는 제1계층의 임금 방정식에서는 통계상 유의한 플러스 값을 가지고 있다. '연령'에 비해 영향력이 작다고는 하지만 제1계층의 간호사 임금을 상승시키는 효과를 가지고 있기 때문이다. 그 외 '병상 수'로 대리한 시설 규모에 대해서도 플러스의 매개변수로 추정되기 때문에 규모가 클수록 간호사 임금이 상승한다는 사실이 통계상으로 유의하게 나타난다.

그러나 이런 기업 특수적 기능은 제2계층에 있어서는 통계상 유의한 매개변수가 추정되지 않기 때문에 임금 상승의 효과는 평가되지 않는다. 오히려 평가되는 것은 제1계층에서는 임금에 마이너스 영향을 주고 있는 '일반교육년수'이다. 제2계층에서의 '일반교육년수'의 매개변수를 보면 0.3063으로 통계

---

5 이 결과에 대해서는 다른 견해도 가능할지 모른다. 간호사전문교육년수가 많은 간호사는 조사 당시 준간호사양성기관의 취학을 거쳐 간호사양성기관에 진학·졸업생이 대부분을 차지한다. 그리고 간호사양성기관의 입학시험에 불합격하면 준간호사양성기관으로 입학하는 경향이 있어 준간호사양성기관의 취학 경험이 잠재능력이 낮다는 시그널이 되어 그렇지 않은 간호사의 잠재능력까지도 낮게 평가돼 임금이 낮아지는 가능성이 있다. 이러한 해석을 경제학에서는 'signaling 이론'이라고 한다.

적으로 유의하게 추정되고 있다. 이것은 '연령'에 이어 큰 수치이며 일반적 기능의 축적이 제2계층 간호사의 임금 결정에 큰 영향을 준다는 것을 나타내고 있다. 그리고 제2계층에서는 제1계층과는 달리 '병상 수'로 나타나는 시설 규모가 클수록 간호사 임금이 하락한다는 추정결과도 나왔다.

이상에서 살펴본 바에 따르면 제1계층과 제2계층에서는 간호사 임금 결정에 영향을 미치는 요인이 전혀 다르고 같은 기능을 가진 간호사라 하더라도 계층 간에 다른 임금 결정 메커니즘을 통해 임금 격차가 발생하게 된다. 이것은 제1계층과 제2계층의 임금 방정식에 대해서 추정된 각 매개변수의 차이를 가지고 유의성 검증을 하면 '연령' 이외는 모두 통계상 유의한 차이가 있다는 점도 확인할 수 있다. 공통 요인으로 뽑힌 '직위'에 대해서도 임금 결정에 영향을 미치는 정도가 제1계층과 제2계층 간에서 이질적이다[6].

③ 곤란한 계층 이동

[표9-2]의 하단 간호사의 소속 계층을 결정하는 switch방정식에서 보면 [그림9-3]에 나타난 이중구조의 성립을 증명하는 결과가 되고 있다.

우선 '혼인상태'에서는 플러스의 매개변수가 추정되고 있는 점에서 볼 때 간호사가 미혼이면 제1계층에 소속할 확률이 높아진다는 것을 의미한다. 다시 말해 결혼하면 제2계층에 소속할 확률이 높아진다는 것을 의미한다. '자녀 수', '경험직장 수'의 각 매개변수가 마이너스인 것으로 고려하면 결혼하고 아이를 가지는 등의 이유로 일단 직장을 그만두고 다시 취직할 때는 제2계층으로 이동할 확률이 높아진다는 것이다.

이것은 가설에서 나타낸 제1계층에서는 전문양성기관을 갓 졸업한 간호

---

6   각 매개변수에 통계상 유의한 차이가 없다고 하는 귀무(帰無)가설을 세워 점근적 t검증을 시행한 결과에 따른다. 그리고 모든 매개변수의 통계상 유의한 차이는 없다고 하는 귀무(帰無)가설을 세워 월드 검정을 해도 제1계층과 제2계층의 임금 방정식이 동일할 가능성은 0으로 추정된다.

사와 계속해서 근무하고 있는 간호사가, 제2계층에서는 결혼이나 출산·육아 등으로 일단 이직했다가 다시 일을 시작하는 간호사가 노동공급자가 된다는 내용을 뒷받침하는 결과다.

게다가 간호사의 기능축적을 대리하는 '일반교육년수'와 '전문교육년수'를 보면 특히 '일반교육년수'의 매개변수에 큰 플러스 값이 추정돼 일반적 기능이 축적될수록 제1계층에 소속될 확률이 높아진다는 것을 알 수 있다. 한편 '준간호사양성기관의 취학 경험'을 가진 간호사의 경우는 마이너스의 매개변수가 추정돼 제2계층에 속할 확률이 높아진다[7].

제1계층에 속하는 것에 따라 기대되는 보수의 증가를 대리하는 임금 격차의 매개변수 δ는 큰 플러스 값을 통계상 유의하게 취하고 있다. 이 큰 플러스의 추정결과와 함께 계층 간 다른 임금 결정 메커니즘이 동시에 존재하고 있다는 추정결과를 함께 생각해 볼 수 있다. 따라서 보수의 증가를 도모해 제1계층으로 이동하고 싶어도 자유로운 계층 이동이 실현되지 않기 때문에 결과적으로 임금 격차가 존속하게 된다는 것을 알 수 있다.

④ 자유로운 계층 이동을 방해하는 수가제도

직장 이동이 비교적 용이한 시기에 조사한 데이터를 사용했음에도 불구하고 간호사의 노동시장은 이중구조가 성립하고 계층 간 서로 다른 임금 결정 메커니즘이 존재하는 것이 증명되었다. 게다가 결혼이나 출산·육아 혹은 준간호사양성기관에 취학한 경험이 있으면 임금이 낮은 제2계층에 소속하기 쉬우며 가령 기능을 축적한다고 해도 임금이 높은 제1계층으로 자유롭게 이동할 수 없다는 것도 밝혀졌다. 제2계층에 속하는 간호사의 특징으로 임금의 결

7 　주5에서 설명한 signaling이론에 의하면 준간호사양성기관에 취학한 경험이 간호사양성기관의 입학시험불합격 가능성을 두고 낮은 잠재능력을 나타내는 signal이 되어 그렇지 않은 간호사까지도 제2계층에 소속하는 확률을 높이는 결과를 나타내고 있다고 추측된다.

정에는 일반적 기능의 축적이 크게 평가되고 있다는 추정결과에서 보면 개호보험시설과 방문간호스테이션 진료소 등에 근무하는 간호사는 제2계층에 속한다고 파악할 수 있지는 않을까?

간호사의 노동시장이 이중구조를 보이는 요인 중에는 간호사를 둘러싼 고유의 문제 즉 수가제도 상의 문제도 있다. 제4장에서 논의한 바와 같이 간호서비스 제공에 대한 수가는 기본적으로 입원환자에 대한 간호사의 배치 인원 수에 따라 결정돼 배치된 간호사의 기능은 고려되지 않는다. 간호사의 인원 수만 맞춰진다면 수가가 들어오는 구조로 되어 있기 때문에 의료시설이 이익증대를 위해 기능이 축적되지 않은 낮은 임금의 간호사를 고용해 인건비를 줄이고자 할 것이다.

따라서 제1계층에서는 채용상 관련이 있는 간호사전문양성기관으로부터 낮은 임금의 신규졸업 간호사를 고용해 회전율을 높임으로써 이익 획득을 도모할 수 있다. 이때 오랫동안 근무한 높은 임금의 간호사가 고용되고 있는 곳은 높은 인건비에 의해 경영 적자를 초래하더라도 보조 받을 수 있는 지자체설립병원이나 국립병원이다.

반면 제2계층에서는 결혼이나 출산·육아에 의해 제1계층의 병원을 그만두고 재취직하는 간호사를 낮은 임금으로 고용 한다. 제6장과 제7장에서 언급했듯이 결혼해서 아이를 가진 간호사는 좋은 조건의 직장을 찾아 다른 지역으로 이동하는 것이 어렵고 그 지역 안에서 직종을 바꾸는 것도 어렵다. 결국 제2계층의 병원이나 기타 시설은 이러한 간호사를 저렴한 임금으로 고용하면서 이익 획득을 꾀하게 된다.

|C| 임금 격차를 발생시키는 직무 가치의 차이

직종이나 고용형태가 다른 노동자 간에 동일한 가치를 가진 직무에서 일하면 동일한 임금을 지불해야 한다는 관점이 있다. 남녀 간 임금 격차를 설명할 때 자주 이용되고 있는 이 '동일가치 노동 동일임금 원칙(Equal pay for work of equal value)'은 '다른 직종·직무에 있더라도 노동의 가치가 동일 혹은 동등하다면 그 노동에 종사하는 노동자에게는 성별 차이가 있더라도 동일한 임금을 지불할 것을 요구하는 원칙'으로 설명된다[8]. 바꿔 말해 직무의 가치가 다르면 임금 격차가 발생하는 것이 정당하다는 것을 의미한다[9].

여기서는 간호사라는 같은 직종이더라도 근무처가 제1계층을 형성하는 병원과 제2계층을 형성하는 병원 등에서 임금이 다른 것은 계층 간의 직무 가치에 차이가 있기 때문은 아닐까. 이러한 관점에서 계층 간의 직무 가치에 대해 비교 고찰해 보기로 하자.

1. 직무의 가치를 어떻게 평가할 것인가

'직무(job)'의 가치를 어떤 요소로 어떻게 평가해야 할까? 동일가치 노동 동일임금 정책을 취하고 있는 미국의 주에서는 공통적으로 '직무평가(job evaluation)'을 실시하기 위해 다음 4가지 항목을 '직무 가치(job value)'의 평가요

---

8 모리·아사쿠라편 (森·朝倉編) (2010)p.i에서 인용했다. ILO 제100호 조약에 바탕으로 엄밀히 '동일가치 노동에 대한 남녀노동자에 대한 동일 수가에 관한 조약'에 규정된 '동일가치 노동 동일임금 원칙'이다(마찬가지로 p.i)

9 직무의 가치가 동일하지 않을 경우 직무의 가치에 비례해서 임금의 지불을 요구하는 '비례가치노동 비례임금'에 대해 모리·아사쿠라편 (森·朝倉編) (2010) pp.321-344를 참조할 것.

[표9-3] 직무평가 요소와 점수 부여

직무평가 요소	점수
기능(교육/경험)	50
노력(신체적 부하/정신적 부하/사회심리적 부하)	15
책임(안전에 관한 책임/협동에 관한 책임/금전·상품에 관한 책임)	20
작업조건(환경조건/위험도)	15
합계	100

허동한 (許棟翰) (1994). 同一価値労働同一賃金原則(Comparable worth)と企業内男女間賃金格差の実証分析. 三田商学研究 37(4): 51-67에서 발췌 Martin et al.(2016) pp.39-42를 참고해서 일부 저자가 수정.

소로 제시하고 있다[10].

    (1) '기술'(Skill)

    (2) '노력'(Effort)

    (3) '책임'(Responsibility)

    (4) '노동 조건'(Working Conditions)

이 4가지 평가요소를 평가 대상의 직무특성에 따라 보다 세밀하게 분류·설정해 점수를 매긴다. [표9-3]은 직무평가 요소와 점수 부여를 간단히 예시한 것이다. 여기서 가장 높게 평가되는 것은 '기능'(교육/경험) 요소이며 합계 100점 중 50점을 차지하고 있다.

10   이상 미국의 동일가치 노동 동일임금 정책에 관해서는 Coil and Rice(1993)를 참조할 것.

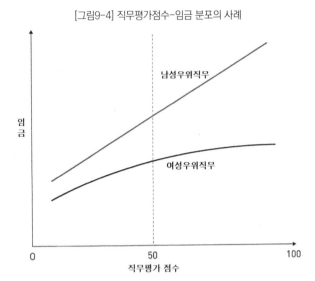

[그림9-4] 직무평가점수-임금 분포의 사례

임금

남성우위직무

여성우위직무

0   50   100

직무평가 점수

*: 이 사례에서는 예를 들어 같은 50점의 직무 가치를 가진다고 해도 남성우위직무와 여성우위직무에서는 임금의 격차가 발생한다.

(츠노다 유카·허동한(角田由佳·許棟翰)(2000) 職務と賃金. 이베 토시코·가미이즈미 와코(井部俊子·上泉和子)감수 社会の中の看護. 日本看護協会出版会 p.133에서 발췌 일부 수정)

　　평가대상의 각 직무(예를 들어 여성이 많이 차지하는 '여성우위직무(femaledomi-nated job)'인 간호사와 남성이 많이 차지하는 '남성우위직무(maledominated job)'인 MR[의료정보담당자])에 대해서 각 평가요소별로 점수를 매기고 직무평가점수와 임금과의 관계를 비교하면 임금이 평가 점수에 부합되지 않는다. 즉 직무 가치에 맞지 않는 임금이 지불되고 있는 것이 명확해진다.[그림9-4]

　　다만 다음과 같은 주의가 필요하다. 남성우위직무와 여성우위직무의 가치를 비교분석할 경우 남성 쪽이 평균연령이나 경험연수가 높은 경향이 있어 이런 요소들이 영향을 끼치게 되면 남성우위직무에 높은 점수가 매겨지게 돼 높은 가치의 직무라는 결론이 도출될 수 있다. 이것을 방지하기 위해서 노동자를 연령별 경험년수(혹은 근속년수 등) 별로 구분한 뒤에 각각을 비교하는 방법이 널리 사용되고 있다[11].

2. 간호사간 직무 가치의 차이

일본에서는 여성우위직무인 간호사가 예를 들어 동등한 기능을 가지고 있다고 하더라도 노동시장의 이중구조에 따라 소속 계층에 의해서 임금의 격차가 발생하는 것을 'B 간호사 노동시장의 이중구조'에서 검증했다. 이런 계층간 임금 격차의 요인을 직무 가치의 관점에서 분석해 보면 어떨까. 하지만 제1계층과 제2계층을 형성하는 각각의 병원이나 시설별로 근무하는 간호사의 직무를 직접 관찰할 수 있는 통계자료는 아쉽게도 찾을 수가 없다. 그래서 후생노동성 '의료시설(정태·동태) 조사'에서 조사되고 있는 병원의 개설자별로 본 난이도 높은 수술의 실시 상황이나 특정집중치료실(ICU) 등 특수설비의 가동 상황을 이용해 직무의 가치를 비교분석해 보았다.

높은 수준의 기능이 필요한 치료나 수술이 병원에서 실시된다는 것은 보다 중증의 환자가 입원·외래 진료를 받는 경향이 있다는 것을 의미한다. 이러한 병원에 근무하는 간호사는 중증 환자에 대한 일상적인 간호를 비롯해 병상·병동 관리에서도 난이도가 높기 때문에 높은 수준의 기능이 필요하다. 따라서 중증 환자가 많은 병원의 직무에서는 앞에서 설명한 직무평가 요소의 하나인 '기능'에서 높은 수준을 요구할 것이다. 또한 수술의 보조나 수술 전·후의 관리에서는 응급상황에 대한 대응이 한층 필요해지고 감염 등의 위험도 증가해 신체적·정신적 부담도 가중되기 때문에 직무평가 요소 중에서 높은 수준의 '노력' 및 '작업조건'이 요구될 것으로 추측된다.

---

11   상세한 내용은 츠노다 · 허 (角田 · 許) (2020/2001)을 참조할 것.

[표9-3]에서 예시로 든 네 가지의 평가 요소를 바탕으로 간호사를 비롯해 진료방사선기사 시설개호직원 home-helper의 직무평가분석을 한 모리·아사쿠라 편(森·朝倉編) (2010)의 연구가 있다. 여기서는 간호사 전체 직무를 크게 15항목으로 분류했고 그중에서 가장 높은 평가점수가 매겨진 항목이 '응급상황시 대응'이며 다음으로 '간호 직원·간호학생의 지도', '병상·병동의 관리 업무' 순으로 이어진다[12]. 따라서 각 계층 간호사의 직무 가치를 비교함에 있어 중증 환자에 대한 난이도 높은 치료나 수술의 실시 상황으로 비교하는 것은 타당하다고 할 수 있다.

물론 수술 등의 실시 상황을 분석하는 것으로 직무 가치에 차이가 있음을 단정할 수 없다. 예를 들어 만성질환 환자의 중증화를 예방하는 간호나 요양 지도 등 높은 기능을 요하는 직무도 많고 폭넓고 정교하며 치밀한 직무분석을 통해 직무 가치를 비교해야 할 필요성이 있음은 두말할 필요가 없다.

우선 '악성종양수술'의 실시 상황에 대해 나타낸 것이 [그림9-5]다. 개설자 분류는 자료의 제약상 규모가 큰 사립학교법인설립병원의 데이터를 따로 추출할 수 없어 '기타 사적'의 병원에 포함된 것 그리고 별도로 '의육기관(의료교육기관)'의 수치를 나타내고 있는 점에 유의할 필요가 있다.

[그림9-5]를 보면 제1계층을 형성하는 고용주 즉 '국립'과 '사회보험관계단체' 등 공적병원이나 의육기관 그리고 제2계층을 형성하는 의료법인 등 사적병원 간에는 악성종양수술을 실시하는 시설 비율에 큰 차이가 있는 것을 알 수 있다. 제2계층 중에서도 특히 의료법인설립병원(17.6%)이나 개인병원(7.4%)에서는 수술을 실시하는 곳이 드물다. 한편 수술을 실시하는 시설 비율

---

12   [표9-3]에서 예시 들었던 것처럼 4가지의 평가요소를 기본으로 해 보다 상세한 요소를 설정해 평가분석을 했다. 평가점수는 해당연구에서의 앙케이트 조사 대상인 수도권 8병원에 근무하는 간호사 272명(배부수 405표, 회수율 43.3%)이다. 자세한 내용은 모리·아사쿠라편 (森·朝倉編) (2010)의 pp.27-87을 참조할 것.

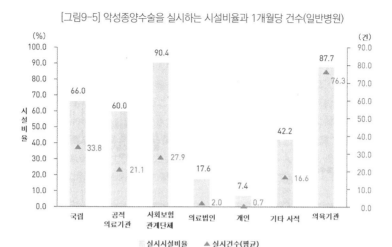

[그림9-5] 악성종양수술을 실시하는 시설비율과 1개월당 건수(일반병원)

*1: 실시 건수는 2017년 9월 수치이다.
*2: '기타 사적'에는 사립학교법인설립병원도 포함된다.
(후생노동성(2018) '2017년 의료시설(정태·동태) 조사' 상권 제79표에서 산출 작성)

이 가장 높은 곳은 사회보험관계단체 설립병원으로 90.4%이지만 1개월당 실시 건수를 보면 1시설 평균 27.9건에 그치고 있어 의육기관(76.3건)과 국립병원(33.8건)보다도 적다. 그리고 여기서는 각 계층의 평균적인 임금과 직무 가치의 비교검토를 목적으로 하기 때문에 평균 실시 건수는 개설자별 전체 병원 수로 나눈 수치를 사용하고 있다. 하지만 실시하고 있는 병원의 수만으로 나누게 된다면 평균 실시 건수는 증가하고 계층 간 격차는 줄어들 것이다.

악성종양수술의 실시 상황과 같은 경향을 나타내고 있는 것이 '외래화학요법실'의 케이스다[그림9-6-a]. 외래화학요법실의 가동상황을 보면 계층 간에 뚜렷한 차이를 보이고 있다. 외래화학요법실 정비비율이 가장 높은 시설은 사회보험관계단 설립병원이지만 1개월당의 평균환자 수는 의육기관이나 국립병원보다도 적다. 그 외 '특정집중치료실(ICU)'이나 '무균치료실'(수술실을 제

[그림9-6] 특수진료설비가 있는 시설 비율과 1개월당 환자 수(일반병원)

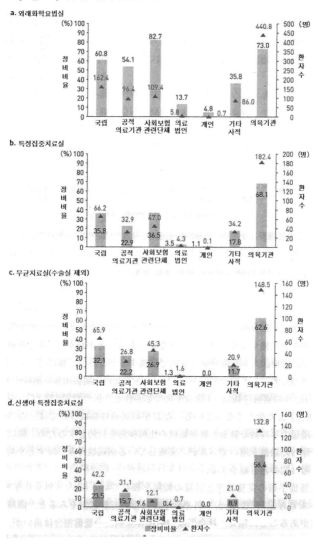

*1: 환자 수는 2017년 9월의 수치이다.

*2: '기타 사적'에는 사립학교법인 설립병원도 포함된다.

(후생노동성(2018) '2017년 의료시설(정태·동태) 조사' 상권 제79표에서 산출 작성)

외), '신생아 특정집중치료실(NICU)'에 대해서는 [그림9-6]의 b~d를 보면 알 수 있듯이 정비하는 시설 비율이나 대상환자 수 모두 의육기관이 가장 크고 약간의 차이는 보이지만 국립병원이 그 뒤를 잇고 있다. 의료법인설립병원과 개인병원에서 취급하는 상황은 낮고 특히 무균치료실이나 신생아 특정집중치료실을 가진 개인병원은 0으로 나타나고 있다.

이와 같이 난이도가 높은 치료나 수술의 실시 상황에 관한 격차는 병원을 규모별로 분류해도 명확하게 존재하고 있다[13]. 자료의 제약상 간호사의 직무 그 자체의 차이를 관찰할 수 없지만 중증 환자에 대한 수술이나 각종 치료가 제1계층을 형성하는 국립병원 등 공적병원과 의육기관에서 많이 시행되고 있는 반면 제2계층의 사립병원에서 적게 나타나는 실태는 각 계층에 소속된 간호사 직무 가치의 차이를 반영하고 있는 것으로 합리적 추측이 가능하다.

|정리|

본 장의 A와 B에서는 간호사의 노동시장구조와 임금 결정 메커니즘에 대해 검증하였다. 그 결과 기능의 차이를 감안하더라도 제1계층과 제2계층의 간호사 간에는 임금 격차가 발생한다는 사실이 밝혀졌다. 본 장 C의 분석결과와 함께 생각하면 계층 간의 임금 격차를 가져오는 요인으로써 직무 가치의 차이가 유효한 영향을 미치고 있음을 알 수 있다.

즉 고용주 측은 간호사의 직무 가치도 고려해 임금을 지불하고 있는 것으로 보인다. 제1계층 중에서는 경영 적자를 내더라도 수익이 보전되는 국립·

---

13   구체적인 내용은 츠노다(角田)(2016)를 참조 할 것.

지자체 설립 병원뿐 아니라 중증환자에 대한 각종 치료나 수술이 많은 기타 공적병원이나 의육기관에서도 간호사에게 높은 임금을 지불하고 있다. 이와 같은 사실은 고용주 측이 직무 가치를 감안해 임금을 지불하고 있다는 점을 뒷받침하고 있다.

하지만 노동시장 이중구조를 검증하면서 명확하게 밝혀진 사실은, 간호사는 결혼이나 출산·육아 등을 계기로 일을 그만두게 되면 재취업할 때에는 낮은 임금이 지불되는 제2계층에 속할 확률이 높아진다는 것이다. 그리고 설령 기능을 갖추고 있다고 하더라도 제2계층에서 제1계층으로 이동하는 것은 어렵다. 따라서 직무 가치가 임금 결정에 있어서 합리적인 하나의 요인이 될 가능성이 있다고는 하지만 당장 시급한 것은 간호사의 자유로운 계층 이동을 실현하고 소속 계층을 선택할 수 있도록 환경을 정비하는 것이다.

参考文献

1) 浅野皙・中村二朗(2009). 計量経済学第2版. 有斐閣.

2) 居城舜子(2011). 同一価値労働同一賃金原則の変遷と課題. 大原社会問題研究所雑誌　632:40-60.

3) 大日康史編著(2003). 健康経済学. 東洋経済新報社.

4) 玄田有史(2011). 二重構造論―「再考」. 日本労働研究雑誌 609:2-5.

5) 角田由佳(1994). 看護婦の労働市場―不完全市場仮説の日本への適用可能性. 医療と社会 4(1):171-197.

6) 角田由佳(2000). 看護婦・士の賃金決定メカニズム. 看護 52(13):92-101.

7) 角田由佳(2016). 看護師間の賃金格差の実態とその要因 ： 職務価値の差異からのアプローチ. 山口経済学雑誌 65(1・2):1-29.

8) 角田由佳・許棟翰(2000). 職務と賃金. 井部俊子・上泉和子監修:社会の中の看護. pp.123-134日本看護協会出版会.

9) 角田由佳・許棟翰(2001). 看護労働における職務価値と賃金格差. 九州国際大学経営経済論集 8(2):31-59.

10) 中西悟志・角田由佳(1996). 看護労働市場の二重構造. 漆博雄研究代表:看護労働市場の経済分析. pp.63-79統計研究会.

11) 許棟翰(Hur Donghan)(1994). 同一価値労働同一賃金原則(コンパラブル・ワース)と企業内男女間賃金格差の実証分析. 三田商学研究 37(4):51-67.

12) 蓑谷千凰彦(2003). 計量経済学第2版. 多賀出版.

13) 森ます美(2005). 日本の性差別賃金―同一価値労働同一賃金原則の可能性. 有斐閣.

14) 森ます美・浅倉むつ子編(2010). 同一価値労働同一賃金原則の実施システム―公平な賃金の実現に向けて. 有斐閣.

15) Coil J.H. and Rice C.M.(1993). State Comparable Work Laws: Equal Pay for Unequal Work?. Employment Relations Today 20(3):327-335.

16) Gunderson M.(1989). Male-Female Wage Differentials and Policy Responses. Journal of Economics Literature 27(1):46-72.

17) Martin O. Shauna O. Manuela T. (2016). 同一賃金　同一価値労働同一報酬の
　　ためのガイドブック. ILO (International Labour Organization).

간호사의 일

:

가정 양립과 생산성

10장

일상생활과의 조화를 도모하면서 일을 계속할 수 있다는 것은 간호사뿐만 아니라 우리 모두에게 중요하다. 특히 여성은 출산이나 육아 개호라는 일상생활에서 발생하는 특별한 상황의 영향을 받기가 쉽다. 여성이 많이 차지하는 간호사에 있어서도 각자의 생활에 맞는 방식으로 선택할 수 있다면 경력 단절 없이 경력도 쌓아 나갈 수 있을 것이다.

한편 기업 측에서는 반대로 노동자가 계속해서 일하기 좋은 환경을 정비하는 것이 비용의 증가를 초래해 기업의 생산성을 감소시킨다면 환경을 정비하고 유지해 나가는 것은 어렵게 될 것이다.

원래 생산성이 높고 업적이 좋은 기업일수록 워크·라이프밸런스(WLB: Work and Life Balance 이후 '일·가정 양립'이라 함) 시책을 채용할 수 있을 것으로 인식되고 있다. 그러나 야마모토·마츠우라(山本·松浦)(2011)나 야마모토·쿠로다(山本·黒田)(2014)의 연구에서는 이와 반대의 인과관계, 즉 모든 기업이 일·가정 양립 시책의 도입으로 생산성을 올릴 수 있는 것은 아니라고 결론을 내고 있다. 그리고 생산성이 향상된 기업들의 특징 중 하나로 급여나 교육·연수비라고 하는 '노동의 고정비'가 크다는 점을 들고 있다.

간호사를 비롯한 많은 노동력을 투입해 서비스를 제공하는 병원이나 개호보험시설 등은 이러한 특징에 해당된다. 제10장에서는 간호사와 일반 노동자와의 노동 조건을 비교한 뒤 간호사의 일·가정 양립 시책과 생산성 간의 관련성에 대해서 논의한다.

|A| 간호사의 취업상황

간호사가 일하는 환경을 관찰하기 전에 먼저 일본의 간호사는 어느 정도 취업하며 어디서 일하고 있는지 각종 데이터로 살펴보자.

1. 간호사의 취업 동향

총무성 '서비스산업 동향조사결과(확대조사)'에 따르면 병원에 종사하는 사람은 2016년 6월 말 시점에서 223만 9,300명으로 서비스산업에서 제1위의 취업자 수를 기록하고 있다. 그중 간호사를 비롯한 보건사, 조산사, 준간호사를

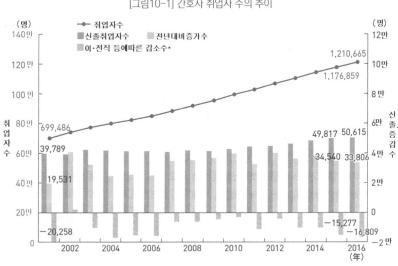

[그림10-1] 간호사 취업자 수의 추이

*: 이직·퇴직 등에 의한 감소 수(회색 막대그래프)는 각 연도 4월에 신졸 취업자 수에서 같은 년도말 시점에서의 전년도 대비 증가 수를 뺀 수치이다. 따라서 중도 채용자의 동향은 이 수치 중에 포함되어 있다.
(일본간호협회 '간호관계 통계자료집'(각 연도)에서 저자 작성)

포함 '간호 직원'은 44.8%(100만 4,272명)이다. 의료뿐만 아니라 개호 사회복지 분야까지 포함한 '의료·복지'(산업대분류)는 여성이 가장 많이 취업하는 산업분야이며(남녀 합하면 제3위) 단기대학 신규졸업자에서 남녀 모두 대학에서는 여성 신규졸업자에 한하여 취직처(취직하는 곳) 제1위이다.

간호사의 취업자 수는 [그림10-1]의 선 그래프에 나타난 바와 같이 매년 증가하고 있으며 2016년 말 시점에서 1,210,700명을 나타내고 있다. 간호대학으로 진학이 증가하고 있다는 점으로부터 진초록색 막대그래프로 표시되는 신졸의 취직자 수도 매년 증가해 2016년 3월에는 50,600명이 졸업해 취직하고 있다. (3년 과정 졸업 44.5%, 대학졸업 29.7%).

50,600명이 신규로 취업했음에도 불구하고 간호사 취업자 수는 전년대비 33,800명 증가로 16,800명이 감소했다는 계산이 나온다. 정년퇴직자 수를 포함하더라도 2006년도 7대 1 입원기본료가 신실된 이후 간호사 취업자 감소분(회색 막대그래프)이 2011년 줄어들다가 동일본 대지진이 발생한 기점부터 최근에 다시 확대되는 경향에 있다[1]. 따라서 일하기 쉬운 환경으로 정비해 고용을 확보하려고 하는 대책의 효과는 전체적으로 보면 향상되지 않은 것으로 파악이 된다.

2. 근무처 별로 본 간호사 수의 추이

다음으로 근무처 별로 본 간호사 취업자 수의 비율을 나타낸 것이 [그림10-2]이다. 전체적으로 취업자 수뿐만 아니라 근무처 별로도 간호사가 증가

---

1 이상 병원 종사자 수는 총무성(2018) '서비스산업 동향조사 2016년 확대조사결과 (확보)결과의 개요' p.14에서 발췌. 취업자 전체의 산업분야에 대해서는 총무성(2017) '노동력조사(2016년)' (Ⅱ-1표), 신졸자의 취직처는 후생노동성(2017) '2016년판 일하는 여성의 실정' pp.22-25를 참고했다. 간호 직원 간호사에 관한 수치는 모두 일본간호협회출판회 '간호관계통계자료집'(각 연도)에서 발췌, 산출했다.

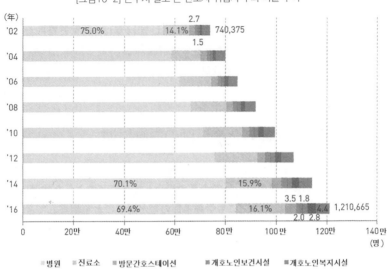

[그림10-2] 근무처 별로 본 간호사 취업자 수와 비율 추이

(年)
'02 | 75.0% | 14.1% | 2.7 | 740,375
'04 | | | 1.5
'06 | | |
'08 | | |
'10 | | |
'12 | | |
'14 | 70.1% | 15.9% |
'16 | 69.4% | 16.1% | 3.5 1.8 | 4.4 | 1,210,665
 | | | 2.0 2.8

0   20만   40만   60만   80만   100만   120만   140만
                                                    (명)

■병원 ■진료소 ■방문간호스테이션 ■개호노인보건시설 ■개호노인복지시설
■재택서비스 등 ■기타

(일본간호협회 '간호관계 통계자료집'(각 년도)에서 저자 작성)

하고 있다. 그중에서도 가장 많은 간호사가 근무하는 곳은 병원이다. 2016년 현재 84만 500명이 병원에서 근무하며 취업자 전체의 69.4%를 차지한다. 이어서 진료소가 19만 4,800명(16.1%), 방문간호스테이션이 4만 2,200명(3.5%)이다.

하지만 구성 비율의 추이를 보면 병원근무 간호사의 비율은 매년 감소하고 있다. 2002년 시점에서 75.0%를 차지했던 간호사의 비율은 2014년 70.1%가 된 이후 70%에 도달하지 못하고 있다. 한편 진료소에 근무하는 간호사는 2006년에는 15%를 넘어섰고 방문간호스테이션에 근무하는 간호사의 비율도 조금씩이지만 증가하고 있다.

|B| 일반기업과 비교한 간호사의 노동환경

간호사는 매년 취업자 수 및 이직·퇴직자 수도 증가하고 있는 것을 확인해 보았다. 간호사가 일하는 환경은 일반기업의 경우와 비교해 어떠한 상황에 있는 것일까? 제8장에서 간호사 간에도 노동 조건의 차이가 있는 것을 고찰했지만 본 장에서는 비교를 간단하게 하기 위해 간호사 전체의 약 70%를 차지하는 병원 근무자와 일반기업 및 의료·복지 분야 노동자의 일하는 환경을 고찰해 보고자 한다.

구체적으로 간호사는 일본간호협회 '병원간호실태조사'(각 연도)를 일반기업 및 '의료·복지'(산업대분류) 노동자는 후생노동성 '취로조건총합조사'(각 연도)와 '매달근로통계조사 전국조사결과원표'(각 연도, 각 월)를 사

[표10-1]
간호 직원과 일반 노동자 등의 1인당 노동시간·휴일 일수(2017년), 유급휴가 취득률

기업규모 · 산업	소정내근로시간 (주)	연간휴일 일수(일)	유급휴가취득율 (2015년도, %)
간호직원(병원)	38시간 54분	115.3	55.9
노동자일반(계)	39시간 25분	108.3	48.7
1,000명 이상	38시간 56분	115.1	54.7
300~999명	39시간 03분	113.3	47.1
100~299명	39시간 12분	109.7	44.8
30~99명	39시간 32분	107.2	43.7
의료·복지산업	39시간 22분	110.8	50.2

(간호 직원에 대해서는 일본간호협회(2018) '2017년 병원간호실태조사'(p.107 p.110)와 동일한 2016년 조사(p.117)에서 수치를 발췌, 일부는 새로 계산했다. 일반 노동자 등에 대해서는 후생노동성(2017) '2017년 취로조건총합조사'(제1·4·11표)에서 발췌)

용하면서 병원 특유의 야간근무를 제외한 기초적인 노동환경을 비교한다.

① 정해진 노동시간

우선 [표10-1]의 주간 소정 내 근로시간을 보면 노동자 일반은 평균 39시간 25분이고 의료·복지산업의 노동자도 거의 같은 소정 내 근로시간(39시간 22분)으로 나타난다. 종업원 규모가 작은 기업일수록 소정 내 근로시간은 길고, 종업원 규모가 클수록 소정 내 근로시간은 짧다. 종업원 1,000명 이상 대기업은 39시간에 못 미치는 38시간 56분이며 병원간호 직원도 대기업 노동자와 거의 유사한 38시간 54분으로 나타났다. 그리고 종업원 규모가 작을수록 소정 내 근로시간이 길어지는 경향은 병원간호 직원에 있어서도 거의 마찬가지로 관찰된다[2].

② 주휴일제도와 연간 휴일수

[그림10-3]에서 확인해 볼 수 있듯이 간호 직원의 주휴일제도는 직원 1,000명 이상 대기업 노동자 이상의 수준이다.

완전 주휴 2일제(한국의 주 5일 근무제)나 4주에 8일을 휴일로 하는 등 여러 형태의 주휴 2일제를 시행하는 병원은 71.4%에 달하는 반면 일반 노동자가 받는 혜택은 46.9%에 불과했다. 47.1%의 기업에서는 주휴 2일제보다 휴일이 적은 상황(40.3%+6.8%)이다. 의료·복지산업에서 보면 58.1%가 주휴 2일제이다.

주 소정 내 근로시간과 마찬가지로 기업규모가 작을수록 주휴 2일제를 시행하는 곳이 적어지지만 제도정비가 가장 잘 되어있는 종업원 1,000명 이상 대기업에서도 66.0%로 병원간호 직원에 비해 낮은 수치다. 다시 [표10-1]을

---

2   허가 병상 수 500병상 이상의 병원만 38.7시간으로 조금 길지만 99병상 이하의 39.2시간부터 400~499병상의 38.5시간까지 병상 규모가 커짐에 따라 소정 내 근로시간은 짧아지고 있다. 그리고 본문 중 간호 직원 소정 내 근로시간 38시간 54분은 일반 노동자의 시간표기에 맞춰 평균 38.9시간으로 재계산했다. 이상 간호 직원의 소정 내 근로시간은 일본간호협회(2018) '2017년 병원간호실태조사' p.107에서 발췌했다.

[그림10-3] 간호 직원과 일반 노동자 등의 주 휴일 제도(2017년)

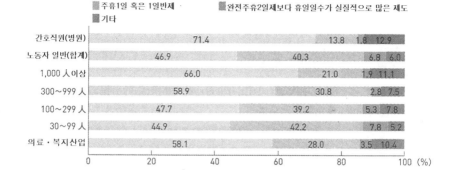

*1: '완전 주휴 2일제(주 5일 근무제)보다 휴일 일수가 실질적으로 적은 제도'란 월3회, 격주 월2회, 월1회의 주휴 2일제 등을 말한다.

*2: '완전 주휴 2일제(주 5일 근무제)보다 휴일 일수가 실질적으로 많은 제도'란 월 1회이상 주휴3일제, 3근3휴(3일근무 3일휴일), 3근4휴(3일 근무 4일 휴일) 등을 말한다.

(간호 직원에 대해서는 일본간호협회(2018) '2017년 병원간호실태조사'(p.108)의 통계표88에서 '무응답·불명'을 제외하고 새로 계산. 일반 노동자 등에 대해서는 후생노동성(2017) '2017년 취로조건총합조사'(제2표)를 바탕으로 저자 작성)

보면 1년을 통틀어서 총 휴일수의 차이는 축소하지만 그래도 병원간호 직원이 가장 많은 115.3일이며 대기업 노동자 115.1일 그리고 노동자 평균은 108.3일이다. 기업 전체적으로 보면 간호 직원 쪽이 일반 노동자보다도 7일, 의료·복지산업(110.8일) 내에서는 5일 정도로 휴일이 많다.

③ 유급휴가 취득률

유급휴가 취득률에 대해서도 간호 직원이 가장 높다. 이어서 [표10-1]에서 유급휴가 취득률을 보면 노동자 일반에서 48.7%, 의료·복지산업에서는 50.2%이지만 병원 간호 직원은 55.9%의 취득률을 차지한다. 이것은 직원 1,000명 이상 대기업에 근무하는 노동자 54.7%보다도 높은 수치다. 그리고 기업전체 취득률을 성별로 보면 남성노동자의 평균 45.8%에 비해 여성노동자는

[그림10-4] 간호 직원과 일반 노동자 등의 1인당 소정 외 근로시간(2016년 9월 한 달간)

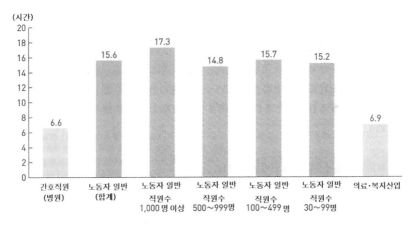

*1: 일반 노동자 등에서 사용하고 있는 자료가 [표10-1]과 [그림10-3]과는 다르기 때문에 기업규모의 구분이 틀리다.

(간호 직원에 대해서는 일본간호협회(2017) '2016년 병원간호실태조사'(p.113 p.117) 일반 노동자 등은 후생노동성(2016) '매월근로통계조사 전국조사결과원표2016년 9월'의 '실노동시간 수'의 '소정 외'를 바탕으로 저자 작성)

평균 54.1%로 차이가 벌어지는 상황이다[3].

　　지금까지 고찰해 온 노동환경은 간호 직원이 일반 노동자와 비교할 때 모두 나은 상황이다. 실제로 가장 명확한 차이를 보이는 것은 다음에서 살펴볼 초과 근로의 상황이다.

④ 소정 외 근로시간(초과 근로/초과 근무)

　　[그림10-4]에서는 2016년 9월의 평균 소정 외 근로시간 수(혹은 초과 근무시간 수)를 비교하고 있다.

　　일반 노동자의 소정 외 근로시간은 평균 15.6시간이고 특히 직원 1,000

3　　남녀별 유급휴가취득률은 후생노동성 (2017) '2016년 취로조건총합조사' 제11표에서 발췌했다.

명 이상 대기업에 근무하는 노동자는 17.3시간으로 긴 편이지만 의료·복지산업에서는 6.9시간으로 매우 짧으며 병원간호 직원은 6.6시간으로 더욱 짧다.

물론 이 간호 직원의 근로시간 수는 병원 측이 파악해 초과근무 수당을 지불하고 있는 시간이며 간호사가 실제로 근무한 시간과는 차이가 있는 것으로 파악된다. 예를 들어 간호 직원 스스로 응답한 일본간호협회 '2017년 간호 직원 실태조사'에 따르면 실제 초과 근무시간 수는 평균 18.8시간, 신고한 시간 수는 8.0시간으로 나타났다.(이 직원 실태조사는 4년마다 시행되고 병원 이외의 근무자도 포함한다)[4]. 이와 같은 조사에 따른 차이는 기업에서 일하는 노동자에게도 마찬가지로 존재한다.

|C| 간호사의 일·가정 양립 시책의 실시 상황

지금까지 살펴본 노동환경에서는 기업에 근무하는 노동자와 비교해서 간호 직원 쪽이 보다 더 잘 정비되어 있음이 확인되었다.

간호계에서는 일찍부터 간호사 개개인의 생활에 따라 일하는 방식이 선택 가능한 '다양한 근무형태'의 보급을 마련하고 워크·라이프·밸런스(이하 WLB)의 실현을 목표로 해왔다[5]. 여기서부터는 WLB의 개선을 위한 조치를 적극적으로 해온 병원의 실태를 고찰해 보고자 한다.

---

4   간호 직원의 실제 초과 근무시간 수와 신고 시간 수는 일본간호협회(2108) '2017년 간호 직원 실태조사' pp.17-18에서 발췌했다.

5   일본간호협회 홈페이지 '간호사의 워크 · 라이프 · 밸런스'(검색일 2020년 5월 6일) 일본간호협회(2016a)를 참고했다.

1. 일·가정 양립을 실현하는 사회란

다시 한 번 WLB의 의미와 일본에서 그 실현을 위한 사회의 방향성에 대해서 정리해 보자.

인구감소나 저출산의 진행 경제성장에 대한 노동공급제약, 고정적인 성별 역할 분담의 의식 등의 문제를 배경으로 해 2007년 12월 '일과 생활의 조화(Work & Life Balance) 헌장'과 '일과 생활의 조화 추진을 위한 행동지침'이 책정되었다[6].

이 헌장에서 WLB가 실현된 사회란 '국민 한 사람 한 사람이 보람과 충실감을 느끼면서 일하고 업무상 책임을 다함과 동시에 가정과 지역생활 등에 있어서도 자녀 양육기, 중고령기라는 인생의 각 단계에 따라 다양한 삶의 방식을 선택·실현할 수 있는 사회'로 정의해 다음과 같은 목표를 구체적인 방향으로 제시하고 있다.

(1) 취로에 따른 경제적 자립이 가능한 사회
(2) 건강하고 풍요로운 생활을 위한 시간이 확보가능한 사회
(3) 다양한 일하는 방식·삶의 방식이 선택 가능한 사회

그리고 이 (3)에서는 '성별이나 연령 등에 구애받지 않고 누구라도 스스로의 의욕과 능력을 가지고 다양한 일을 하는 방식과 삶의 방식에 도전할 수 있는 기회가 제공되며 자녀 양육이나 부모의 개호가 필요한 시기 등 개개인이 처한 상황에 맞추어 다양하고 유연하게 일하는 방식이 선택 가능하며 더불어

---

6   이 헌장과 행동지침은 2007년 7월에 설치된 '일과 가정의 조화 추진 관민 최고회의'(경제계, 노동계, 지방공공단체 대표자, 유식자, 내각총리대신을 비롯한 관계 각료 등으로 구성)에 의해 책정되었다.

공정한 처우가 확보되어 있는 사회'로 설명하고 있다.

　　WLB를 추진하기 위한 행동지침에서는 취업률과 연간유급휴가 취득률, 첫 아이 출산 전후에 여성의 계속취업률 등 13가지의 구체적인 수치로 목표가 설정되었다. 그 후에도 리만 쇼크 등의 경제 상황의 변화나 육아·개호관련법 개정 제도 추진상황 등을 반영하면서 개정되고 있다.

2. 간호직의 일·가정 양립에 대한 제도 마련

　　일본간호협회에서는 2007년도부터 3년간 '간호직의 다양한 업무 형태에 의한 취업촉진사업'을 시행하며 얻은 노하우를 중심으로 2010년도 이후 '간호직의 워크·라이프·밸런스 추진 워크숍 사업'을 실시하고 있다. 도도부현 간호협회와 협동으로 실시되는 이 사업에 대해 참가한 병원의 조사결과를 여기서 살펴보도록 하자. WLB 추진에 대처하고 있는 시설의 경우 보다 나은 노동 조

[표10-2] WLB추진에 대처하는 병원의 간호직원과 전체와의 노동 조건 비교(2017년)

정사원 (풀타임)	소정내 근로시간 (주)	주5일근무제· 4주8휴일제를 시행하는 병원비율(%)	연간휴일 일수(일)	초과 근무시간 (2016년)	유급휴가 취득율 (2015년도, %)
간호직원 (병원)	38 : 54	71.4	115.3	6.6	55.9
WLB조사 참가시설의 간호직원	38 : 54	69.6	118.1	5.8	56.3

*: '간호 직원(병원)'의 각 수치는 [표10-1] [그림10-3·4]와 같다. WLB조사 참가시설 간호 직원의 초과 근무시간은 2016년도 월 평균치다.
('WLB조사 참가시설'(총 207시설 중 의료법인 47.3%, 도도부현·시정촌 20.8%) 간호 직원의 수치는 일본간호협회(2018) '2017년도 간호직의 WLB 인덱스(지수) 조사' [시설 조사·전체 집계] pp.5-6의 결과에서 발췌. 일부는 저자가 산출. 그리고 소수점 두번째 자리 수까지 표시한 조항은 한자리 수로 해 간호 직원(병원)의 각 수치와 맞추었다)

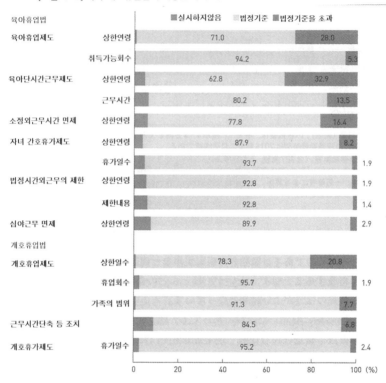

[그림10-5] 육아·개호휴업법에 제정된 육아·개호지원제도의 실시 상황(2017년)

(일본간호협회(2018) '2017년도 간호직의 WLB 인덱스(지수) 조사' [시설 조사·전체 집계] pp.12-14를 바탕으로 저자 작성)

건을 마련하고자 하는 시도를 엿볼 수 있다.

    [표10-2]는 WLB 추진 워크숍 사업에 참가한 207개 병원(2017년도)과 'B 일반기업과 비교한 간호사의 노동환경'에서 고찰한 병원 전체의 노동 조건을 비교한 것이다. 개설자나 병상 규모 등 병원의 내역이 다르기 때문에 단순 비교해서 언급할 수는 없지만 대부분의 조건에 대해 WLB 추진에 대처하는 병원 쪽이 좋은 결과를 내고 있다.

    다만 같은 사업에 참가한 병원이라도 [그림10-5]에 나타난 것과 같이 육

[그림10-6] 육아·개호지원책과 직원에 대한 지원 실시 상황(2017년)

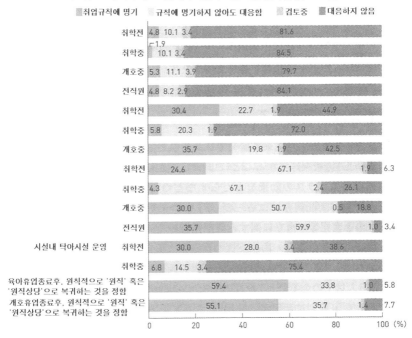

■취업규칙에 명기 규칙에 명기하지 않아도 대응함 ■검토중 ■대응하지 않음

(일본간호협회(2018) '2017년도 간호직의 WLB 인덱스(지수) 조사' [시설 조사·전체 집계]
pp.13-17를 바탕으로 저자 작성)

아휴업법이나 개호휴업법에서 제정된 육아 개호지원제도 대부분이 법정 기준 이상으로 시행되지 않고 있다. 육아에 관한 지원제도의 대상 연령의 상한을 올리거나, 개호휴업제도의 상한일수를 늘리거나 하는 병원이 비교적 많이 확인되는 정도다. 구체적으로는 대상 연령의 상한선 인상에 대해 육아단시간 근무제도(육아 단시간근무제도?)에서 가장 많은 것이 6세(법정 기준 3세), 육아휴직제도에서는 3세(법정 기준 1세)이다[7].

---

7   일본간호협회(2018) '2017년도 간호직의 WLB지수 조사'(시설 조사·전체 집계) p.13을 참고했다. 그리고 개호휴업의 상한 일수에 대한 법정 수준을 초과해 어느 정도까지 늘리고 있는지, 구체적인 일수는 공표되지 않았다.

하지만 다른 지원책은 [그림10-6]에 나타난 것과 같이 플렉스타임제도 (유연노동시간제)를 제외하고 많은 병원에서 실시하고 있는 것을 알 수 있다. 예를 들어 시업·종업(시작.종료) 시각을 조정하는 것에 대해 미취학 자녀나 개호가 필요한 가족이 있는 경우에 취업규칙에는 명기되지 않은 부분도 포함해 절반이 넘는 병원에서 대응하고 있다. 야근 횟수의 경감에 대해서는 육아나 개호가 필요 없는 직원도 포함해 대부분의 병원이 대응하고 있다. 그리고 육아나 개호휴업 후 '원직(휴업 이전의 직무)' 혹은 '원직상당(휴업 이전의 직무와 비슷한)'으로 복귀할 수 있도록 과반수의 병원이 취업규칙에 명기하고 있으며 혹은 명기하지 않더라도 실질적으로 대응하고 있다.

이상에서와 같이 가령 법정 기준 이상으로는 실시하지 않는다고 하더라도 간호 직원의 WLB 추진에 대처하고 있는 병원은 육아휴업법이나 개호휴업법에 제정된 지원제도를 다른 지원책과 더불어 실시하고 있다. 앞에서 소개한 야마모토·마츠우라(山本・松浦)(2011)나 야마모토·쿠로다(山本·黒田)(2014)에서는 어떠한 WLB시책이더라도 기업의 생산성에 반드시 플러스의 효과를 주는 것은 아니라고 검증했지만 생산성 향상에 효과가 있는 시책 중 하나로 이러한 '추진조직의 설치 등 WLB의 제도적 마련'을 꼽고 있다. 그 외에도 '장시간 노동 시정의 조직적인 대처', '법을 상회하는 육아휴업제도', '법을 상회하는 개호휴업제도'가 생산성에 플러스 효과를 주기 쉽다는 것을 확인해 주고 있다[8].

---

8 기업의 생산성에 대한 WLB시책의 효과에 관해서는 야마모토·쿠로다(山本·黒田)(2014)의 pp.239-240에서 인용했다.

|D| 일·가정 양립 시책과 간호사의 노동생산성

위에서 언급한 대로 WLB 시책의 도입에 따라 모든 기업의 생산성이 향상하는 것은 아니다. 야마모토·쿠로다(山本·黑田)(2014)에 의하면 구체적으로는 ①종업원 300명 이상의 중견대기업 ②제조업 ③노동의 고정비용이 큰 기업이라는 조건에서 어느 하나라도 충족하는 기업이 생산성(여기서는 노동력을 비롯한 모든 자원 투입에 따른 '전요소생산성')을 중장기적으로 상승시키는 경향이 있다[9].

정사원 비율이 높고 채용이나 급여비 등 노동력의 고정적인 비용이 많이 들어가는 특성이야말로 병원이나 개호보험시설, 방문간호스테이션 등에 그대로 해당된다.

그렇다면 병원이나 개호보험시설 등이 WLB 시책을 도입함으로써 간호사의 노동생산성은 어떤 영향을 받을까?

1. WLB시책 도입에 의한 감소 비용 및 증가 비용: 기능 양성에 착안해

일반기업을 대상으로 한 기존의 연구에서는 일과 가정의 양립지원책 혹은 보다 넓은 WLB 시책을 채용함으로써 종업원의 정착률을 높이거나 필요한 인재의 채용에 플러스 효과를 가져오는 등의 실증결과가 보고되고 있다[10]. 그리고 후생노동성 위탁조사에 의한 미츠비시(三菱)UFJ 리서치&컨설팅 '2018년

---

9   야마모토 · 쿠로다(山本 · 黑田)(2014)를 참고 및 발췌했다(p.239). 이 연구와 야마모토 · 마츠우라(山本 · 松浦)(2011)는 한 시점에서 각각의 기업 간(cross section data에 따른) 검증을 해온 지금까지의 연구와는 달리 동일기업을 1990년대 이후 추적 조사한 패널데이터를 활용해 WLB시책의 도입과 생산성과의 관계를 검증한 귀중한 연구이다.

10   아네가사키(姉崎)(2010)에서는 WLB시책의 도입과 종업원의 정착률 향상, 인재 확보와 취업의욕 등의 관련성에 대해 국내외 선행연구의 성과를 폭넓게 조사하고 있다. 또한 타케이시(武石)(2006)는 국내외 선행연구를 정리하고 양립지원책이 기업의 인재 확보에 미치는 영향에 대해서 실증분석을 했다.

도 일과 육아 등 양립에 관한 실태 파악을 위한 조사연구사업'의 기업 앙케이트 조사결과를 보면 양립지원 추진에 따른 효과로 제1위가 '정사원의 정착률 향상', 제2위 '사원의 육아·개호의 양립에 관한 이해 촉진' 그리고 제3위는 100명 이하의 기업에서는 '사원의 동기부여·회사에 대한 공헌 의욕 향상', 101명 이상의 기업에서는 '정사원의 신졸자 확보'로 나타났다(복수응답)[11].

간호사에 대해서도 WLB시책의 시행에 따라 정착률을 높이거나 채용도 쉬워져 인재 확보에 드는 비용을 줄일 수 있다면 그만큼 노동력 투입에 소요되는 비용을 절약할 수 있다. 특히 OJT를 통한 시설 내 특유의 기능 즉 '기업 특수적 기능'이 중요한 병원(제8장 참조)의 입장에서 보면 간호사의 정착율이 낮다면 기능양성을 위한 교육을 실시해야 하기 때문에 그만큼 비용도 많이 들 수밖에 없다. 따라서 기업 특수적 기능이 필요한 병원일수록 WLB시책의 시행은 그에 따른 비용을 크게 절약할 수 있게 된다[12].

간호사의 기능 양성에 들어가는 교육·연수비를 줄이는 것은 제3장에서 설명한 '노동력 투입'액의 삭감에 해당하며 이는 노동생산성 상승으로 직결된다.

(간호사의) 노동생산성 = 산출액 ÷ 노동력 투입

---

11   이 조사는 종업원 31명 이상 기업 4,800사에 조사표를 배포해 2018년 12월부터 다음 해 1월까지 실시, 705건 회수(회수율 14.7 %)이다. 업종별로도 조사되어 의료·복지산업에서의 효과에 대한 순위는 본문 중의 기업 전체와 동일하지만 특히 정착률의 향상을 효과로 꼽는 비율이 높게 나타난다.(샘플 수가 많은 101인 이상 기업의 경우 전체적으로 50~60%대, 의료·복지산업에서 80%대) 자세한 내용은 미츠비시UFJ 리서치&컨설팅 (2019) p.5 (조사표배포수 등) 및 pp.255-258을 참조하기 바란다.

12   시설 측은 OJT후 노동생산성보다도 낮은 임금을 지불하는 형태로 인적투자비용을 회수하고자 하지만 비용을 모두 회수하기도 전에 이직하게 된다면 새로 채용한 간호사에게 다시 기업 특수적 기능을 축적시키기 위한 비용을 지불할 수밖에 없다.([그림8-8] 참조)

특히 간호서비스의 경우 생산자 측 재량으로는 산출액을 늘리기 어려운 상황에서[13] 노동력 투입에 들어가는 비용을 줄이고자 하는 것은 시설 경영상 중요한 포인트가 된다.

하지만 다른 한편으로 시설 내에서 계속 일하며 기능을 높여가는 간호사에게 그에 상응하는 임금을 지불하려면 그만큼 인건비는 상승한다. 특히 어떠한 간호사를 배치하더라도 같은 액수의 입원기본료 등 간호수가가 들어오는 구조하에서는 인건비 상승을 서비스 가격으로 전가할 수가 없기 때문에 이 투입비용의 증가는 노동생산성을 감소시켜 이익의 감소를 초래하게 된다.

따라서 시설 경영의 관점에서 보면 WLB시책의 도입에 따른 정착률 상승이나 채용 퍼포먼스의 향상으로 삭감할 수 있는 비용부분, 근속에 의해 증가되는 비용과 WLB시책 운용에 소요되는 비용부분을 비교해 생각할 필요가 있다. 가령 비용 증가분이 더 크게 되는 즉 노동생산성의 감소를 오히려 발생시키는 결과가 된다면 WLB시책의 도입은 경영상 어렵게 된다.

2. 노동생산성 감소의 가능성: 간호관리자에게 필요한 냉정한 판단

WLB시책 도입에 의한 비용은 다양한 요인에서 영향을 받는다.

예를 들어 제8장에서 설명한 기능 중 특정 시설에 한정되지 않는 '일반적 기능'이 필요한 병원 혹은 개호보험시설이나 방문간호스테이션 등의 경우에는 간호사의 정착률을 높여 시설 내 특유의 기능을 양성할 필요성이 약해진다. 이 경우 WLB시책 도입으로 정착을 도모함으로써 절감할 수 있는 교육·연

---

13 제3장에서 설명한 바와 같이 산출액=생산량×가격이고 가격은 수가나 개호수가로 정해지고 서비스의 생산량은 지역주민의 인구·질병구조 등에 의해 정해질 것이므로 원래는 생산자 측이 산출액을 조정하기가 어렵다.

[그림10-7] WLB시책 도입에 따른 비용의 비교

WLB시책을 도입하지 않는 경우
· 인재확보에 드는 비용
· 시설 특유의 기능을 양성하기
  위한 교육·훈련비

WLB시책을 도입하는 경우
· 근속연수 증가에 따른 임금상승
  으로 인한 비용증가분
· WLB시책의 운용비용

⇒ WLB시책 별로, 어느쪽의 비용이 더 드는지 저울에 달아본다

수비는 적지만(애초에 시설 측이 부담하는 교육·연수비가 적다고 생각된다)[14] 근속에 의해 증가되는 비용 및 WLB시책운용에 소요되는 비용은 늘어날 가능성이 높다.

한편 같은 지역 내에 간호사가 근무할 시설이 달리 없는 경우 간호사가 이·전직할 리스크는 적어지기 때문에 시설 측이 기능에 부합하지 않는 낮은 임금으로 고용해 가며 인건비를 줄이는 것이 가능하다(제7장에서 설명한 '수요독점시장'의 성립).

앞에서 설명한 바와 같이 간호사의 경우 WLB시책에 따라 정착률이 상승하고 기능의 축적을 통해 생산되는 간호서비스의 질이 높아진다고 해도 간호수가는 동일한 금액인 채로 변하지 않기 때문에 산출액의 증대로 연결되지 않는다. 가령 기능 수준이 높은 간호사의 배치에 따라 가산수입 등의 획득(산출액의 증대)을 목표로 하는 경우에도 기능 양성을 위한 교육·연수비를 비롯해 그 노동력 투입에 필요한 비용보다 산출액이 웃돌지 않으면 노동생산성은 하

---

14   제8장에서 설명했듯이 어떠한 환자도 간호할 수 있는 일반적 기능을 높이기 위해 시설 측이 간호사의 교육·연수비를 부담한다고 해도 그 기능을 가지고 다른 시설로 옮겨버린다면 비용을 회수하지 못하게 된다. 때문에 일반적 기능을 위한 인적 투자비용은 원래 시설 측이 부담하고자 하지 않는다.

락한다.

따라서 일반기업의 경우보다도 간호관리자는 특히 더 시설 내 WLB시책 도입에 따른 비용을 비교해 어떠한 WLB시책이 생산성 향상에 효과적인지 냉정하게 판단할 필요가 있다.[그림10-7]

또한 간호관리자는 비용을 비교하고 WLB시책의 실시를 결정할 때에는 도입·운용 방법도 잘 생각해야 한다.

예를 들어 2010년~2015년의 일본간호협회 WLB index 조사 중에서 '육아단시간이용실적'에 대해서 '취업계속의욕' 혹은 '일에 대한 만족도'에 마이너스(부정적) 효과가 관찰되고 있다[15]. 제6장에서는 '단시간정직원제도'의 활용 등 간호사 측이 근무하는 노동시간을 자유롭게 결정할 수 있는 경우 이론적으로는 간호사 본인의 효용이 높아짐과 동시에 고용주 측에서는 조금이라도 더 계속해서 일해주기를 원하게 된다는 점을 지적했다. 하지만 일본간호협회 WLB index 조사결과에서도 나타났듯이 WLB시책의 도입 혹은 운용 방법에 따라 오히려 일하는 측의 효용을 낮추어 생산성 감소를 초래할 수 있음에 주의할 필요가 있다.

|정리| 간호서비스 생산성을 높이는 관점과의 양립

본 장에서는 간호사가 일하는 환경을 일반 노동자와 비교하면서 분석했다. 이것을 바탕으로 WLB시책 도입과 간호사의 노동생산성 간의 관계에 대해서 설명했다.

---

15   일본간호협회(2016b) p.108을 참조할 것.

시설 내 특유의 기능 즉 기업 특수기능을 가진 간호사를 필요로 하는 시설의 경우 WLB시책을 도입해 정착률 상승을 꾀하는 것은 교육·연수비를 절약시키는 것으로 이어진다. 제8장의 '정리'에서 언급했듯이 현재의 수가제도 하에서는 이러한 인적투자비용의 시설 측 부담은 커지기 쉽고 그만큼 OJT후에 임금을 낮추는 것으로 비용을 회수하고자 한다. 따라서 WLB시책 도입에 의해 간호사의 정착률이 높아지면 그만큼 교육·연수비용의 절감효과는 커지며 노동생산성을 높일 수 있다.

물론 WLB시책을 도입하는 목적은 노동생산성을 높이기 위한 것뿐만은 아닐 것이다. 간호사에게 있어서 직장에 WLB시책이 시행되어 각자의 생활에 맞추어 일하는 방식을 선택할 수 있게 된다면 본인이나 가족에게 바람직하며 일에 대한 동기부여도 향상될 것이다. 축적된 기능의 투입뿐만 아니라 간호사 자신의 심신 피로나 스트레스도 경감되어 그에 따라 환자에 대한 간호의 질이 향상된다면 '간호서비스의 생산성'의 유지·향상으로 이어질 것이다. 그 것은 야근·교대제 근무의 부담이나 장시간 노동은 아찔한 실수나 의료사고의 발생 리스크를 높이기 때문에 간호서비스의 질을 보증할 수 없게 될 가능성이 있다는 것도 확인할 수 있다[16].

한편 시설 경영의 관점에서 보면 간호사의 생활과 환자에 대한 간호를 고려한 WLB시책을 도입한 결과 노동생산성이 감소하는 사태를 초래한다면 시책을 계속 운영하기는 어렵다. 따라서 특히 간호관리자는 시설을 둘러싼 지역의 환경을 고려하면서 어떠한 WLB시책을 취하는 것이 노동생산성을 유지하며 간호사의 생활과 조화 그리고 간호서비스의 생산성도 높일 수 있을지 생각할 필요가 있다.

---

16   일본간호협회(2013) 혹은 일본간호협회(2012) pp.108-110을 참조했음.

参考文献

1) 姉崎猛(2010). ワーク・ライフ・バランスと企業業績の関係に関するサーベイ. 内閣府経済社会総合研究所.

2) 大石亜希子(2019). 経済学におけるワーク・ライフ・バランス. 大原社会問題研究所雑誌723:17-27.

3) 武石恵美子(2006). 企業からみた両立支援策の意義―両立支援策の効果研究に関する一考察. 日本労働研究雑誌553:19-33.

4) 角田由佳(2019). 看護師のワーク・ライフ・バランスと生産性(看護×経済学―経済学で読み解く看護サービスと医療政策⑨). 看護管理29(9):848-853.

5) 内閣府(2020). 仕事と生活の調和(ワーク・ライフ・バランス)レポート2019 ―ワーク・ライフ・バランスの希望を実現―多様な個人の選択が叶う社会へ. (http://wwwa.cao.go.jp/wlb/government/top/hyouka/report-19/zentai.html)(検索日2020年5月13日).

6) 日本看護協会(2008). 平成19年度 看護職の多様な勤務形態による就業促進事業報告書.

7) 日本看護協会(2012). 2010年 病院看護職の夜勤・交代制勤務等実態調査.

8) 日本看護協会(2013). 看護職の夜勤・交代制勤務に関するガイドライン.

9) 日本看護協会(2016a). 看護職のワーク・ライフ・バランス推進ガイドブック―多様な勤務形態による働き方の変革を目指して.

10) 日本看護協会(2016b). 平成22～27年度「看護職のワーク・ライフ・バランス(WLB)インデックス調査」データ分析報告書.

11) 原田博子(2016). ワーク・ライフ・バランス推進ワークショップ事業報告書から新規参加施設の課題設定における内容分析. 日本医療・病院管理学会誌53(2):121-129.

12) 三菱UFJリサーチ&コンサルティング(2019). 平成30年度 仕事と育児等の両立に関2する実態把握のための調査研究事業 報告書―企業アンケート調査結果. (https://www.mhlw.go.jp/content/11900000/000534371.pdf)(検索日2020年5月13日).

13) 本島茉那美・境俊子・冨樫千秋(2016). わが国の臨床看護師におけるワーク・ライフ・バランスに関する文献検討. 千葉科学大学紀要9：153-160.

14) 山本勲・黒田祥子(2014). 労働時間の経済分析 —超高齢社会の働き方を展望する. pp.215-247日本経済新聞出版社.

15) 山本勲・松浦寿幸(2011). ワーク・ライフ・バランス施策は企業の生産性を高めるか?—企業パネルデータを用いたWLB施策とTFPの検証. 独立行政法人経済産業研究所.

16) 脇坂明(2011). 労働経済学入門—新しい働き方の実現を目指して. 日本評論社.

간호사 기능평가와의
양립을 위해

보다 나은 간호를 소비자 곁으로

11장

지금까지 제10장에 걸쳐서 일본의 의료·개호보험정책 중에서 간호서비스가 어떻게 생산되며 간호사는 어떻게 일하고 있는지 경제학의 관점에서 분석하고 논의해 왔다.

간호서비스의 경우에는 소비자의 선택을 받는 서비스를 어떻게 생산할 것이가, 이를 위해 투입되는 비용을 얼마만큼 삭감할 수 있을까 라는 일반적인 서비스의 생산성(노동생산성)을 높이는 것에만 주력할 수는 없다. 어떠한 서비스를 생산 제공하느냐에 따라 소비자의 건강상태나 QOL을 얼마만큼 향상시킬 수 있을까 라는 간호서비스의 생산성에도 주목하지 않으면 안 된다.

왜냐하면 간호서비스는 일반적인 서비스와 달라서 소비하는 양을 늘린다든지 서비스 품질을 향상시키는 그 자체로 만족을 얻을 수 있는 것이 아니기 때문이다. 간호서비스란 소비를 통해 심신 상태나 QOL이 유지·개선되는 것으로 만족을 얻는 것이다. 그리고 그러한 만족이 어떤 서비스를 선택하면 실현할 수 있는지 소비자로서는 알기 어렵다고 하는 '정보 비대칭성'이 존재하는 것도 일반적인 서비스와 다르다. 치매나 재택요양의 고령자가 증가하고 있는 상황은 이러한 정보 비대칭성 문제를 더욱 확대시키고 있다.

간호사 특히 간호관리자는 어떻게 하면 시설의 생산성을 높여 경영을 유지하면서 동시에 소비자 개개인에 맞춘 서비스를 제공할 수 있을까.

제11장은 마지막 장으로 지금까지의 논점을 상기하면서 다시 한 번 모두가 나은 생활을 영위할 수 있도록 지향하는 학문인 경제학의 관점에서 어떻게 하면 양질의 간호서비스를 생산하여 소비자에게 제공할 수 있는가 그리고 어떻게 하면 간호사의 업무와 그 기능이 정당하게 평가될 수 있는가를 고찰하고자 한다.

|A| 생산성의 틈새에 선 관리자, 서지 않아도 되는 관리자

앞에서 설명했듯이 간호관리자는 반드시 관리해야 하는 두 가지의 생산성이 존재한다.

하나는 간호사의 노동력을 투입해 간호서비스를 얼마나 산출해 낼 수 있는가 라는 '간호사의 생산성'이고 다른 하나는 그 간호서비스를 투입해 소비자의 심신의 건강상태나 QOL을 얼마나 유지·개선할 수 있는가 라는 '간호생산성'이다.

① 두 가지의 생산성 향상을 지향하는 데 따른 어려움

간호서비스를 생산하는 데에 있어서 간호사의 생산성과 간호생산성을 동시에 향상시키는 것은 쉽지 않다. 예를 들어 환자를 비롯한 간호서비스 소비자의 건강상태나 QOL을 유지 및 개선시키기 위해 간호사 교육·연수 등에 많은 비용을 투입하게 되면 서비스의 질을 높일 수는 있지만 비용 증가로 인한 이익의 감소 즉 노동생산성의 감소를 초래할 가능성이 있다. 반대로 교육·연수비를 줄이거나 약사가 해야 할 약제 관련 업무도 간호사가 담당하는 등 노동력 투입에 대한 비용을 삭감하게 되면 노동생산성은 향상하더라도 소비자에게 제공되는 서비스의 질은 유지하지 못하게 돼 결국 간호서비스의 생산성(즉 간호생산성)은 하락할 수밖에 없다.

이러한 관계성을 가진 두 가지의 생산성을 어떻게 관리할 것인지가 간호관리자의 제일 큰 역할이다.

② 생산성 관리가 어려운 간호수가

현재의 수가제도는 생산성의 관리를 어렵게 하는 요인 중 하나다. 기능수준과 상관없이 1명의 간호사당 동일한 금액의 입원기본료나 입원료가 지불되는 간호수가제도하에서 노동생산성을 올리고자 한다면 기능축적이 낮아 임금이 저렴한 신졸 간호사를 많이 투입할 수밖에 없다. 결과적으로 기능이 높은 간호사에게는 그에 상응하는 임금이 지불되기 힘든 구조를 초래하게 된다. 또한 서류작성 등의 사무작업이나 입원시의 안내 혹은 약제 관련 업무와 같이 수가점수의 가산이 없거나 낮기 때문에 그 노동력의 비용을 수가로서는 충당하기 어려운 업무를 간호사가 대신 담당하는 것으로도 이어진다. 따라서 생산되는 서비스 질이 유지되지 않더라도 소비자가 구입하기 때문에 시설의 경영은 유지할 수 있다. 게다가 간호사에게는 상응하는 임금이 지불되지 않거나 과도한 업무 부담을 초래하게 된다. 하지만 간호사가 보다 좋은 직장으로 이직하고 싶다고 해도 가족이 있어 지금의 시설을 그만두지 못하는 경우가 많기 때문에 그 시설은 간호사를 낮은 임금이나 열악한 노동 조건인 채로 고용을 유지할 수 있다.

③ 정보 비대칭성이 간호서비스의 생산성을 낮춘다

간호서비스에는 정보 비대칭성이 존재하기 때문에 일반 기업의 경우와 달리 품질의 감소나 그에 따른 자신의 건강상태 등에 끼치는 영향을 알 수 없다. 따라서 서비스의 질이 유지되지 않는다 하더라도 소비자는 서비스를 구입해버린다. 그리고 그러한 질 낮은 서비스를 생산한다고 해도 시설 측은 경영을 유지할 수 있을 뿐만 아니라 오히려 비용의 절감을 통해 보다 많은 이익을 얻을 수 있다. 바꿔 말하면 서비스의 질을 높이려고 하는 시설일수록 같은 금액의 수가 지불 하에서는 비용의 증가를 초래해 이익이 감소될 수밖에 없다. 이것이 간호수가제도의 구조다.

하지만 이와 같이 관리하기가 힘든 두 가지 생산성의 틈새에 직면하지 않아도 되는 간호관리자가 있다. 바로 방문간호스테이션 등 개호보험제도하에서 간호서비스를 제공하는 시설의 간호관리자이다.

|B| 개호보험제도하의 간호서비스:
양립하는 두 가지 생산성의 향상

왜 개호보험제도하에서는 같은 관리자라도 생산성의 틈새에 직면하지 않고 간호서비스 생산성과 간호사의 노동생산성을 함께 높이는 것이 가능할까? 개호보험제도의 구조와 그 제도하에서 이익을 올리기 위한 간호서비스의 생산방법에 대해서 자세히 풀어보도록 하자.

1. 개호수가의 구조와 간호서비스의 생산

현재 개호보험제도 아래서 간호서비스는 의사의 '방문간호지시서'가 필요할 뿐 방문간호스테이션이나 간호소규모다기능형재택사업소(이하 간다기) 등으로부터 직접 구입할 수 있는 구조로 되어있다.

다만 의료보험제도와 같이 소비자가 자유롭게 의료시설을 찾아가 서비스를 구입할 수 있는 것(free access)과는 달리 개호보험제도에서는 '요개호(要介護)인정'을 받은 후 판정된 요개호(요지원)도에 따른 '케어 플랜'에 의거해 서비스를 구입할 수 있다.

이미 알고 있는 바와 같이 개호보험제도에서의 개호수가는 의료서비스에 대한 수가점수와 마찬가지로 정부에서 정하고 있다. 예를 들어 방문간호서비스의 경우 2018년도 개정 이후 20분 미만 311단위, 30분 미만 467단위, 30분 이상 1시간 미만 816단위와 같이 시간에 따라 수가가 결정된다(1단위=10엔이 기본)[1]. 그리고 간다기에서는 1개월당 기본료가 요개호도 별로 정해져 있다(예를 들어 '요개호도1': 12,341단위부터 '요개호도5': 31,141단위까지).

---

1   단가는 지역에 따라 다르고 도쿄의 특별구와 같은 1급 지역은 20% 할증, 요코하마시나 오사카시 등의 2급 지역은 16% 할증 등 그 외는 할증이 없는 0%(1단위=10엔)까지 8구분이 존재한다.

응급방문, 임종간호 등에 '가산'도 복수로 설정되어 있지만 동일한 시간 내에 어떤 내용의 서비스를 제공해도 기본적으로는 같은 금액의 수가이고 간호사가 아닌 준간호사가 방문한 경우에는 10% 감산된다.

따라서 간호사의 기능과는 관계없이 어떤 질의 간호서비스가 생산되더라도 수가가 변하지 않는다는 점은 개호보험제도나 의료보험제도나 똑같다. 같은 금액의 수가 하에서 노동력 투입에 들어가는 비용을 절감하면 노동생산성을 높이고 이익 또한 높일 수 있다는 점도 똑같다.

하지만 방문간호스테이션이나 간다기 등에 의한 간호서비스는 소비자에게 보다 나은 서비스를 생산하고 제공하기 위한 품질 향상과 이를 위한 간호사의 기능 양성이나 고용확보 등의 노동력 비용을 들여야 할 필요가 있다. 왜 그럴까?

2. 소비자 확보를 위해 필요한 품질 경쟁

앞에서 설명한 바와 같이 개호보험제도에서는 간호서비스 그 자체가 구입 대상이 된다. 병원 등에서 의료의 일환으로 간호서비스를 소비하는 것과는 달리 간호서비스를 직접 구입하기 때문에 소비자는 품질의 정도를 쉽게 인지해 스스로 구입을 결정할 수 있다.

물론 정보 비대칭성은 제1장에서 분석했듯이 방문간호스테이션이나 간다기 등의 간호에서도 존재한다. 가령 치매를 앓고 있다거나 혼자 재택요양 중인 고령자 등은 심신이나 생활에 주는 영향을 모르는 채로 품질이 낮은 간호서비스가 제공된다고 하더라도 구입할 가능성이 있다.

하지만 소비자가 자신에게 맞는 간호서비스를 선택할 수 없어도 개호보험제도에서는 개호지원전문원(이하 케어매니저)이 대신해서 선택할 수 있다. 소비자의 심신의 상태에 맞춰 적절한 개호(예방) 서비스 등을 이용할 수 있도록 케어플랜을 작성하고 시정촌이나 각종 서비스사업소와 연락 조정을 하는 케어매니저(개호보험법 제7조 5)가 정보 비대칭성 하에서 적절한 간호서비스를 소비자에게 제공하는 것을 실현시킬 수 있다. 혹시라도 생산자 측이 소비자의 건강상태 유지·개선 등에 맞지 않는 품질이 떨어진 간호서비스를 제공한다면 케어매니저는 그러한 시설의 서비스를 선택하지 않고 케어플랜에도 반영하지 않도록 할 수 있기 때문이다(개호보험법 제69조 34)[2].

바꿔 말하면 생산자 측은 소비자에게 있어서 필요한 서비스인지 아닌지를 평가하는 케어매니저로부터 선택받을 수 있도록 양질의 간호서비스를 생산하지 않으면 안 된다.

그렇다고 해도 간호서비스 생산에 대한 개호수가는 시간에 의해 정해져 있어 소비자는 어느 시설에서 서비스를 구입하더라도 그 가격은 동일하다. 이때 우리 시설의 간호서비스를 케어매니저에게, 나아가 소비자에게 선택받기 위해서는 가격 이외의 분야에서 다른 경쟁시설과의 차별화를 도모하지 않으면 안되며 품질 경쟁은 불가피하다. 노동력 투입비용을 삭감하기 위해 기능을 겸비하지 않은 비교적 낮은 임금의 간호사를 고용하거나 교육·연수비를 억제하는 것 등을 고려한다면 다른 경쟁시설에 고객을 빼앗기게 된다[3].

---

2   케어매니저는 개호보험법 제68조 34에 의하면 담당하는 요개호자 등의 인격을 존중하고 항상 해당 요개호자의 입장에서 제공되는 각종 개호(예방)서비스가 특정 종류 또는 특정 사업자나 시설에 부당하게 치우치지 않도록 공정하고 성실하게 그 업무를 해야만 한다고 정하고 있다. 하지만 실제로 케어매니저가 근무하고 있는 개호지원사업소 등을 경영하는 법인의 서비스가 케어플랜도 포함하기 쉬운 상황이다 보니 케어매니저의 중립성을 어떻게 확보해야 할지에 대해 정책적으로 논의가 계속되고 있다.

3   다만 간호서비스를 생산하는 시설이 넉넉하지 않은 지역에서 소비자는 품질이 낮아도 구입할 수밖에 없기 때문에 시설 측이 노동력의 투입비용을 줄이고 서비스 품질을 낮추는 것이 가능하다.

|C| Key Person으로써의 케어매니저: 역할 발휘를 어렵게 하는 현재 상황

정보의 비대칭성 하에서라도 소비자에게 적절한 서비스가 제공되기 위해 케어매니저는 중요한 역할을 담당하는 존재다. 하지만 재택요양의 소비자가 증가하는 중 이런 역할을 충분히 다하는 것이 힘들어지고 있다. 그 실태를 분석해 보자.

1. 케어관리의 어려움

케어매니저는 개호보험제도를 효과적으로 운영하는 데 꼭 필요한 Key Person이다. [그림11-1]의 중심에 나타난 것과 같이 재택의료의 충실과 지역포괄케어시스템의 구축을 추진하는 중에 케어매니저 역할의 중요성은 점점 높아지고 있다.

더불어 치매를 앓고 있는 고령자나 중증도의 요개호 상태로 재택요양하는 사람이 증가하고 있기 때문에 그 필요한 서비스를 평가해 케어플랜을 작성하기 위해서는 보다 높은 기능이 요구되는 상황이다. 하지만 그 어려움이 [그림11-2]에 나타나고 있다.

[그림11-2]는 의료 니즈를 가진 이용자에 대한 케어매니지먼트에 대해 재택개호지원사업소에 근무하는 케어매니저를 대상으로 한 조사의 결과다. 그리고 이 조사에서 '의료 니즈가 있는' 이용자란 (1) 의료 니즈를 가진 질환·증상(뇌혈관질환, 심장질환 등 13항목)과 (2) 의료 처치(인슐린주사, 중심정맥영양의 관리 등 20항목) 중 어느 한 가지에 해당하거나 그리고 추가로 (3) 최근 3개월의 요양상의 과제(ADL과 IADL의 감소 욕창·피부에 관한 트러블 등 15항목) 중 하나에 해당하는

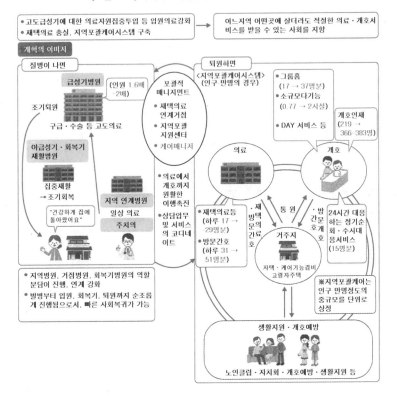

[그림11-1] 재택의료의 충실, 지역포괄케어시스템의 구축

* 숫자는 현재 상황 2012년도, 목표는 2025년도.
(후생노동성 '개호보험제도를 둘러싼 상황에 대해'(2019년 2월 25일) p.106을 바탕으로 작성)

이용자로 정의되고 있다[4].

　　[그림11-2]를 보면, 보유하고 있는 자격이 복지직의 케어매니저가 특히 '자신 없음', '곤란함'을 나타내고 있음을 알 수 있다. 구체적으로는 '의료 니

4　각 항목의 자세한 내용은 일본방문간호재단(2018) p.2를 참조할 것. IADL(Instrumental Activities of Daily Living: 도구적 일상생활동작)이란 장보기나 전화, 투약관리 등 판단이 필요한 동작을 말한다.

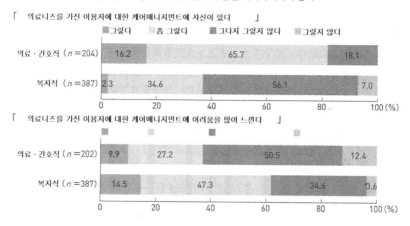

[그림11-2] 케어 매니지먼트에 관한 케어매니저의 생각

「 의료니즈를 가진 이용자에 대한 케어매니지먼트에 자신이 있다 」

■ 그렇다　■ 좀 그렇다　■ 그다지 그렇지 않다　■ 그렇지 않다

의료·간호직 (n=204)　16.2　65.7　18.1

복지직 (n=387)　2.3　34.6　56.1　7.0

0　　20　　40　　60　　80　　100 (%)

「 의료니즈를 가진 이용자에 대한 케어매니지먼트에 어려움을 많이 느낀다 」

■　　■　　■

의료·간호직 (n=202)　9.9　27.2　50.5　12.4

복지직 (n=387)　14.5　47.3　34.6　3.6

0　　20　　40　　60　　80　　100 (%)

(일본방문간호재단(2018) '2017년도 노인보건사업추진비등 보조금 노인보건건강증진등 사업 의료 니즈를 가진 이용자에 대응하는 개호지원전문원의 간호와 관련한 의료상 상담지원방법에 관한 조사연구사업보고서'의 pp.31-32에 의함. 무응답을 제외하고 구성 비율을 계산해 작성)

즈를 가진 이용자에 대한 케어 매니지먼트'에 '자신이 있는가'의 질문에 대하여 '그다지 그렇지 않다', '그렇지 않다' 라고 답한 복지직은 63.1% (의료·간호직 18.1%), '곤란을 느낀 경우가 많은가'의 질문에 대하여 '그렇다고 생각한다', '다소 그렇다고 생각한다'라고 답한 복지직은 61.8% (의료·간호직 37.1%)이다.

이상의 조사결과에서 알 수 있듯이, 소비자에게 적절한 서비스를 제공하는 만큼의 기능을 케어매니저가 충분히 겸비하기 어려운 현실에 있는 것으로 파악이 된다 (케어매니저에게도 존재하는 정보 비대칭성)

2. 간호사 자격을 가진 케어매니저의 부족: 이익을 높이기 위한 경영이란

아쉽게도 개호보험제도가 시행된 당시에는 간호사 자격을 가진 케어메니저가 30%를 초과했지만 [그림11-3]에서 확인할 수 있듯이 그 비율은 매년 감소해 2018년도에는 10%에도 못 미치고 있다. 한편 제도 시행 당시 30%를

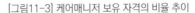

[그림11-3] 케어매니저 보유 자격의 비율 추이

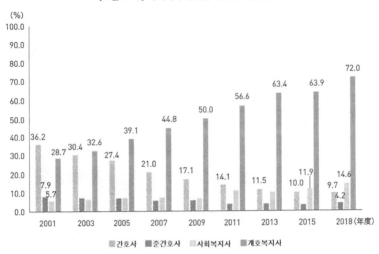

간호사　준간호사　사회복지사　개호복지사

*: 복수응답 조사이며 영양사(2018년도 2.9%), 치위생사(2018년도 2.6%) 등 다른 자격 보유자도 있기 때문에 그림에서 자격자 비율의 합계는 100%에 미치지 않는다.
(후생노동성(2019) '2018년도 개호수가개정의 효과검증과 조사연구에 관계되는 조사(2018년도 조사) (3) 재택개호지원사업소와 개호지원전문원의 업무 등의 실태에 관한 조사연구 사업보고서'p.24에 따라 저자 작성)

밑돌던 개호복지사 자격을 가진 케어매니저는 70%를 초과하고 있는 것이 현재의 상황이다.

　　그렇기 때문에 'B-2 소비자 확보를 위해 필요한 품질 경쟁'에서 언급했듯이 품질이 높은 간호서비스를 생산하는 시설이 케어매니저에게 선택받고 그 서비스가 소비자에게 제공된다고 하는 그 이전의 문제로서 케어매니저의 능력이 부족하여 간호서비스가 소비자에게 잘 제공되지 못할 가능성이 제기된다. 실제로 제2장에서 살펴보았듯이 소비자 1명당 '방문개호', '통원개호'의 서비스비용은 매년 크게 증가하고 있는 반면 '방문간호'에서의 변화는 작고 개호보험제도 아래에서 간호서비스는 소규모 거래에 그치고 있다.

케어매니저에 개호관련 자격의 보유자가 많아진 배경에는 시설 경영면의 이유가 제일 먼저 꼽힌다. 즉 현재의 개호보험제도에서는 케어매니저가 어떠한 자격의 보유자라도 케어플랜의 작성에 같은 금액의 수가가 지불되기 때문에 개호지원사업소 등 시설 측이 이익을 얻고자 한다면 간호사에 비해 임금이 낮은 복지직을 고용해서 노동력의 투입비용을 줄이고자 할 것이다. 그 결과 간호사 자격의 케어매니저를 채용하는 시설이 줄어들다 보니 수요의 감소에 따른 임금 저하를 초래하여 케어매니저를 희망하는 간호사도 줄어들게 된다. 후생노동성 '임금구조기본통계조사'를 이용하여 시간당 임금(남녀 평균)을 계산해 보면, 2017년도 시점에서 간호사는 2,395엔, 케어매니저는 1,855엔이다. 한편 개호복지사 자체의 데이터가 없기 때문에 대신에 '복지시설개호원'으로 계산해 보면 임금은 1,629엔이다. 이 금액에는 초과근무수당이나 야근수당 그리고 1시간당으로 환산한 연간상여금 등도 포함된다[5]. 개호복지사 측에서 보면 시설의 개호직원으로써 일하는 것보다도 케어매니저로 일하는 쪽이 임금은 상승한다.

|D| 모두의 더 나은 생활을 위해서: 정보 제공의 필요성

지금까지 간호생산성과 간호사의 생산성을 함께 높이는 것의 어려움을 설명해왔다. 그리고 이 두 가지 생산성 향상이 양립하기 쉬운 개호보험제도 아래에서도 소비자에게 적절한 서비스의 판단을 케어매니저가 잘 수행할 수

---

[5] 후생노동성 '임금구조기본통계조사'(2017 · 2018년 제3권)을 사용해서 산출했다. 구체적인 산출 방법은 제4장과 제8장을 참고하길 바란다.

없다 보니 소비자에게 필요한 간호서비스가 제공되지 못하고 있다는 사실을 지적했다. 이와 같은 상황을 타개하기 위해서 어떻게 하면 좋을까? 마지막으로 고찰해 보자.

① 케어매니저가 간호사에게 상담받을 수 있는 구조

[표11-1] 의료 니즈의 원스톱 상담창구(상담 내용의 대상 범위)

① 질병 상태나 의료 니즈의 평가, 예후 예측을 바탕으로 앞으로의 변화나 위험성 파악
② 위의 내용을 의학적 근거를 활용해 알기 쉽게 이용자·가족이나 서비스 사업자에게 설명한다.
③ 의료환경이나 가족·개호자의 개호력 평가를 바탕으로 한 서비스 필요량 검토
④ 지역이나 구체적으로 이용할 수 있는 제도나 서비스 파악
⑤ ④나 재택요양지원에서 연계를 필요로 하는 다직종·다기관과의 연계 조정

[일본간호협회(2019) '의료 니즈를 가진 이용자의 케어매니지먼트에 관한 간호사에 의한 개호지원사업전문원 상담지원사업 실시요강 p.25에서 발췌]

'고령으로 인해 질환을 앓고 있어도, 장애가 있어도, 어떤 사람이라도 살면서 정든 거주지역에서 보다 나은 생활을 보낼 수 있도록 의료나 간호 개호 서비스 등 필요한 서비스를 판단하고 코디네이터 해서 제공하는 가장 중요한 역할의 한 부분을 간호사가 담당하고 있다.'

서장에서 저자는 이렇게 기술했다. 그러나 소비자 입장에서 필요한 서비스를 간호사가 케어매니저가 되어 코디네이터 해주길 바라겠지만 임금이 낮은 상황에서는 경제학적으로 평가할 때 합리적이지 않다. 이런 상황에서 일본간호협회가 [표11-1]에서 제안하는 '질병 상태나 의료 니즈의 평가, 예후 예측을 바탕으로 앞으로의 변화나 위험성 파악' 등 간호사가 케어매니저에게 제공

하는 상담지원사업이[6] 현실적인 대책이라고 말할 수 있다.

동시에 케어매니저가 적절한 케어플랜을 작성할 수 있어 소비자에게 보다 나은 서비스를 제공할 수 있도록 하기 위해서는 생산자인 간호사 측이 선택받을 수 있는 간호서비스를 생산함과 동시에 품질과 결과를 제대로 나타내 주어야만 한다.

② 병원의 간호관리자가 해야 하는 것: 두 가지의 생산성 향상을 위해

이러한 정보 제공의 필요성은 개호보험제도에서 간호서비스에만 국한된 것은 아니다. 의료보험제도 아래에 있는 의료시설에서도 마찬가지로 필요하다. 기능을 겸비한 간호사에 의해 서비스의 품질이 얼마만큼 높아졌으며, 또 환자의 심신 상태는 얼마만큼 개선되었는가. 의료시설에 근무하는 간호관리자도 간호서비스의 결과를 가능한 한 알기 쉽게 소비자에게 보여주고 그 시설의 간호가 선택받을 수 있도록 하는 것은 중요하다. 이것은 정보 비대칭성이 존재하는 현실에서 보다 나은 간호서비스가 환자에게 제공되어 간호생산성을 향상시키는 방법이다. 동시에 자신이 근무하는 시설의 서비스가 보다 많은 환자로부터 선택받을 수 있어 서비스 생산(판매)량의 증가에 의한 '산출액'의 증대 즉 간호사의 생산성 상승으로도 이어진다(제3장 B-2 간호사의 노동생산성을 향상시키는 방법 (①-C)).

간호관리자가 자신이 근무하는 시설의 서비스가 "소비자의 선택을 받기 위해서는 '의료마케팅'에 힘써 간호의 품질과 생산량을 증진시킬 필요가 있다"(제3장)는 것은 시설의 이익 증대로 이어짐과 동시에 소비자 심신의 건강상태와 QOL을 유지·향상시키는 방법이다.

---

6   이 사업은 '2018년 후생노동성 노인보건건강증진 등 사업 의료 니즈를 가진 이용자에 대응하는 개호지원전문원에 대해 간호와 관련된 요양상의 상담지원 방법에 관한 시행적 조사연구사업'의 성과를 바탕으로 제안되었다.

소비자에게 어떤 간호서비스가 필요한가? 그리고 그 서비스는 어떤 기능을 가진 간호사에 의해 생산되고 어떤 병원이나 방문간호스테이션 혹은 간다기 등 어디로 가면 얻을 수 있을까? 간호사와 간호관리자는 더욱더 정보를 제공해 주면 좋을 것이다. 정보 비대칭성 속에서도 소비자가 필요한 서비스를 어디서 얻을 수 있는지 알 수 있게 된다면 그것을 생산·제공하는 시설을 소비자는 선택할 수 있을 것이다.

다만 애초에 시설이 부족한 지역이나 정보 비대칭성이 강해 품질이나 결과를 전달하기 어려운 간호서비스의 경우 소비자가 선택하기 어렵다. 이런 경우에는 예를 들어 높은 기능을 가진 간호사의 배치에 대해 그 비용을 웃도는 수가·개호수가를 설정하는 등의 방법을 정책적으로 고려해 볼 수 있다. 이렇게 해서 소비자에게 질 높은 서비스를 생산하는 시설일수록 이익도 높아질 것이기 때문이다. 즉 두 가지의 생산성을 함께 높일 수 있도록 수가 지불의 구조를 설계할 필요가 있다.

③ 지역에서의 활약이 기능 평가와 보다 나은 간호를 이끌어낸다

소비자에게 선택받는 시설을 관리할 수 있는 간호관리자와 선택받는 서비스를 제공할 수 있는 간호사는 경영 측에서 보면 고객의 확보를 통해 수익을 증대시키는 존재이기 때문에 높은 평가를 받을 수 있다. 그럼에도 불구하고 임금 등의 노동 조건 면에서 그에 상응하는 평가를 받지 못한다면 지금의 근무처에서 다른 시설로 꼭 병원만이 아니라 방문간호스테이션이나 개호보험시설, 간다기 등 일할 수 있는 장소의 범위를 더 넓혀 활약하면 어떨까? 그렇게 되면 간호사를 놓치기 싫은 시설에서는 간호사 개개인의 노동과 그 기능을 평가해 줄 수밖에 없을 것이다. 임금뿐만이 아니라 일·가정 양립 시책을 시행하며 더 나은 노동 조건으로 개선해 간다면 간호사의 정착률을 높여 안정적인 노동력 확보로도 이어질 수 있다.

간호사가 다양한 곳에서 활약한다는 것은 간호사 자신의 교섭력을 높이고 그에 상응하는 평가를 이끌어낸다. 또한 소비자도 질 높은 간호서비스를 제공받을 수 있어 보다 나은 생활을 영위하기 위해서 꼭 필요한 단계이다.

참고문헌

1) 厚生労働省(2019). 平成30年度介護報酬改定の効果検証及び調査研究に係る調査(平成30年度調査)(3)居宅介護支援事業所及び介護支援専門員の業務等の実態に関する調査研究事業報告書.

2) 角田由佳(2019). よりよい看護のために:看護管理者の役割とは(看護×経済学—経済学で読み解く看護サービスと医療政策⑩). 看護管理29(10):948-954.

3) 日本看護協会(2019). 医療ニーズを有する利用者のケアマネジメントに関する看護師による介護支援専門員への相談支援事業　実施の手引き. 日本看護協会.

4) 日本訪問看護財団(2018). 平成29年度老人保健事業推進費等補助金　老人保健健康増進等事業　医療ニーズを有する利用者に対応する介護支援専門員への看護に関連する療養上の相談支援のあり方に関する調査研究事業報告書. 日本訪問看護財団.

| 제2판 저자 후기 |

독자 여러분께 용서를 구해야 할 것이 있다.

첫째는, 말할 필요도 없이 초판이 출간된 후 제2판까지 너무 긴 공백이 생겨버린 것이다. 이는 전적으로 필자의 나태함으로 인한 것이다. 여러분께 진심으로 죄송하다는 말을 전한다. 그리고, 초판에 이어 다시 제2판을 구매해 주신 분들, 이번에 제2판을 처음 구매해 주신 분들 모두에게 진심으로 감사의 인사를 올린다. 그리고 또 한 가지……

필자는 지금까지 경제학의 관점에서 간호 연구를 계속해 왔다. 이것은 간호서비스 제공이나 간호사 고용을 둘러싼 다양한 문제들을 해명하기 위해서는 경제학의 분석이 매우 유효하다고 생각했기 때문이다. 초판의 '후기'에서 필자는 이렇게 썼다.

"간호의 현장에서 들리는 업무 내용이나 근무조건·환경에 대한 의문·불만들. 이러한 문제 대부분은 간호사가 단순하게 느끼는 생각이 아니라, 일하는 현장의 구조 그리고 관련 정책에서 비롯된 문제들이며 개선해야 할 점이다. 그리하여 간호사의 일과 기능이 정당하게 평가될 때 비로소 환자에게 더 나은 간호, 의료를 안정적으로 제공하는 것으로 이어질 수 있다."

그리고 이렇게 바랐다.

"간호의 현장에서 안고 있는 문제들이 세상 밖으로 알려졌으면 좋겠다. 그러기 위해서라도 경제학이 사용되었으면 한다."라고.

그때의 기분은 지금도 변함이 없으며, 지금도 계속 이 방향으로 연구를 진행 중이다. 어떻게 보면 이것은, 지금 간호사가 일하고 있는 현장의 환경이 초판이 출간되던 그 당시와 비교해 봐도 그다지 개선되지 않았음을 의미한다고도 볼 수 있다.

솔직한 심정으로 고백하건대, 경제학에 의한 간호의 연구는 매우 유효한 분석 방법임에는 틀림이 없지만, '의료경제학'의 한 분야로 포함되어도 좋을 것이라고 그 당시에는 생각했었다.

하지만 지금은 생각이 다르다.

간호서비스가 주로 병원에서 의료와 함께 혹은 의료의 일환으로 제공되던 시대에서, 지금은 간호 그 자체가 소비자에게 직접 제공되는 시대로 변하고 있기 때문이다. 즉, 자택에서 혼자 요양하거나 혹은 고령의 부부가 함께 치매를 앓고 있는 등 간호서비스의 지원을 필요로 하는 소비자의 증가를 배경으로, 그 심신의 건강뿐만 아니라 QOL을 가능한 한 유지하고 개선하면서 생활할 수 있도록 하기 위해서 필수 불가결한 서비스가 되었다.

그럼에도 불구하고 심신의 건강 상태가 악화할수록, 바꿔 말하면 간호가 필요해지면 해질수록 그 필요성을 소비자 스스로 판단하기 어렵다고 하는 '정보 비대칭성'을 가지고 있는 것이 간호이다. 이것이 바로 일반적인 서비스에는 존재하지 않는 간호서비스만의 특성이다. 소비자가 심신의 상태를 회복시키고, 보다 나은 생활을 그리고 생애를 보내려면 어떤 서비스가 필요한 것인가. 그것을 평가하고 또 제공할 수 있는 존재는, 현재로서는 간호사밖에 없다.

'고령으로 질환을 앓고 있어도, 장애가 있어도, 어떤 사람이라도, 살면서 정든 거주지역에서 보다 나은 생활을 보낼 수 있도록 의료나 간호, 개호서비스 등 필요한 서비스를 판단하고 코디네이터 해서 제공하는, 가장 중요한 역할의 한 부분을 간호사는 담당하고 있다. 자신이 속한 시설의 서비스만이 아니라 타 병원이나 진료소 혹은 개호보험시설이나 방문간호스테이션 등 다른 시설이나 다양한 직종과 연계·조정하고 관리해 가면서 지금 소비자의 생활과 생애를 고려하여 서비스를 제공한다.'(서장 마지막 부분)

간호는, 의료의 경계를 넘어서 지금이야말로 '간호의 경제학'을 말할 때라고 필자는 확신하고 있다.

현재 야마구치대학 경제학부 교수로 재직 중인 필자에게 있어서, 대학원 '의료·복지 경영코스'의 강의는 매우 유익한 시간이다. 이 코스의 재적 대학원생 대부분은 간호사나 간호관리자를 비롯하여 전문치료사, 의료·개호시설의 사무 혹은 경영자까지 다양한 경력의 사회인들로 구성되어 있어, 그들이 토로하는 현장의 목소리는 필자에게 있어서 배움의 보고나 진배없다. 그리고 전국 각지의 인정간호관리자 연수나 타 대학 간호대학원에서의 강의에서는, 수강생들의 질문이나 의견을 통하여 의료현장에서 발생하는 다양한 문제들을 체험할 수 있어서 많은 공부가 되고 있다. 이 책의 서장이나 각 장의 도입 부분에서 소개하는 현장의 이야기는, 수강생 여러분에게서 들은 이야기로 채워져 있다.

이 연구를 진행하는 데에 있어서, 지도해 주시고 도움을 주신 모든 분의 이름을 다 올릴 수 없어 안타까운 마음이다. 그래도 꼭 감사를 드리고 싶은 분이 계신다.

일찍부터 '간호경제학'의 필요성을 말해주신 가나이pak마사코(金井Pak雅子) 선생님께서는 지금도 연구 교류의 기회를 마련해주시고 있다. 저의 부족한 부분을 인정하며, 그래도 조금이나마 가나이 선생님의 수준에 가까워질 수 있도록 노력하고자 할 뿐이다. 게이오대학(慶應義塾大學) 대학원생 시절의 은사님이신 사노 요코(佐野陽子) 선생님과는, 작년에 선생님을 모시고 함께 여행할 소중한 기회가 있었다. 대학원생 때부터 해결 방안을 제시해 주시고 항상 용기를 주셨던 선생님께서는, 당시 침체되어있던 필자의 기운을 북돋아 주셨다. 후쿠오카현립대학 교수 허동한(許棟翰) 선생님에게는 초판에 이어 많은 협조를 받았다. 그리고, 초판 이후 개정판이 나오기까지의 기나긴 기간 동안, 출판사 의학서원(医学書院)의 키타하라 타쿠야(北原拓也) 씨는 참을성 있게 기다려 주었고, 자리를 잡고 집필할 수 있게 되었을 때는 최고의 환경을 조성해 주었다. '간호 관리' 잡지의 연재 때에는 이시즈카 준이치(石塚純一) 씨가, 그리고 이 책의 집필에 있어서는 미조구치 아키코(溝口明子) 씨가 큰 힘을 보태 주었다. 특히 처음 경제학을 접하는 미조구치 씨의 수많은 궁금증과 질문들, 그에 대답하고 설명하는 과정을 거치면서, 처음 경제학을 배우는 독자 여러분께 이해하기 쉬운 내용으로 정리될 수 있지 않았나 생각한다. 모든 분께 진심으로 감사를 표하고 싶다.

초판 당시, 간호나 의료를 그저 받기만 했던 첫째 딸 세이(世伊)는 지금 의료의 현장에서, 둘째 딸 세라(世羅)는 정책 입안의 현장으로 나아가기 위해 배우는 중이다. 나를 길러 주신 부모님을 비롯한 가족과 친지, 그리고 지원을 필요로 하는 사람들 모두가 안심하고 좋은 간호, 좋은 의료를 제공받을 수 있는 사회를, 그리고 사랑하는 딸들이 조금이라도 기여할 수 있는 날을 기대해 본다.

2020년 8월 츠노다 유까

"세상 모든 것에 감탄하는 지혜로운 사람들의 공간"

호밀밭 homilbooks.com

간호의 경제학
ⓒ 2023, 츠노다 유카

초판 1쇄 발행	2023년 8월 25일
지은이	츠노다 유카
옮김	이승영, 허동한
책임편집	장현정
디자인	전혜정, 최효선
펴낸이	장현정
펴낸곳	호밀밭
등록	2008년 11월 12일(제338-2008-6호)
주소	부산 수영구 연수로357번길 17-8
전화, 팩스	051-751-8001, 0505-510-4675
홈페이지	homilbooks.com
이메일	homilbooks@naver.com

Published in Korea by Homilbooks Publishing Co, Busan.

Registration No. 338-2008-6.

First press export edition August, 2023.

ISBN   979-11-6826-111-2   93320